謹以本書獻給兩位恩師

李樹桐教授

李國祁教授

史學三書新詮

——以史學理論為中心的比較研究

林時民 著

臺灣學生書局 印行

李序

在中國傳統的史學理論上，唐代劉知幾的史通、宋代鄭樵的通志、清代章學誠的文史通義，是被視為三部經典之作，因此或稱之曰史學三書。過去不少史家對三書多有討論，但將三者作一完整綜合比較性的研究，並寫成專書者，除張舜徽之史學三書平議外，似尚少其人。故林時民同學的此著在選題上，確有創新的立意，亦頗符合近年來國內博士論文選題的要求。故當初他以此作為其博士論文題目盼望我能擔任其論文指導時，我立即應允。

史學史或史學理論研究，在史學的領域中，是有相當難度的。特別是在今日人人崇尚西方現代史學理論研究，於中國傳統史學理論研究，更是如此。林君在讀師大歷史研究所碩士班時，即有志於中國傳統史學理論研究，研究劉知幾的史通，博士班更擴大及將史學三書作完整的綜合比較研究，實是極為難能可貴的。亦頗符合碩士的研究是奠定研究基礎時期，博士的研究則是在此基礎上精益求精，以達於奠定其個人學術研究的重心所在。相較於時下一般讀研究所的同學，任意選題，亦任意改題，從不考慮學術研究的專注性與一貫性，高出甚多。而且其此一博士論文於取得博士後，一再修改，經歷四年之久的長期修改，方決定出版，可看出其治學的慎重與自我要求的嚴格。故林君是與時下功利是重的青年學者不同，他於治學有一以貫之的專業精神。

史學的研究，在理論上有兩大基本原則，一是求真，一是求通，就前者言，乃有個案研究、專題研究，甚至斷代史的研究；就後者言，乃有觀變的研究，與找出歷史發展的規律的研究，以至於通史的著作。當前國內史學界的風氣，由於急功心切，每注重於前者，而忽略於後者，故專題個案研究成果甚多，而觀變求通的著作不足，乃遺見樹不見林之譏。不僅卷帙浩繁的通史巨著絕無僅有，甚至為人稱頌的斷代史之作亦甚少見。史學三書的作者，均極注重史學的求通求變，林君時民既治學專注，有一以貫之的精神，故僅盼其能本於此一精神，早日完成一部完整的綜合比較性的中國史學理論巨著，由上古直至當代，成其一家之言，則個人忝為其過去的論文指導，亦與有榮焉。

李國祁序於台北市與隆路寓所

民國八十六年五月廿七日

序言

筆者長期以來，即對史學史有份近乎固執的興趣，故能由《劉知幾史通之研究》（臺北：文史哲出版社，民國七十六年）持續研究，並擴大至本書《史學三書新詮——以史學理論為中心的比較研究》，其意義在於個人研究領域的拓展，已由一書一氏轉至三個不同時代的三書三氏，其內容所含蓋的時間範疇，也由李唐一代轉至幾乎已是整個中國近代以前之史學史，可謂至廣且久。若能研析周備，不啻大有助益於傳統史學。但一因筆者資材甚為愚駑，復受時程剋限，只得選擇三書三氏之中相關之史學理論部分，採行比較分析之法，聚萃以觀。或究同存異，或品評優劣，或道其長短，或去偽存真，皆置於史學史的背景及角度之下，審勢度理，期於三書之史學理論能闡幽發微，凸顯特色，建立相關系統，宏揚既有優良史學傳統。

撰寫本書草稿期間，辱承業師李國祁教授字字過目，賜正至多，備極辛勞，若拙著能粗備格式，老師厥功甚偉，最應感恩；邱老師添生亦指出不少訛謬，倍覺感幸；日本關西學院大學稻葉一郎教授慨贈有關三書日方資料，勉勵後學，不分國籍，更堪感佩。再者，家母幫帶稚女，讓筆者免為俗務勞絀；內人助我繕校，常於其教學、家務兩忙之餘，孑夜為之，予筆者專心撰述。感懷之餘，只祈不負母恩與內助。

成稿之後，又蒙王德毅教授、王壽南教授、高明士教授針對拙作之根本錯誤、引述不當、文字修飾缺失之處，多所指陳，諸先生皆本愛深責切、扶植後生之劭德，予拙作重生之契機，實感銘無任，謹此拜謝。唯書中仍多不盡妥善，是以謹請大雅方家，不吝教正，至所企盼。

書中內容大多先後陸續發表在《臺灣師範大學歷史學報》、《興大文史學報》、《興大歷史學報》及《中國書目季刊》等等國內學術刊物。並蒙國科會一九九三—四年度補助及荷承臺灣學生書局慨允梓行，筆者在此一併深謝。

一九九七丁丑年八月於國立中興大學雲平樓

目次

第三節　三長說……一九〇
第四節　史文說……二〇七
小　結……二二二
第四章「三書」之史學方法論及其比較……二二五
第一節　史料文獻學……二二六
第二節　歷史編纂學……二六八
第三節　校讎目錄學……三〇五
第四節　方志學……三二六
小　結……三三九
第五章「三書」史學散論並比較……三四三
第一節　天命論……三四三
第二節　時局論……三五七
第三節　缺失論……三七二
第四節　影響論……四〇二
小　結……四一六
結　論……四一九
參引書目……四二七
附錄：「三書」作者學行編年簡表……四五三

緒　論

一、釋名：三書合併研究的緣由

唐代劉知幾的《史通》、宋代鄭樵的《通志》、清代章學誠的《文史通義》，被視為同組關係而排列裒輯在一起，合稱為史學「三書」，一如歷代所沿稱的「三通」「三史」「三傳」然，則是近代才有的事，清季以前，未聞如此。因而「三書」之名始於何時？本書何以據此名稱而加以系統研究，則殊饒意味，不能不一一說明之。考諸史傳，「三書」合舉，要推先於梁任公。任公曾云：

> 自有史學以來三千年間，得三人焉，在唐則劉知幾，其學說在《史通》；在宋則鄭樵，其學說在《通志·總序》及〈藝文略〉〈校讎略〉〈圖譜略〉；在清則章學誠，其學說在《文史通義》。❶

又：

❶ 梁啟超，《中國歷史研究法附補篇》（台灣中華書局，民國六十二年，台三版），頁二十四。

中國史學的成立與發展，最有關係的有三個人：一、劉知幾、二、鄭樵、三、章學誠。……我們要研究中國史學的發展和成立，不能不研究此三人。❶

予「三書」極高的評價。惟任公雖舉稱三書，實際並未冠以「三書」之名，不過已略見機兆之先。之後，呂思勉在《史通評》亦云：

中國論作史之法，有特見者，當推劉知幾、鄭漁仲、章實齋三人。❷

更強調了任公的卓見。爾後，前輩學者張舜徽踵繼其武，在教授學生研讀《史通》《通志總序》《文史通義》時，間有疏記三書疑義，久之錄成一冊，取名《史學三書平議》❸。於焉

---

❶ 梁啟超，《中國歷史研究法附補篇》，補篇第四章，丑、〈史學史的做法〉，頁一六一—一六二。

❷ 呂思勉，《史通評．自敘》（台灣商務印書館，民國六十年，台二版），頁五十五。另外，傅振倫，〈中國三大史家思想之異同：劉知幾、鄭樵、章學誠〉，《新晨報副刊》，一九二八、十一、二十六—二十九。惜此文筆者迄今未見，但標題醒目。

❸ 張舜徽，《史學三書平議》（北京：中華書局，一九八三）〈引言〉：「往余啟導及門讀史，先之以《史通》《通志總序》《文史通義》三書，謂必閑於前人評史之言，而後能考鏡源流，審辨高下。循序漸進，庶有以窺見治史門徑。諸生好學者，相從請質疑義，余一一答之，講習餘暇，間有疏記。凡三書中議論之精者，表而出之；其或疏舛，輒加考明；不護前人之短，期於求是而已。當時記諸書眉及行間上下皆滿，越歷多載，近始稍加芟治，錄爲一冊，顏曰《史學三書平議》，固未能探得前人深處也。」，頁一。

「三書」之名始定，張氏遂為正式標舉「三書」名稱的第一人。

由於張氏所著該書於一九八三年始由北京中華書局梓印出版，年代可謂甚近，因而學界迄未普遍襲用此名，吾人可以審閱同年出版之《中國史學史辭典》，即未收錄「三書」一辭❶，以及遍查眾家史學史專著，亦似未見專論「三書」者可以明白。然假以時日，或可盛行，而轉化為專有名詞，為學者所樂於引用。蓋前已有任公登高一呼，首倡此議；繼有張氏專書，使用此名，或可漸成風氣。何況「三書」本身性質亦頗有類同，聚萃以觀，並無大礙。本書擬承襲梁任公、呂思勉、傅振倫、張舜徽之舊統，採用「三書」名稱，即意在薈萃眾說以觀類同，並比較指出其相異處，絕無標新立異，故創新詞以惑人。

再則，任公前面所指鄭樵重要學說在〈總序〉及〈藝文〉〈校讎〉〈圖譜〉諸略，並示人以讀諸略之次序與旨要❷。而張舜徽對鄭樵則僅稱其〈總序〉，未列諸略。表面觀之，兩人立意並非完全一致。然究其實際，兩氏皆執鄭樵學說要略加以申論，觀點立場並無不同。而本書為求其備，對鄭樵所著則略予擴充至各略乃至全書，蓋非如此即難以窺探鄭樵學理之大部。本書之主旨在將劉知幾、鄭樵、章學誠三人及其「三書」作一整體性的觀察比較，致

---

❶ 參吳澤、楊翼驤主編，《中國歷史大辭典．史學史卷》（上海：辭書出版社，一九八三），頁十四。是書未收「三書」一條。

❷ 梁啟超，《國學研讀法三種》（台灣中華書局，民國六十四年，台八版），頁一一。

而在取材研討之範圍上，對三氏均採取較寬廣之立場，俾免有所疏漏。非獨對鄭樵一人如此，是事先要予以聲明的。

當然，前述梁任公、呂思勉、傅振倫、張舜徽諸位學者的啟迪之功不可沒之外，其他學者致力於對三書的部分研究成果，也是筆者樂於加入三書研究行列的重要依恃和憑藉。其中，就單獨對其中任何一書一氏而言，前人的研究成果，自唐末以來可謂汗牛充棟，書不勝書，可以不必列論；今人研究三書三氏者，除年譜及補正考察外，則多作比較研究，且大多劉章互比或作劉鄭、鄭章相較，惟後兩者較少；至於將「三書」或三氏合而比較者，則已寥寥可數。就目前所知在論文方面，似僅有蘇淵雷，〈劉知幾、鄭樵、章學誠的史學成就及其異同（上、下）〉一文，在專著方面則亦似只有張舜徽《史學三書平議》一書而已。唯張書將「三書」分別討論，注重考索，兼有議論，屬於箋注性質，非整體性的比較研究。至於散論三書言論於個人專著之中，則可略見於甲凱《史學通論》、余英時《歷史與思想》、梁啟超《中國歷史研究法附補篇》、吳天任《國史治要》等等諸書，皆是作者的偶發引論，雖不乏卓見，似亦猶未形成體系。於焉可知，「三書」三氏之整體比較研究，顯然仍有開拓的空間。本書著墨於三書合論，其重要原因俱在於此。

二、架構·研討方式與章節微旨

本書即以《史通》《通志》《文史通義》（含《校讎通義》）為經，時代背景為緯，採行比較方法，整理劉、鄭、章三氏的史學思想、史學理論和史學方法論。希望在比較分析方法之下，三家史學得以顯現出其在中國史學史上的環帶意義。易言之即謂三家史學思想體系須透過比較法凸顯出來，並襯托出其在史學史上的意義。職準乎此，則有下列兩點，需略加說明：（一）書中之所以自始至終採取比較法為骨幹，主要原因即在於杜維運教授所說的：「不經過比較，無法看出每一種現象所具有的真正意義。歷史的變動性，將自此不可見，古今中外的溝通，也將因之而阻塞」❶。比較「三書」，究同存異，去偽存真，可以顯現「三

---

❶ 杜維運，《史學方法論》（台北：華世出版社，民國六十八年），頁八七。范達人對比較史學的基本功能列有六點：（一）歷史的比較研究，是一種宏觀考察歷史的方法。這種方法可以克服研究歷史的狹隘性；（二）歷史的比較研究，是鮮明的很有說服力的方法，是研究歷史的一個角度；（三）歷史比較研究能起一種結合作用，促進歷史研究中理論與史料的科學統一；（四）歷史比較研究也包括歷史類比，而歷史類比方法，可以起到預見未來等作用。把類比的邏輯方法運用於歷史研究，運用這種方法要建立在實事求是的基礎上；（五）歷史比較研究能在歷史研究中起一種驗證假設的作用；（六）歷史比較研究，有助於增進各國人民、各民族之間的相互了解，消除偏見、誤會等。詳氏，〈當代比較史學論綱〉，《史學理論》一九八九：二，頁一七一。另張玉法，〈淺論比較歷史〉，《歷史學新領域》（台北：聯經，民國六十七年），頁一三五—一四九，特別是三、範圍與方法，頁一三八—一四二。亦甚值得參考。

書」彼此的獨特性、依存性及其宏偉的學術氣象。「三書」雖然時代不同，但在史學史的背景下，仍可釐清、克服。史學史學者張孟倫曾說：

對歷史事實一件件地單獨去研究，是難看出什麼問題的。只有排列起來，抱著一種空虛「毋我」的態度，實事求是地經過嚴密的對比，精審的鑒別，同中求異，異中求同；僞裏找真，真裏找僞，並探索出其中的內部關聯之處，然後決定去取，用自己的語言高度地概括起來，也就釀成一種新的理論，建立了一種新的論點。❶

透過時間縱序的比較，同時運用分析和概括的方法，可以建立對「三書」的一種新理解。筆者深信比較法是通覽「三書」之後，更深入一層的研究所必經的，此法可以得到史學轉變的脈絡，亦可對「三書」乃至其他任何史書的進一步認識❷。

---

❶ 張孟倫，《中國史學史（上）》（甘肅：人民出版社，一九八三），頁二二。

❷ 顧立三，《左傳與國語之比較研究》（台北：文史哲出版社，民國七十二年），頁一九三。

雖然因為運用比較法，先天上即有其困難之處❶，亦因筆者材質陋之故，但仍深願勉力旁採他法來輔助或克服比較法的不足❷，而終不計其收穫與成果。這一點是必須稍加詳說的。（二）書中引入《通志》一併論列，或有史家以為性質不同於其他二書，而有異見。換

❶ 杜維運指出比較法有下列四種困境：（一）認識的困境、（二）附會的困境、（三）收穫不豐盛、（四）過渡性的困境。詳參杜氏著，〈比較史學的困境〉，收於《第三屆史學史國際研討會論文集》（台中：國立中興大學歷史系，民國八十年）頁一—一〇。范達人則謂歷史比較研究方法的局限性至少表現在以下五點：（一）、成敗取決於指導它的歷史觀是否正確，它受運用此法者歷史觀的嚴重制約；（二）比較方法只適用於一定範圍，不是放之四海而皆行的；（三）任何比較都不會是十全十美的。它只能拿所比較事物或概念的一方面或幾個方面來相比，而暫時地和有條件地展開其他方面；（四）、不能把歷史比較方法孤立化、絕對化、它必須與其科學研究方法相配合；（五）比較容易產生牽強附會（此則引用杜維運老師之說）。詳見范氏，〈當代比較史學論綱〉，《史學理論》，一九八九：二，頁一七五。

❷ 其他方法如歷史考證法、歸納演繹法、綜合分析法、計量分析法、系統分析法，乃至共黨史學界常用之階級分析法都必須結合起來使用。語參范達人，〈當代比較史學論綱〉，《史學理論》一九八九：二，頁一七五。

句話説，亦可改問如下：《通志》何可從「三通」析出，而改入「三書」論列？❶，其實，《通志》的性質沒有定説，或有視之為「類書」者❷，理由在於其二十略是由紀傳體史書的書志擴編而成，內容含蓋上古迄於隋唐或五代不等的不同學術文化層面，故能成百科全書式的綜合文化史，有一種類書的性質。或有視之為「通史」者❸，這點性質是最明顯的，鄭樵自己説過：「樵欲自今天子中興，上達秦漢之前，著為一書，曰《通史》，尋紀法制」❹，尤其書中分紀、年譜、略、列傳、載記、四夷傳等體裁形式撰述，即是紀傳體通史的正式寫

---

❶ 筆者在民國八十三年申請興大教職時，校外委員黃寬重教授即以此問試筆者，是問頗具代表性。

❷ 元，劉壎，《隱居通議》（台灣商務印書館，叢書集成初編，民國二十六年初版）有云：「…先生自序〈二十略〉之大旨如此，其編摩之勤，意度自新，誠爲苦心，千載獨步。然披覽究竟，似亦止是類書。」見卷三十一，夾漈通志條，頁三二三。到現代，劉伯驥在《宋代政教史》（台灣中華書局，民國六十年）類書條上亦云：「鄭樵撰《通志略》二百卷，自序謂總天下之大學術而條其綱目，名之曰略，凡二十略，百代憲章，學者之能之，盡於此矣」，參第六章，學藝（二），頁一三三三。筆者案：劉氏前言《通志略》二百卷中之「略」應去掉，否則容易產生《通志》與《通志略》區分上的混淆。劉氏所言乃本諸明正德年間刻本所致，今則當分。

❸ 章學誠，《文史通義．釋通》（台北：華世出版社，民國六十九年），內篇四，頁一三一。

❹ 鄭樵，《夾漈遺稿．寄方禮部書》（台灣商務印書館，景印文淵閣四庫全書本，第一一四一冊，民國七十二年，重印本）卷二，頁五一六—五一九。

法。或有視之為「三通」之一的典制史，而與《通典》《文獻通考》齊等，其實這個說法是取決於通志二十略，不問可知，素來史家多就此義發論，似可不必再贅，即可明瞭。由以上簡單的探討，可以確定《通志》性質多說，似可不必固定於其中之一，蓋各有專見，皆有其理。準此，梁任公、呂思勉、傅振倫、張舜徽等碩學博彥，取之與《史通》《文史通義》並論，亦卓有史識。雖今學界尚未普遍採用，但的確頗有其理蘊，可以闡發出來。筆者在書中的研討處理（approach），即依從此義而發立論的，期在前賢的基礎上，試建三書相關史學理論較為完整的體系。同時也用以補充前述〈釋名〉未盡意之處。套句白特費爾德（H. Butterfield）的話，筆者希望能藉此而有新穎的發現（fresh discovery）。❶

除以史學「三書」新義探索劉知幾、鄭樵、章學誠相關的史學思想理論之外，書中行文多在挑出、整理三書史學「理論」（historical theory），並兼具三書史學之「討論」（historical discussion），也就是說書中內文各章都就theory方面先加以闡述，其中則多含discussion。書中除緒論、結論章外，共分五章。首章就「三書」作者的生平撰就「三書」過程的重要關係如早期的家學淵源，本人的天性嗜史與中期的仕宦交遊、基本性格，都與著述「三書」，互相激盪，深有關聯；晚期更是「三書」成書的最重要階段，三氏之懷才不遇與

---

❶ 原見Preface of *Man on His Past* pp.xiii-xiv引自杜維運，《聽濤集》（台北：弘文館出版社，民國七十四年），頁四十四。

著述志趣都深刻表現在其著作上。本書以為必先知其人，始能知其書，故第二章更進一層探討「三書」作者各在其書中肆其史論的思想層面，文中對此有一番發潛闡幽的梳理工作。這些史學思想理念的運作，落實在「三書」的史撰理論，即是第三章所欲探究的。內文以「通史說」「三長說」「史文說」等四項重要內容，各探有關史學之體裁、功用、技藝、形式諸項理論之奧蘊，並予以表徵化、普遍化。第四章則專就「三書」有關史學方法論的主張，分「史料文獻學」「歷史編纂學」「校讎目錄學」「方志學」等純屬技術實踐層面的理論述之，此四者俱足證明三書皆具一家獨斷之學，尤以前兩者更是中國古代史學方法論體系之要津。合此三章，三書史學理論略已粗備。唯仍有片斷零碎之言，對三書理解有所助益但又不便寫入前述章節者，則置於第五章散論之，分「天命論」「時局論」就劉、鄭、章三氏反對歷史決定論進行分析比較，並探三氏生世時局對其史學理論凝成的刺激，以彌補前面章節不能遍論的不足；「缺失論」「影響論」則就三書缺失申論，其積極意義在使學者規避其失，庶幾有益史學；並略陳對後世史學的影響，肯定其貢獻，亦從而可以掌握有關三書史學承襲、發展之脈絡，俾對中國古代史學史有更深入且正確的認識。最後，則附以三書作者學行編年簡表，參引書目等資料，以供參考徵實。

第一章　「三書」作者的生平與其著作之關係比較

劉知幾、鄭樵、章學誠三氏享年都在六十歲左右，差異不大，三人生平際遇各有不同，茲以二十歲做為一個段落，分為早、中、晚三個時期❶，來加以比較討論；並特別注重探求彼等何以能成為一代宗師。文中三個階段分別提敘出身門風、近史宿性、仕宦交遊、基本性格、著述志趣與懷才不遇以作為觀察三氏在撰述其不朽名作過程中的重要因素，俾以較能深切瞭解三氏及「三書」之重要史論。

第一節　早年：出身門風與近史宿性

三氏的生卒年代，史籍均有記載。《新唐書》記劉知幾云：「生於唐高宗龍朔元年（公元六六一年），卒於玄宗開元九年（七二一），終年六十歲。徐州彭城（今江蘇省銅山縣）

❶　以二十歲做爲早中晚三個時期的分段單位，係採三氏生年的平均值而言，與時下中老年期的年齡劃分並不盡同，現在大致以四〇至五九歲爲中年，六〇歲以上爲老年，見范文洵主編，《怎樣防衰老保持旺盛生命力——中老年營養之道》（北京：北師大出版社，一九八九）頁一—二。古人壽命平均值較低，故二十歲爲一段落，對三氏而言，或差爲可行。

人」❶。鄭樵的生平，因《宋史》未詳載，故後世學者力予考證，推知生於宋徽宗崇寧三年（一一〇四），卒於紹興三十二年（一一六二），享年五十九歲。係興化軍莆田縣人❷。興化軍屬於福建路，下有三縣，莆田即其中之一❸。有關鄭樵的里邑籍貫，則史書向無異說❹。章學誠係生於清乾隆三年（一七三八），卒於嘉慶六年（一八〇一），享年六十四，浙

---

❶《新唐書・本傳》（臺北：鼎文書局，民國六十八年），頁四五一九。更詳細則可參傅振倫，《劉知幾年譜》（臺北：商務印書館，民國五十六年，臺一版，人人文庫本）或周品瑛，〈劉知幾年譜〉，《東方雜誌》三一：十九（民國二十三年），頁一八一—一九〇。

❷《宋史》（臺北：鼎文書局，民國六十九年）卷四三六，〈鄭樵傳〉：「高宗幸建康，命（樵）以《通志》進。會病卒。年五十九。」未詳載其生卒年，見頁一二九四四。經後來的周必大《辛巳親征錄》、明正統年間周華編《游洋志・鄭樵傳》（卷四）、清道光年間鄭惠元序刊《鄭氏族譜》（詳楊國楨〈鄭樵年代考索二題〉一文所引），之後始成定論，而後錢大昕《疑年錄》、吳榮光《歷代名人年譜》、顧頡剛〈鄭樵傳〉、張須〈通志總序箋〉大都據此以論，而白壽彝〈談史學遺產〉更同意張須的推斷。關於鄭樵生平，可詳參鄭奮鵬，《鄭樵的校讎目錄學》（臺北：學海出版社，民國七十二年）第一章〈鄭樵的生平〉，頁一—六。

❸《宋史・地理志》，頁二二〇九。

❹鄭奮鵬，《鄭樵的校讎目錄學》，頁一。

江省紹興府會稽縣人❶。從地域的因素來看，三氏分別生於今江蘇、浙江、福建，三省皆近於沿海，比起其他地區，經濟較善，文風亦盛❷。而且蘇浙閩三省在唐宋清三代劉鄭章三氏生時，並無天災人禍，對三人之治學而言，可謂先天環境甚佳❸。

另者，從家庭門第來看，三氏皆可謂出身仕宦之家，亦有助於其致學。詳細言之，三氏皆具家學淵源，甚至可追溯至其遠祖即世為儒宗，光耀史牒的脈絡，但就彼等所受最大影響而論，則仍是得之於父祖兩代。知幾從祖劉胤之，不僅有儒學且曾預修國史，實有上承遠代

---

❶ 據：倆山，《章氏家乘》，引自胡適著，姚名達訂補，《章實齋先生年譜》（臺北：商務印書館，民國六十二年，臺二版），頁一。其生平尚可參岡崎文夫，〈章學誠—其人と其學〉《東洋史研究》八：一，昭和十八年，頁一—九。

❷ 參全漢昇，《唐宋帝國與運河》，中央研究院史語所專刊，又收在氏著，《中國經濟史研究》（香港：新亞研究所，一九七六）上冊，頁二六五—三九六。又：鄭蘭陔，《莆田清籟集》〈序言〉有云：「文物於閩中稱極盛」，地方文獻《莆陽文輯》亦云：「莆雖小壘，儒風特盛，藏書名家如方漸、吳與皆與鄭樵有所過從，樵多次訪之。」後者可參妻曾泉，〈鄭樵〉，《中國史學家評傳》（河南：中州古籍出版社，一九八五），頁五三五。

❸ 鄭樵，〈上殿通志表〉：「……所賴閩無兵火之厄，可以見天下之書」可見周華等，《福建興化縣志》卷六〈撰述中〉。

祖先，且下啟知幾一代注重史學門風的作用❶。父親劉藏器則是學行方正，時人稱賢，對知幾兄弟課教甚嚴❷。鄭樵祖父鄭宰為熙寧三年進士，父國器，係政和年間太學生，曾鬻地助築蘇洋陂堤，甚受鄉里敬重❸。章學誠之祖如璋是候補經歷，「惇行隱德，望於鄉黨，尤嗜史學，晚歲閉關卻掃，終日不見一人。取司馬《通鑑》，往復天道人事」❹；其父鑣，乾隆

❶ 詳見《舊唐書》（臺北：鼎文書局，民國六十八年），卷一九〇上，文苑上，頁四四九四，載劉胤之曾與「隋信都丞孫萬壽、宗正卿李百藥爲忘年之友」又在永徽初年，「累遷著作郎宏文館學士，與國子祭酒令狐德棻、著作郎楊仁卿等撰成國史及實錄」。其論則可參拙著，《劉知幾史通之研究》（臺北：文史哲出版社，民國七十六年），頁一九。瞿林東有一文〈試論漢唐史學中的家學傳統〉，《遼寧大學學報》一九八一：二，惜未論及知幾的家學淵源，似可補之。

❷ 《史通釋評．自敘》（臺北：華世出版社，民國七十年），頁三三三。

❸ 《鄭氏族譜》，參閱《明弘治興化府志》同治十年重刻本，卷三十五，儒林下，〈鄭樵傳〉。鄭奮鵬，前引書，頁六。鄭樵父曾賣田二十畝，助築蘇洋陂，該陂在莆田縣溪西村上游一公里處，此陂經歷代維修，至今仍在發揮灌溉作用。參黃玉石《鄭樵傳》（北京：中國青年出版社，一九八九），頁二〇二，註。鄭樵受其父影響，長大後亦「一利於人，必力爲之」，並且增築蘇洋陂，以紹先志。

❹ 胡適著，姚名達訂補，《章實齋先生年譜》，頁一—二。胡文引自章學誠，〈刻太上感應篇書後〉，《章氏遺書》（臺北：漢聲出版社，民國六十二年）卷二十九，中册，頁七二一。

七年（一七四二）進士，於學誠曾親自授讀❶。由上可知，三氏之所以能卓有所成，長於治史，與其家學門風深有關係。

再就三氏之同輩兄弟而言，知幾兄弟六人，俱進士及第，文學知名，可謂一門數傑，其兄弟於受學時，對知幾進學有益❷。鄭樵則有從兄景韋，時稱二鄭，與其在人生抱負、學問志向及學術興趣各方面，相互切磋，十分相得❸。學誠則與劉鄭兩人情況不同，他沒有兄弟，僅有一姊，後有一妹。不僅無昆仲以砥礪求進，且幼年多病，資質椎魯。至十四歲，四子書猶未卒業❹。其父親之友朋，咸為其父憂無後，可見其嚴重之一斑。然自十六歲以後，智慧漸開，知識漸通，性情漸近史學，不甘與俗學為伍❺。二十歲以後觀書，常能別出意見

❶《文史通義》（臺北：華世出版社，民國六十九年），外篇三，〈家書三〉，頁三六六。

❷《史通釋評．自敘》：「嘗聞家君爲諸兄講《春秋左氏傳》，每廢書而聽，逮講畢，即爲諸兄說之……」可證其父兄有授學進學之實。見頁三三三。

❸鄭樵，《夾漈遺稿》（臺北：商務印書館，景印文淵閣四庫全書本，民國七十二年重刊）卷三〈投宇文樞密書〉，頁五二二—五二五。

❹《章氏遺書．與族孫汝南論學書》，頁五〇二—五〇四。

❺同前❹。

，不為訓詁牢籠。雖時有鹵莽之弊，而於古人都能另有所窺❶。學誠曾自言：

二十歲以前，性絶騃滯，讀書不過三二百言，猶不久識，學爲文字，虛字多不當理，廿一二歲，駸駸向長。縱覽群書，於經訓未見領會，而史部之書，乍接於目，便似夙所攻習然者；其中利病得失，隨口能舉，舉而輒當。……乃知吾之廿歲後與廿歲前，不類出於一人，自是吾所獨異。❷

二十歲似是學誠生涯中的一分界線，前後迥異。其近史之性情在十六歲至二十歲之間，已完全顯露。而劉知幾則更早，《史通·自敍》中知幾曾言：

予幼奉庭訓，早游文學。年在紈綺，便受《古文尚書》。每苦其辭艱瑣，難爲諷讀，雖屢逢捶撻，而其業不成。嘗聞家君爲諸兄講《春秋左氏傳》，每廢書而聽。逮講畢，即爲諸兄説之。因竊嘆曰：「若使書皆如此，吾不復怠矣。」先君奇其意，於是授以《左氏》，期年而講誦都畢，于時年甫十有二矣。所講雖未能深解，而大意略

❶《文史通義·家書三》，頁三六七。

❷《文史通義·家書六》，頁三六九。

舉。❶

十二歲以前即已近史了。浦起龍以為知幾與史為緣，殆由宿植而來❷。所謂「宿植」，用今語釋之，即潛藏於本身之內的能力，亦即天生的稟賦，這種稟賦實即西人所謂自然傾向（natural tendency）。知幾之傾向於史，不僅在受蒙初學之時，表現無遺，同時在邁入青年期時，也就是過了上文所謂的「年甫十有二」後，還能以此與生俱來的宿植之優，「創通全史，胸貯皂白」了❸。

在十二歲讀畢《左傳》後，知幾迫切需要知道獲麟以後的史事，來廣增異聞。因此又續讀《史記》、《漢書》、《三國志》等書。此後即能觸類旁通，洞悉古今之沿革與曆數之相承。到他十七歲時，則已窺覽「自漢中興已降，迄乎皇家實錄」的所有史籍，而且一點也不必假手師訓❹。若非知幾天性近史，且其資聰悟穎，焉易有其功？後來能「三為史臣，再入

❶《史通通釋·自敘》（上海：古籍出版社，一九七八），頁二八八。

❷《史通通釋·自敘》，頁二八九。

❸同前註。浦釋語。

❹《史通通釋·自敘》，頁二八八。

東觀」❶，歸結其原因，亦拜早年傾向於史之賜。

不惟如是，《史通．忤時》亦云：「僕幼聞詩、禮，長涉藝文；至於史傳之言，尤所耽悅」❷以及《舊唐書．本傳》：「子玄掌知國史，首尾二十餘年，多所撰述，甚為當時所稱」又：「子玄自幼及長，述作不倦，朝有論者，必居其職」❸，在在都證明知幾近史的傾向大過於其他方面的習性。而這份自然的傾向，不但在早年顯像特強，而且貫穿其青壯年時期。知幾長大成人之後，從喜好詩賦的興趣轉移到史事，以及壯年以後「恥以文士得名，期以述者自命」的志向改變❹，都是天性近史在背後影響的結果。

由此觀之，兩人嗜史特性在早年即已創發，惟劉知幾幼年聰明而章學誠愚魯而已，以此質諸鄭樵，雖無現成的資料證明其早年即已嗜史，但從後來他〈獻皇帝書〉裡自述其為學經歷時可知：

---

❶《史通通釋．原序》，頁一。

❷《史通通釋．忤時》，頁五八九。

❸《舊唐書．劉子玄本傳》（臺北：鼎文書局，民國六十八年），頁三一七一。

❹《史通通釋．自敘》，頁二九二。

> 臣本山林之人，入山之初，結茅之日，其心苦矣，其志遠矣。欲讀古人之書，欲通百家之學，欲討六藝之文，而爲羽翼。如此一生，則無遺恨。❶

可以知道在其十六歲護喪回鄉之後，即在夾漈草堂發憤讀書、訪書、著書，僅由此亦可知道史學經學乃至其他學問如金石圖譜、天文地理、校讎目錄、言語文字都在鄭樵追求行列之中。無疑地，鄭樵嗜史的天性雖較知幾學誠不明顯，但沈潛於學問的興趣似乎遠大於兩人。

由上面所述，從發展心理學的觀點來看，三氏父祖三代以來的門風家學以及嗜史的自然傾向，是鑄就三氏撰述等身，擅名百代的首要資產。

第二節　中年：仕宦交遊與基本性格

到了二十歲也就是弱冠之後，三氏的際遇便不相同了。知幾在二十歲左右即進士及第，最初派任為獲嘉縣主簿，是一名正九品下的地方小官，對他而言，這是他首度踏出家庭而邁入社會或宦場之中。換言之，知幾二十歲左右，家庭對他的影響力已逐漸由社會所取代。

---

❶ 鄭樵，《夾漈遺稿・獻皇帝書》卷二，頁五一四—五一五。

知幾在獲任之後的十餘年間，未曾易職他就❶。社會上也沒有兵荒馬亂，因此他可以突破弱冠之前，為了要求仕進，不能專心向史的缺憾，而得以「旅游京洛，頗積歲年，公私借書，恣情披閱，至如一代之史，分為數家，其間雜記小書，又競為異說，莫不鑽研穿鑿，盡其利害」❷，這對他在做學問的層次上，顯然有很大的進益。而學問的底子，視野的廣度，都因他在這段不算太短的時間內，留任主簿一職，擁用完全充分的讀書自主性，以及不必再為功名所網羅而方能鞏固並且拓展出甚多。弱冠之前的劉知幾，其史學基礎固然是穩固的，但日後之能參預史職與具備撰述史書的功力，實得力於初仕任內有恣情披閱公私典籍與鑽研穿鑿雜記小書的兼綜工夫。也就是說，至此之後其史學知識與理念才逐漸達到批評、成熟與超然的境界。

踏入宦場後的前十年，除了再充實自己的學力之外，知幾並沒有交到使他認為足以研討治學的朋友，如有則在三十歲以後，而這些朋友，在其心目中都是很有份量的。《史通·自敘》曾說：

---

❶ 劉氏任懷州獲嘉縣主簿一職，凡十九年，迄公元六九九年始轉任定王府倉曹之職，參傅振倫，《劉知幾年譜》（臺北：商務印書館，民國五十六年）頁六九—七〇。

❷ 《史通釋評·自敘》，頁三三四。

及年以過立，言悟日多，常恨時無同好，可與言者。維東海徐堅，晚與之遇，相得甚歡，雖古者伯牙之識鍾期，管仲之知鮑叔，不是過也。復有永城朱敬則、沛國劉允濟、義興薛謙光、河南元行沖、陳留吳兢、壽春裴懷古，亦以言議見許，道術相知。所有榷揚，得盡懷抱。每云：「德不孤，必有鄰，四海之內，知我者不過數子而已矣」。❶

而立之前，知幾何以缺少知音？且於後文再述。此處擬先檢視所稱七友，究係何許人士？

徐堅，少好學有敏性，遍覽經史，性寬厚，文章敦實，多識典故，先後修撰《三教珠英》、《格式氏族》及《國史》，甚得時論稱譽。他很重視《史通》，曾說：「居史職者，宜置此書于座右」❷，並編有《初學記》卅卷，主張良史應當「不虛美、不隱惡，善以勸世，惡以示後，所以暴露成敗，昭彰是非」，與劉知幾在《史通》〈曲筆〉〈直書〉〈惑經〉〈忤時〉諸篇的論說，宗旨相符。

朱敬則，早以辭學知名，人品高潔守正，倜儻重節義。長安三年（七〇三）曾上〈請擇史官表〉：「伏以陛下聖德鴻業，誠可垂範將來。倘不遇良史之才，則大典無由而就也。且

❶ 同前頁註❷。

❷ 《舊唐書·劉子玄傳》，頁三一七一。

董狐、南史豈止生於亡代而獨無於此時乎？在求與不求，好與不好耳」❶。這項見解與《史通·覈才》所論者近似。

劉允濟早歲與著名詩人王勃齊名，曾以鳳閣舍人修國史，也發論：「史官善惡必書，言成軌範，使驕主賊臣，有所知懼，此亦權重理合，貧而樂道也。昔班生受金，陳壽求米，僕視之如浮雲耳。但百僚善惡必書，足為千載不朽之美談，豈不盛哉！」❷與《史通·曲筆》指摘「班固受金而始書，陳壽借米而方傳」屬於同一論調，連事例兩人所舉也是相同的。

薛謙光由《舊唐書·本傳》知道他「博涉文史，每與人談前代故事，必廣引證驗，有如目擊。少與徐堅、劉子玄齊名、友善」❸，是一位博學正直的官吏。

吳兢史稱「勵志勤學，博通經史」，在《唐會要》卷六十三〈史館〉上，〈在外修史〉

---

❶《唐會要》（臺北：商務印書館，國學基本叢書，民國五十七年，臺一版）卷六十三，修史官條，頁一一〇〇。除〈請擇史官表〉外，朱氏尚有〈五等論〉〈十代興亡論〉等重要史論著作，皆可見《全唐文》（臺北：匯文書局景印清刊本，民國五十年）卷一七〇、一七一，其史學思想則可參許凌雲、王洪軍，〈朱敬則的史學思想〉，《史學史研究》一九八七：四，頁四七—五一及六〇。

❷劉允濟傳，見《舊唐書》卷一九〇，〈文苑列傳〉，頁五〇一三。氏所發論則見《唐會要》卷六十三，修史官條，頁一一〇〇。

❸《舊唐書》，頁三一七一。

條有：「（開元）十四年（七二六）七月十六日，太子左庶子吳兢上奏曰：『臣往者長安、景龍之歲，以左拾遺起居郎修國史，時有武三思、張易之、張昌宗、紀處訥、宗楚客、韋溫等，相次監領其職。三思等立性邪佞，不循憲章，苟飾虛詞，殊非直筆。臣愚以為國史之作，在乎善惡必書。遂潛心積思，別撰《唐書》九十八卷，《唐春秋》三十卷，用藏於私室。』」可見吳兢之良直。與知幾及前述諸人相同❶。

元行沖則「博學多通，尤善音律及訓詁之書」，撰有《魏典》卅卷，《群書四錄》及《注孝經疏義》❷。子玄立說，多受行沖影響。

至於裴懷古，是唯一不參史局之人，故最後才提到。懷古「清介審慎，在幽州時，韓琬以監察御史監軍，稱其馭士信，臨財兼，為國名將云」❸，《舊唐書》將其收入〈良吏傳〉，可見為人正直，與知幾等人之氣質亦甚相類似。

由以上所述，可歸納出知幾友人的共通點，大致是：㈠好學喜史：如徐堅「好學，遍覽經史，多識典故」；劉允濟「博學，善屬文」；薛「博涉文史」；元「博涉多通」；吳「勵志勤學，博通經史」；㈡耿直孤介：元行沖「性不阿順，多進規誡」；朱敬則曾為魏元忠被

❶ 《唐會要》卷六十三，頁一〇九八—九。亦可參《新唐書·吳兢傳》，頁四五二九。
❷ 《新唐書·元澹傳》，頁五六九一。
❸ 《新唐書·裴懷古傳》，頁五六二六。

張易之兄弟構誣，將陷重辟一事，獨抗疏申理，顯示其耿直無畏權勢；劉允濟在垂拱四年（六八八）明堂初成時，曾奏上〈明堂賦〉以諷，武則天不怪之，反手制褒美。中興初，授青州長史，為吏清白，甚得長官之薦信；吳兢、裴懷古之良直廉信，正如前述，不必多引。凡此皆與知幾之性格同一類型，故而甚易形成諸人心目中視彼此為「我群」（We Group）而同氣相求，並在學問人品方面，互有砥礪之功。《史通》之撰作，亦因而有其關聯性。

其實，早期知幾在入京之初，尚抱有「守愚養拙，怯進勇退」的思想。但入史館後，竟敢直言當道，可能即是與這些相知諸友的相互砥礪與激發鼓勵，才有重大改變的❶。正因為

❶ 劉知幾，〈思慎賦〉，《文苑英華》（臺北：華文書局，民國五十六年）卷九二及《全唐文》，卷二七四，頁三五一五—三五一八，均收有此文。茲引洪業，〈《韋弦》《慎所好》二賦非劉知幾所作辨〉，收於《洪業論學集》（臺北：明文書局，民國七十一年），頁三七六—三七九。可參彭雅玲，《史通的歷史敘述理論》（政大中文所碩士論文，民國七十九年）頁三九—四四；也可參楊緒敏，〈從劉知幾的詩賦看其處世思想及爲人〉，《徐州師範學院學報（哲學社會科學版）》一九九〇：四，頁一一四—一一七。該文指出劉氏在處世上撰擇了隨波逐流、明哲保身的路數，但在學術研究方面，則採取截然不同的批判態度，始終不改舊志，堅持史官所應具備的實事求是的科學態度和不畏強禦、敢於直言的優秀品質。楊文之中，主張〈韋弦〉〈慎所好〉兩賦是劉氏所作，與張振珮，《史通箋注》（貴州：人民出版社，一九八五）下，附錄一，頁七五一—七五二，所主張的相同。

他們具有共同的特色，故白壽彝認為知幾及其友朋形成了一個學派，並肯定此學派思想的進步性，對八世紀的思想史研究有益❶。雷家驥則以為他們論道講學的背景都在所謂的史館修注院，故乾脆賦予一個「館院學派」的名稱❷。逯耀東在知幾諸友的著作流傳不廣的條件下，更進而認為知幾是他們史學思想的總代言，《史通》則是他們史學經驗的結晶❸。

至於鄭樵在二十歲至四十歲之間的宦歷，則殊少足述者。原因出在他自少年時代，即于宦途不甚熱心，十六歲父親亡故，扶柩回鄉之後，便謝絕人事，與其弟鄭檦從兄鄭厚築南峰草堂閉門讀書，終日與山泉林野為伴。後因弟檦早逝，厚樵兄弟乃遷夾漈山，因陋就簡，築草堂三間，一起以切磋學問為樂，無意仕途，因草堂周圍綠蔭掩映，清溪環流，田疇交錯，

❶ 白壽彝，〈劉知幾的史學〉，收於《中國史學史論集》（上海：人民出版社，一九七九）第二冊，頁五八—一一二。

❷ 雷家驥，〈唐前期國史官修體制的演變—兼論館院學院的史學批評及其影響〉，《東吳文史學報》第七期（民國七十八年三月），頁一—三六。筆者以爲不宜輕立門派以謂之爲「館院學派」，恐有違史實。

❸ 逯耀東，〈史通疑古、惑經篇形成的背景〉，《當代》第十期，頁六六，民國七十六年二月。文中有云：「劉知幾和他的同伙，最初撰修國史所持的『善惡必書，言成軌範』的理想，無法實現。這種「事多遺恨」的經驗，不僅是劉知幾，也是與他同時參與國史的朱敬則、徐堅、吳兢、劉允濟所共有，最後透過劉知幾的《史通》表露出來。所以，劉知幾的《史通》是他們共同痛苦經驗的總結，是他們的共同語言。《史通》寫成後，徐堅說：『居史職者，宜置此書於座右』」。

景色幽雅，鄭樵乃潛心研究成就一代史學。❶。其詩文集《夾漈遺稿》曾留下草堂題記和詠詩❷，吟詠山間景色，抒發胸懷志趣，頗具隱逸情愫。厚樵兩人才氣抱負相當，兄弟感情也十分相契，可謂志同道合，常一起研讀論辨，致寒暑不分，飲食亦忘。史稱其喜「遊名山大川，搜奇訪古，遇藏書家必借留，讀盡乃去」❸，可見其致學專深，用力精勤。然靖康二年（一一二七）春，鄭樵二十四歲時，發生靖康之難。時局的動盪，激發了兄弟兩人的民族氣節與愛國情操，先後投書予宇文虛中樞密及江給事常❹。兄弟兩人雖受賞識，唯終未獲用，

❶ 可參黃玉石，《鄭樵傳》扉頁，附有後人修妥之夾漈草堂圖片。

❷ 夾漈草堂的環境，鄭樵曾有自述，題夾漈草堂二首並記：「斯堂本幽泉、怪石、長松、修竹、榛橡所叢會。與時風、夜月、輕煙、浮雲、飛禽、走獸、樵薪所往來之地。溪西遺民，于其間爲堂三間，覆茅以居焉。斯人也，其斯之流也。顧其人家不富亦不貧，不貴達亦無病，與爾屬相周旋也。堂後青松百尺長，堂前流水日湯湯。西窗盡是農桑域，北牖無非花蔦鄉。罷去精神渾冉冉，看來几案尚穰穰。不知此物何時了。待看臨流自在狂。
堂後施柴堂上燒，柴門終日似無聊。蓼蟲不解知辛苦，松鶴何能慰寂寥。述作還驚心力盡，吟哦早覺鬢毛彫。布衣蔬食隨天性，休訝巢由不見堯。」見《夾漈遺稿》，卷一，頁五〇六。

❸ 《宋史·鄭樵傳》，頁一二九四四。或作標點如下：「遇藏書家，必借留讀盡乃去。」皆可通。

❹ 《夾漈遺稿》〈與景韋兄投江給事書〉〈與景韋兄投宇文樞密書〉，卷三，頁五二二—五二八。

只得重返山林❶。後來鄭厚于紹興五年（一一三五），「再舉禮部，奏賦第一」，從此走向宦途，但鄭樵篤守本志，放逸山林，依然「風晨雪夜，執筆不休，廚無煙火，而誦記不絕」❷，雖鄭樵有三次被舉薦為孝廉，兩次被推為遺逸，但皆不動心❸。他矢志不渝，獻身於讀書著述。三十五歲那年，即南宋高宗紹興八年（一一三八），他開始想寫一部繼《史記》之後，貫通古今的通史。此點可在〈寄方禮部書〉裡，看到他的自述：

> 諸史家各成一代之書而無通體，樵欲自今天子中興，上達秦漢之前，著爲一書，曰《通史》，尋紀法制。嗚呼！三館四庫之中，不可謂無書也。然欲有法制可爲歷代有

❶ 見《宋史．宇文虛中傳》，卷三七一，列傳一三〇，頁一一五二六—一一五二九。宇文虛中在建炎元年（一一二七）因議和之罪，被朝廷流竄韶州，次年奉使金國，又終年被扣留北方，不可能爲二鄭引薦。

❷ 《夾漈遺稿．獻皇帝書》，卷二，頁五一四—五一五。

❸ 明周華等編，《福建興化縣志》卷四。這點與《宋史．鄭樵傳》所載：「平生甘枯淡，樂施與，獨切切於仕進，議者以是少之」不同。顧頡剛〈鄭樵傳〉亦以爲二鄭兩人在年輕時頗有用世之大志。唯鄭奮鵬已批駁其說，見氏著《鄭樵的校讎目錄學》，頁一〇—一一。吳懷祺輯校，《鄭樵文集附年譜稿》（北京：書目文獻社，一九九二），頁七九—八〇，亦有辯析。

國家者之紀綱規模，實未見其作，此非有朝廷之命，樵不敢私撰也。營營之業，煢煢之志，幸禮部侍郎而成就之。❶

其宏大理想，完全披露，祗願會通百家之學，集天下之書為一書。為此，鄭樵奮鬥了三十年，歷盡艱辛，始終不改。他屢辭任官，甚至自負到不願與當時一般士大夫交遊應酬。以為他們「齷齪不圖遠略，無足與計者」❷，這可以說他個性上耿介自守的表現，也是他草堂求學時期所表現的延續，多年來鄭樵志向一直不變。不就官職，甚至不曾與試，可以說自始即是他性格上的一部分，而他抱持隱逸的心態，隱居深山之中，謝絕人世交往，正是他著述通史諸略的憑恃。一旦失此憑恃，鄭樵即不復為鄭樵。

至於章學誠在青壯年階段的表現平平。其史學素養已漸趨成熟，但不為外界所識，他曾回憶：

❶《夾漈遺稿．寄方禮部書》，頁五一六—五一九。又三館指昭文館、集賢館、史館；四庫指經史子集。指宋代皇家藏書之處。

❷《夾漈遺稿，與景韋兄投江給事書》，卷三，頁五二六—五二八。

廿三四時所筆記者，今雖亡佚，然論諸史於紀表志傳之外更當立圖，列傳於〈儒林〉〈文苑〉之外更當立史官傳，此皆當日之舊論也，惟當時見書不多，故立說鮮所徵引耳，其識之卓絕，則有至今不能易者。❶

學誠二十三歲（乾隆二十五年，公元一七六〇年）赴北京應順天鄉試，不第；直至三十一歲時再試，始中副榜。在這八年間，章學誠一直在國子監中落落寡合，每試輒被斥落，祭酒以下多看他不起。乾隆三十年應鄉試時，同考官沈業雄推薦其文章，但未被錄取。沈氏甚為之惋惜，乃延聘至家中教其子弟。學誠因而得以努力學習。同年，始觀《史通》❷，並在生活上出現一個轉捩點，即拜翰林院編修朱筠為師，學為古文，甚得朱氏贊揚。此時的學誠，由於「朱先生始言於眾，京師漸有知名者，彼時立志甚奇，而學識未充，文筆未能如意之所向」❸，知幾在他這個年紀，也仍然在「借閱公私典籍」之中，尚未擔任史職。此後，學誠並與邵晉涵（二雲）、周永年（書昌）、任大椿（幼植）、洪亮吉（稚存）、汪輝祖（龍莊）、黃景仁（仲則）、程易疇（瑤田）、程晉芳（魚門）等學者交遊，其中交情最摯當數

❶ 《文史通義》外篇三，〈家書六〉，頁三六九。
❷ 同前註。
❸ 《章氏遺書》中冊，卷二十八，〈跋甲乙賸稿〉，頁七一四。

史學家邵二雲。兩人論史，契合隱微❶。乾隆三十七年（一七七二），氏三十五歲，開始撰作《文史通義》，其致朱春浦書有云：

> 夫人之相知，得心爲上。學誠家有老母，朝夕薪水之資不能自給。十口浮寓，無所棲泊。貶抑文字，稍從時尚，則有之矣。至先生所以有取於是而小子亦自惜其得之不偶然者，夫豈紛紛者所得損益？是以出都以來，頗事著述，斟酌藝林，作爲《文史通義》。書雖未成，大指已見辛楣先生（按即錢大昕）候牘所錄内篇三首，併以附呈。先生試察其言，必將有以得其所自。❷

此中透露《文史通義》始作於是年，並且知道學誠仍然生活非常困乏窘迫。〈上辛楣宮詹書〉云：

---

❶ 《文史通義》外篇三，收有章氏與邵二雲論學之書文凡十篇，頁三〇九—三二一及六七二。又見《章氏遺書．邵與桐別傳》，頁三九七；又可參胡楚生，〈章學誠與邵晉涵之交誼及論學〉，《興大文史學報》第十五期，頁一—一三。至於與洪亮吉等人之交往，尚可參河田悌一，〈清代學術の一側面—朱筠、邵晉涵、洪亮吉そして章學誠—〉，《東方學》第五七輯，頁四—二〇。

❷ 《章氏遺書》，中册，卷二十二，〈候國子監司業朱春浦先生書〉，頁五〇四—五〇五。

> 學誠從事於文史校讎，蓋將有所發明。然辯論之間，頗乖時人好惡，故不欲多爲人知。所上敝帚，乞勿爲外人道也。❶

顯見學誠的見解，不合時宜，但已有幾分自信。可惜錢大昕似未能賞識其史學見解。而邵晉涵則甚稱讚學誠的《文史通義》，學誠曾自云：「君（晉涵）每見余書，輒謂如探其胸中之欲言，間有乍聞錯愕，俄轉為驚者不一而足」❷。學誠文集中與邵氏論學之書信很多，彼此知交。

乾隆三十八年（一七七三），氏三十六歲。是年應和州知州劉長城之聘，編纂《和州志》，次年成書，是他的第一本著作。此年夏天，學誠在寧波遇到戴震（東原），兩人論史事，意見多不合。余英時對兩人的學問路向已有一番論述，甚見精緻，當備參讀❸。茲舉一例說明，學誠在杭州，曾聞戴震與吳穎芳談次痛詆鄭樵《通志》，影響後來學者，學誠乃作一文初名〈續通志敍書後〉，後易名為〈申鄭〉駁之，此文即因戴氏而作，今已成為了解學誠史學思想的重要文獻之一。到三十七歲時，撰有《和州志》四十二篇，並輯有《和州文徵

---

❶ 胡適，《章實齋先生年譜》，頁二五—二六。但余英時別有考訂，參氏，〈章學誠文史校讎考論〉，《中研院史語所集刊》六十四本第一分（民國八十二年三月），頁二〇五—二二〇。

❷ 《章氏遺書》卷十八〈邵與桐別傳〉，頁三九五—三九八。

❸ 余英時，《論戴震與章學誠——清代中期學術思想史研究》（臺北：華世出版社，民國六十九年）。

》八卷。

乾隆四十年，氏三十八歲，家益貧，而交遊益廣。此時學識大有進益，但為了求功名，不得不分出精力準備科考。翌年，仍困居北京，援例授國子監典籍。乾隆四十二年（一七七七），氏四十歲，因周震榮之介紹，主講定武書院，並受聘主修《永清縣志》，秋入京應順天鄉試，因主考官梁瑤峰惡經生墨守經義，束書不觀，乃發策博問條貫，雜以史事，以覘宿抱。學誠反因此得以發揮，榜發中舉。梁氏在考後對他說：「余闈中得子文，深契於心，啟彌封，知出吾鄉，訝素不知子名。詢鄉官同考者皆云不知。聞子久客京師，乃能韜晦如是！」❶這個「韜晦」兩字可以看出多年來學誠的性格。以他稚年騃滯而且多病，青壯年學仕兩途的崎嶇坎坷，如在國子監時多為考官斥落，如他雖性近史部，但乾隆三十八年，其師朱筠入《四庫全書》館為纂修官，戴震、邵晉涵、周永年等皆應徵入館纂修，然章氏猶未稱意。如四十歲左右始舉科業，但生活仍然幾陷絕地，其個性若不有幾分執著，且不狂囂傲人，恐更難以度日，如此，則可明白梁氏所評章氏之言，洵為至論。筆者亦以為學誠有此個性，也是長期所累積而極為自然的發展。其實，前述的鄭樵也具備這份特質，他甚至僻居一隅，幾如隱逸，韜晦的工夫猶在學誠之上。

❶《章氏遺書》卷二十一〈梁文定公年譜書後〉，頁四七五下。

然而知幾的性格特質則不在此，而在其「正直寡岸」❶，知幾何以三十歲以前，缺乏道業相知的朋友?或可從其性格因素尋繹之。

知幾幼時讀書即常有創獲，素不為古人之言見所拘泥，他第一次被大人責以「童子何知，而敢輕議前哲？」即表現在他二十歲以前，「讀班、謝兩《漢》，便怪前書不應有〈古今人表〉，後書宜為更始立〈紀〉」之事❷，雖然當時知幾頗為之赧然自失而無辭以對，但這份高超的悟解能力，在其後讀到張衡及范曄的書時，終於肯定己見為是。往後「其有暗合於古人者，蓋不可勝紀。始知流俗之士，難與之言」❸，無奈世之庸俗者多，如知幾及其朋輩者，蓋不多見。以氏之資材高妙，每能發明新義，兼由遍尋史籍嗜讀如命之事來看，知幾三十而立前後，常以無可言之朋友相交為憾，似是自然不過之事。就此而言，鄭樵以為一般士大夫「齷齪不圖遠略，無足與計者」也是相同的道理。

知幾的賦性峭直，傲岸稜角，又處處可見。他在《史通·忤時》篇說：「孝和皇帝時，韋武弄權，母媼預政，士有附麗之者，起家而綰朱紫；予以無所附會，取擯當時」又說：「僕少小從仕，早躡通班。當皇上初臨萬邦，未親庶務，而以守茲介直，不附奸回，遂使官

❶ 傅振倫，《劉知幾年譜》，頁三九。
❷ 《史通釋評·自敘》，頁三三四。
❸ 同前註。

若土牛，棄同芻狗」，惟其無所附會，故而一為主簿，十餘年未曾陞遷；一為中允，又四年不除❶；及供史職，宗楚客又嫉其正直❷。

緣由其性格之方正，難以俗同，而居史官又久，凡近三十年，故有後來《史通》之作。

第三節　晚年：著述志趣與懷才不遇

對於三氏來講，四十歲以後迄於六十歲的廿年間，是三氏在史事成就最高及最重要的階段。三氏的平生代表作都成於此一階段，然而為何撰作其書，又與三氏在這段期間之內的懷才不遇有很深的關聯。

首就劉知幾而言，武后聖歷二年（六九九），知幾入京為定王府倉曹（正七品上），與徐堅、徐彥伯、張說等同修《三教珠英》，修完之後隔年即擢升為著作佐郎兼修國史，開始與史館結緣，是年為武后長安二年（七〇二），知幾四十二歲。長安三年，擢升為門下起居郎，即為「左史」，撰起居注，後奉詔修《唐史》，但《唐史》之作，多非知幾本意。《史

❶《舊唐書．本傳》，頁三一六八。

❷《史通釋評．忤時》，頁七〇四。

通》裡的「五不可」❶，即針對史館的各種弊端而發。知幾知友吳兢亦預其事，多以曲筆為憾。後在外修撰《唐春秋》《唐書》；另朱敬則亦上疏請擇史官，其中有「勗之以公忠，期之以遠大」及「超加美職，使得行其進」諸語，蓋為知幾而發❷。是年七月，禮部尚書鄭惟忠嘗問知幾以自古文士多而史才少之故，知幾提出「史才論」謂須有才學識三長，三者難兼，故史才少。此論成為知幾的千古灼見。

武后長安四年（七〇四），擢鳳閣舍人，暫停史職。是年，作《劉氏家乘》及《譜考》。《譜考》按據詳明，卻為流俗所譏。中宗神龍元年（七〇五），知幾四十五歲，除著作郎、太子中允率更令，兼修國史，並奉令修《則天實錄》。此時監修貴臣仍是武三思、宗楚客等人。這些恩倖貴臣既無學行，又猜忌正士。知幾及其友人堅持據事直書的原則，自遭阻礙，故其理想抱負都無法實現，終致引起他「著述立言」「商榷史篇」的念頭。〈自敍〉篇中知幾便明確說出：

長安中，會奉詔預修唐史。及今上（中宗李哲）即位，又敕撰《則天大聖皇后實錄》。凡所著述，嘗欲行其舊議。而當時同作諸士及監修貴臣，每與其鑿枘相違，齟

---

❶ 同前頁註❷，頁七〇〇—七〇二。

❷ 蘇淵雷，〈劉知幾〉，《中國史學家評傳》（河南：中州古籍出版社，一九八五）上冊，頁四〇八。

齬難入。故其所載削，皆與俗浮沈。雖自謂依違苟從，然猶大爲史官所嫉。嗟乎！雖任當其職，而美志不遂，鬱怏孤憤，無以寄懷，必寢而不言，嘿而無述，又恐沒世之後，誰知予者。故退而私撰《史通》，以見其志。❶

又《新唐書・劉知幾傳》亦提及《史通》撰述於中宗神龍元年：

始，子玄修《武后實錄》，有所改正，而武三思等不聽。自以爲見用於時而志不遂，乃著《史通》內外四十九篇，譏評今古。徐堅讀之，歎曰：「爲史氏者宜置此坐右也。」❷

知幾以為雖「見用於時」，卻又觸處荊棘，難以實現宿願。載削之餘，故退而私自撰述。就此以觀，知幾比起其他兩氏，仍屬幸運，知幾的懷才不遇，係受制於史館官修體制以及監修總官的不學無行，但至少仍見用於時，得入史館。鄭、章兩氏則連「見用於時」都不可得。若再細分，鄭氏長年久居山中，茹素含辛，私著史冊，仍受朝廷制令的拘制，可謂一波數折

❶《史通釋評・自敍》，頁三三五。

❷《新唐書・本傳》，頁四五一九。

，頗不順遂❶；而以章氏之才，卻始終為人作嫁，編撰地方志書，不得豫入史館，參修一國之史。且長久為一家十口生活所迫，輾轉流離，可謂顛沛造次極甚！又似是三氏中之尤者❷。故美志不遂、懷才不遇是三氏各自撰述其畢生代表作的一大原因。

中宗景龍四年（七一〇），《史通》編次成書❸。但時人共譏其失，知幾因此撰〈釋蒙〉以自陳，並以揚雄自擬：

> 揚雄草〈玄〉，累年不就，當時聞者，莫不哂其徒勞。余撰《史通》，亦屢移寒暑，悠悠塵俗，共以爲愚。……揚雄撰《法言》，時人競尤其妄，故作〈解嘲〉以詶之。余著《史通》，見者以互言其短，故作〈釋蒙〉以拒之。❹

---

❶ 黃玉石，《鄭樵傳》，第十九章，頁二〇七—二二〇。是書雖非學術著作，但頗忠史實，聊可參讀。

❷ 章學誠，《章氏遺書．候國子監司業朱春浦先生書》，頁五〇四—五。

❸ 《史通通釋．原序》，頁一，史通成書前後約八年。邱添生先生以爲景龍四年之後，應有續添部分，故不可以景龍四年爲限，甚值得參考。見氏，〈劉知幾的史通與史學〉，《國立臺灣師範大學歷史學報》第九期，頁五一—七二，民國七十年五月。許冠三，《劉知幾的實錄史學》第八章「《史通》之撰述年代」則有更詳細的內容。見頁二〇九—二二二。另喬治忠，〈《史通》編撰問題辯正〉，《中國歷史文獻研究（一）》（武昌：華中師範大學出版社，一九八六），頁一六八—一七四，亦甚精湛。

❹ 《史通釋評．自敘》，頁三三七。

〈釋蒙〉惜已佚失，無由考閱，但由此亦可知知幾對《史○通》充滿自信，不為俗塵所搖撼，而後證明其堅持是正確的。

玄宗開元四年（七一六），知幾與友人吳兢撰成《睿宗實錄》、《則天實錄》、《中宗實錄》，共七十卷。知幾因而受封居巢縣子❶。

玄宗開元九年（七二一），知幾年六十一，因長子犯事配流，知幾詣執政訴理。因犯上怒，貶授安州別駕，旋卒。知幾卒後一年，子劉餗錄上《史通》，玄宗贈以工部尚書❷。

綜上所述，足見其稟性峭直，孱岸不苟，與時俗相違以致抑鬱憤歎，其傳世代表之作卻因此而成。

至於鄭樵，從本章第一節所引述，已知他：

> 欲讀古人之書，欲通百家之學，欲討六藝之文，而爲羽翼。如此一生，則無遺恨。忽忽三十年，不與人間流通事，所以古人之書，稍經耳目，百家之學，粗識門庭。❸

---

❶《新唐書·本傳》：「（知幾）嘗曰：『吾若得封，必以居巢紹司徒舊邑。』後果封居巢縣子」，頁四五一九。

❷《新唐書·本傳》，頁四五一九；《舊唐書·本傳》，頁三一六八—三一七一。

❸《夾漈遺稿》，卷二，〈獻皇帝書〉，頁五一四—五一五。

他的學問淹通，除史學、經學之外，當世一般學者所忽略之圖譜、語言、文字、禮樂、天文、地理、蟲魚、草木、曆數、校讎，他都有研究❶。由於他一向隱居於夾漈山，與大自然為伍，故其學問能夠理論與經驗並具。《通志．昆蟲草木略序》云：

> 臣少好讀書。無涉世意，又好泉石，有慕景弘心。結茅夾漈山中，與田夫野老往來，與夜鶴曉猿雜處。不問飛潛動植，皆欲究其情性。❷

又：

> 天文籍圖不籍書，……圖一再傳，便成顛錯。……臣向盡求其書，不得其象，又盡求其圖，不得其信。一日得〈步天歌〉而誦之，時素秋無月，清天如水，長誦一句，凝目一星，不三數夜，一天星斗，盡在胸中矣。❸

---

❶ 〈獻皇帝書〉裡鄭樵自己提到有五十八種著作，自分九類。見張須，《通志總序箋》（臺北：商務印書館，民國五十四年，臺一版），附錄二，〈鄭君著作考〉，頁八〇。

❷ 鄭樵著，何天馬校，《通志略．昆蟲草木略序》（臺北：里仁書局，民國七十一年，臺一版），頁七八六。

❸ 《通志略．天文略．序》，頁一九七。

可知他一向重視實學。這是他「山林三十年，著書千卷」的一貫風格。

高宗紹興十八年（一一四八），鄭樵四十五歲，是年春，徒步二千里至臨安，獻書予皇帝，凡四十二種，並上〈獻皇帝書〉直陳其獻書志願與動機，其書云：

> 臣竊見兵火之餘，文物無幾，陛下留心聖學，篤志斯文，擢用儒臣，典司東觀。于是內外之藏，始有條理，百代之典，煥然可觀。臣伏睹秘書省歲歲求書之勤，臣雖身在草萊，亦欲及茲時效尺寸。

首先他希望參與秘書省求書的工作，其次他亦希望其著述得以留傳，因此他又說：

> 奈秋先蒲柳，景迫桑榆。兄弟淪亡，子姓亦殤。惟餘老身，形影相弔。若一旦倏先朝露，則此書與此身，俱填溝壑，不惟有負于生平，亦且有負於明時。

他耽心三十年著書的苦心將無可存留，故後來在〈上宰相書〉時又再次發出「無子弟可授」的感慨。結果差幸得到朝廷的嘉納，可以「詔藏秘府」，使鄭樵得到極大的鼓舞。隔年（四十六歲），回到莆田老家，仍在草堂講學著述。惟聲名較前為大，從學弟子一時增至二百多人❶。四十七歲時（一一五〇），上宰相書，言明希望能夠修纂一部通史，「其書上自羲皇，下逮五代，集天下之書為一書」。他一直想寫一部繼《史記》之后，貫通古今的通史，這可說是鄭樵最高的理想與志趣。鄭樵在上書秦檜後，即開始撰寫《通志》，直到紹興卅一年才完成。

紹興二十七年，工部侍郎兼侍講王綸和侍講賀允中舉薦他：

> 興化軍進士鄭樵，耽嗜墳籍，杜門著書，頃年嘗以所著書獻之朝廷，降付東觀。比聞撰述益多，恐必有補治道，終老韋布，可謂遺才。望賜召對，驗其所學，果有可取，即乞依王蘋、鄧名世例施行，庶學者有所激勵。❷

次年，高宗便于行在召對鄭樵，鄭樵藉此奏言：

> 臣取歷代史籍，始自三皇，終於五季，通修爲一書，名曰《通志》。參用馬遷之體，

---

❶ 《宋史》卷四三六，〈儒林〉六，〈鄭樵傳〉，頁一二九四四。

❷ 《宋史·鄭樵傳》，頁一二九四四。又見李心傳，《建炎以來繫年要錄》（台北：商務印書館，民國七十二年）卷一七八。

而異馬遷之法。謹摭其要覽十二篇，名曰《修史大例》。❶當時高宗說：「聞卿名久矣，敷陳古學，自成一家，何相見之晚耶？」遂授迪功郎、禮兵部架閣❷。話似頗為賞識，實際卻未能破格重用。且不久之後又遭御史葉義問所彈劾，改監潭州南嶽廟。鄭樵大失所望，乞求還山，於是高宗下詔給與筆札，歸山抄寫《通志》。

鄭樵回家之後，專心撰述，在過去陸續寫妥的舊稿基礎上，經過一番整理審訂，刪繁就

❶《福建興化縣志》，卷四，〈鄭樵傳〉。吳懷祺，《鄭樵文集》，蒐輯此文，見頁八一—八四。

❷《宋史．鄭樵傳》，頁一二九四四。並見宋王應麟，《玉海》（大化書局，合璧本，民國六十六年重刊）第二冊，卷四十七：「紹興二十八年二月乙巳，鄭樵召對，授迪功郎。」見頁九三一。元劉壎《隱居通議》（臺灣商務印書館，景印文淵閣四庫全書本，民國七十二年）第八六六冊，頁二六五上，亦云：「先生少不事科舉，惟務著書。三舉孝廉，兩舉遺逸，俱辭。後以經筵列薦，特召賜對，稱旨。命以官，主管禮兵部架閣文字。」李心傳，《建炎以來繫年要錄》卷一七九亦記載：「紹興二十八年春二月乙巳，興化軍布衣鄭樵，特補右迪功郎。先是王綸在經筵，與傳讀官同薦其人行，上召對，遂以命之。其所著史書，令有司給札繕寫投進。」見第三二七冊，頁五二三。

簡，大致費了三年時間，終於完成《通志》全書的編纂工作，實現會通眾史，集天下之書為一書的宿願。由上可知，《通志》從準備到完成約費十年時間，此點與知幾之《史通》約略相當。

紹興三十一年冬，鄭樵帶著畢生心血凝鑄的《通志》稿本，欲獻書皇帝，並作有〈上殿通志表〉，表云：

> 顧臣修史之本末，盡出聖訓之緒餘。觀彼春秋，默略四時之氣；較於班馬，似有一日之長，唯茲編摩，豈敢容易。守株待兔，莫辯指蹤；常山擊蛇，要觀首尾。若無自得之學，曷成一家之言？重念臣被旨以還，唯恐弗逮，雖蒙筆札之賜，不敢官求……。❶

表中首敍勵志苦讀勤勉著書的境況；次對高宗之知遇、勗勉略加頌揚；末段概述修撰該書之甘苦，並表白自己修史「有一日之長」，能「成一家之言」之自負。但當他到達臨安時，適逢高宗移駕建康，遂無緣得見。之後，鄭樵被詔遷為樞密院編修

---

❶ 見周華等，《福建興化縣志》，卷六，〈撰述中〉。全文約六〇〇字，寫於《通志》定稿後的紹興三十一年（一一六一），乃爲獻《通志》而作的表文。

，兼攝檢諸房文字❶。後樵又請求修撰〈金正隆官制〉，比附中國秩序，並以此為理由要求入秘書省翻閱書籍，但此事再次遭到反對而不得實現。據稱原因是「過館中人狹中矜性，皆不樂以館中所有易彼所無，竟寢其事」❷。博極群書並整理金石鼎彝都是鄭樵在前述的〈獻皇帝書〉、〈上宰相書〉的願望，但至此始終未能真正達成。這點與知幾際遇殊為不同。

紹興三十二年二月，高宗由建康至臨安，于三月初詔鄭樵進獻《通志》，會樵病卒，享年五十九歲❸。綜觀鄭樵畢生過著枯淡的生活，不慕虛華，亦不切切於仕進，只專心致志於學術研究與著述，是後世難得的典範。其身後家境清寒，有子翁歸年僅八歲，無力付刻，因而其生前大量著作大都未能刊印行世，後來逐漸散佚，今存唯有《通志》、《爾雅鄭注》、

---

❶ 李心傳，《建炎以來繫年要錄》，卷一九三：「紹興三十一年冬十月戊辰，右迪功郎鄭樵充樞密院編修官。樵以布衣特起，至是稍用之。」頁七七〇。卷一九五，又云：「紹興三十一年十二月壬寅，樞密院編修官鄭樵……任行宮留守司幹辦公事」，頁八〇二。

❷ 黃廷玉，《宋朝閩中文獻志》卷三，抄本。轉引自婁曾泉，〈鄭樵〉，《中國史學家評傳》中冊，頁五三四。

❸ 《宋史．本傳》，頁一二九四四。又據《南湖鄭氏族譜》記載：「先生卒于壬午三月初七日」。

《夾漈遺稿》、《詩辨妄》數種以及若干零散斷篇遺文而已，殊為可惜❶。

章學誠在上節所述的最後一年即其四十歲時中舉，次年成進士。四十一歲始中進士與知幾弱冠即中，足足相差二十年。實算不上得意，學誠曾在〈質性〉篇說：

> 太史遷曰：「余讀〈離騷〉，悲其志。」……此賈之所以弔屈，而遷之所以傳賈也。斯皆三代之英也。若夫託於騷以自命者，求其所以牢騷之故而茫然也。……夫科舉擢百十高第，必有數千賈誼痛哭以弔湘江，江不聞矣；吏部敍千百有位，必有盈萬屈原，搔首以賦天問，天厭之矣。孟子曰：「有伊尹之志則可，無伊尹之志則篡也。」

❶ 鄭樵一生著作不斷，據大陸廈門大學歷史系的調查統計，多達八十四種。但除少數保留下來以外，大部分的著作，如《書考》、《春秋考》、《諡法》、《石鼓文考》、《百川源委圖》、《分野記》、《詩名物志》、《食鑒》、《群書會記》、《校讎略論》、《書目正訛》、《圖書志》、《氏族源》、《集古系時錄》、《集古系地錄》等等，均已亡佚。上皆在〈上宰相書〉所錄。並可參：廈門大學歷史系鄭樵研究小組，〈鄭樵史學初探〉，《中國史學史論集》第二冊，頁三一九。

> 吾謂牢騷者有屈賈之志則可，無屈賈之志則鄙也。然而自命爲騷者，且紛紛矣。❶

這段話可謂是學誠夫子自道。蓋文中屈、賈、遷都是極不得意之人，而學誠於科第亦如是。與他情況相同，同病相憐，倣效屈原作〈離騷〉者多，但在學誠看來，他們都沒有「屈賈之志」，牢騷鄙下味俗。而且學誠在官途亦極不得意。他自己以為與時俗不合，不願作官，致貧困如故，依人為生。〈俗嫌〉篇舉實例以云❷：

> 往學古文於朱（筠）先生，先生爲《呂舉人誌》，呂久困不第，每夜讀甚苦。鄰婦語其夫曰：「呂生讀書聲高，而音節淒悲，豈其中有不自得耶？」其夫告呂。呂哭失聲曰：「夫人知我。假主文者能具夫人之聰，我豈久不第乎？」由是每讀則向鄰牆三揖。其文深表呂君不遇傷心。

學誠甚至自傷不如呂舉人幸運，呂氏尚有一位知人冷暖的鄰婦。

在這段期間，學誠受友人周震榮的聘請，修《永清縣志》，周氏甚予其便，使學誠周游

❶ 章學誠著，葉瑛校注《文史通義校注》（北京：中華書局，一九八三）上，頁四一七。

❷ 《文史通義校注》，頁四三八。

縣境，調查實情，以三年時間完成此書。乾隆四十四年，學誠在同鄉戶部尚書梁國治家課教其子一年。乾隆四十六年至河南謀事不成，中途遇盜，囊篋盡失，生平撰著亦散佚無存。從朋友處借抄，僅得十之四五。學誠一生的不幸，恐以此次最甚。自是以後，每有文稿，必留副草，以備遺忘。是年其師朱筠逝於北京，「師友知交，凋落多故」，學誠「一家十五口，浮寓都門，嗷嗷待哺，秋盡無衣，困苦最甚」，次年學誠只得離開京師，轉至永平縣（今河北盧龍縣）主講敬勝書院，繼續撰寫《文史通義》。乾隆四十八年（一七八二），氏四十六歲，春，臥病，甚危急，邵晉涵載至其家，延醫治之。病中喜與邵氏論學，每至夜分。由於邵氏為之護理，得免於死。四十七歲，由敬勝書院轉至保定主講蓮池書院，五十歲退職回京，寄居於朋友家中。此年（一七八七）學誠最得意之門人史致光進士及第，授修撰。歲末，因周震榮推薦，至河南見畢沅，甚受畢氏器重，隔年主講歸德文正書院。自乾隆五十三年起至五十八年，學誠為亳州知州修《亳州志》（今已不存），並為湖廣總督畢沅編纂《史籍考》，主修《湖北通志》，並參與畢氏之《續資治通鑑》的編撰工作，有〈為畢制軍與錢辛楣宮詹論《續鑑書》〉一文。學誠所主修之《湖北通志》，在畢沅離武昌赴山東後，廢而不用，但在《章氏遺書》中存有《湖北通志檢存稿》四卷。此期間內，學誠尚修有《常德府志》、《荊州府志》，唯皆不存。

乾隆五十八年（一七九三），學誠五十六歲，將家眷從亳州送回會稽。所有藏書之大部分亦於此時以楠木書櫥十二隻，寄歸故里。隔年，學誠亦回老家。耗時多年的《史籍考》已完成十之八九，竟仍不得卒業。學誠出外作客三十餘年，顛沛流離，倍嘗艱辛，回家後葺居僅足容身。但不久又離家游揚州、安慶、桐城諸地，後來才到揚州依鹽運使曾燠。曾氏對學誠亦甚器重。

嘉慶三年（一七九八），學誠六十一歲，在蘇州續編《史籍考》，畢沅死後，是書未成。學誠遂就其家訪得殘餘，重訂凡例，完成《史籍考》凡三百二十五卷。可惜是書終仍不傳。嘉慶五年，學誠因眼疾失明，猶著述不輟。嘉慶六年（一八〇一）十一月，氏卒，享壽六十四。

在這後段二十餘年的生涯裡，學誠生活極其困頓，此固然與其懷才不遇有關，但亦與其所生活的大時代有關。此時大致是清朝由鼎盛趨向衰落的時代。乾隆晚期的屢興邊防武功，和珅弄權敗壞政治、官僚之顢頇敷衍，以及社會經濟在人口激增，土地分配不均及白銀外流下日益艱難，加上長江流域蟲震旱澇災害威脅不斷，使得整個政治迅速惡化，以致惡惡相因，民亂迭生。乾隆卅九年王倫在山東壽張起事，乾隆末年和嘉慶初年，白蓮教先後在川鄂陝甘豫諸省稱亂，先後達九年之久，更沉重打擊清朝的統治。章學誠生逢其時，即曾說：「貧賤之故，周流南北，於民生吏治聞見頗真」❶，他曾在〈上執政論時事書〉、〈上韓城

❶《章氏遺書》卷二十九〈上韓城相國書〉，頁七三六—七。野村浩一，《近代中國の政治と思想》（東京：筑摩書房，一九六四）〈清末公羊學派成立の前提條件〉，頁二六—三一。對章氏前後的社會背景交待甚明。

相國書〉、〈上尹楚珍閣學書〉等文中提出政治改革的訴求，但在固定的歷史條件下，他的提議可以說不曾實現。此則也可說是懷才不遇的一種，章氏雖生活蹙蹇，但自視甚高，自比珠玉❶。只是「得遇」的機會並不多。〈知難〉篇略云：

> 賈生遠謫長沙，其後召對宣室，文帝至云：「久不見生，自謂過之，見之乃知不及。」君臣之際，可謂遇矣。然不知其治安之奏而知其鬼神之對，所謂迹似相知而心不知也。劉知幾負絕世之學，見輕時流，及其三爲史臣，再入東觀，可謂遇矣。然而語史才則千里降追，議史事則一言不合，所謂迹相知而心不知也。❷

知幾的際遇比學誠要好得很多，然而仍不免引起後者的感慨，所以他在〈知難篇〉下結論說：

---

❶《文史通義校注．說林》：「寶明珠者，必集魚目。尚美玉者，必競碔砆。是以身有一影，而罔兩居二三也。然而魚目碔砆之易售，較之明珠美玉爲倍捷也。珠玉無心，而碔砆有意，有意易投也。……珠玉操三難之勢而無一定之價，碔砆乘三易之資而求價也廉，碔砆安得不售，而珠玉安得不棄乎？」見頁三五四—五。華世新編本則見頁一二六—一二七。

❷《文史通義校注》卷四，內篇四〈知難〉，頁三六六。

是以君子發憤忘食，闇然自修，不知老之將至，所以求適吾事而已，安能以有涯之生而逐無涯之毀譽哉！❶

學誠孤懷絕詣，當時知者甚少，曠觀古今，故不免時有獨立蒼茫之感。學誠既乏知遇，只得歸於闇然自修而無悶❷。此則與前文述梁瑤峰謂其「韜晦」是出自同義的。學誠之懷才不遇，固其個人之不幸，然亦是中國學術之不幸，尤其是史學之不幸。蓋其未能得以充分發揮也。

然而換個角度來看，學誠的際遇，正如喬衍琯所說不能算太壞，他有知書識理的父親，良師益友的教導、切磋，及賞識提拔他的官員、朋友，所以才有後來的成就❸。如此而言，學誠亦應稍可自慰了。

小結

由以上分三階段析述「三書」作者生平大要及其成就「三書」之緣由，可知三書之成係

❶ 同前註，頁三六八。

❷ 《文史通義校注》，頁三六八及三七一，葉瑛校注之語。

❸ 喬衍琯，《文史通義：史筆與文心》（臺北：時報文化出版公司，民國七十六年），頁五一。

多方面的因素所匯集而成，並非是單一的。影響其著作的外在因素，大致在三氏都出身於經濟較善、文風較盛的區域以及書香門第的社會上層，父祖都有授學進學之實益。朋友對劉知幾、章學誠兩氏助益極大，對鄭樵則無，鄭樵則與其從兄相厚。內在因素方面則劉章兩氏在近史宿性極為明顯，而鄭樵則力讀不懈，治學範圍較兩氏尤廣，故其著作多達八十餘種，惟三氏撰述雖多，而存者無幾，恐又是三氏於九泉之下必需同為浩嘆的。三氏的基本性格亦頗有雷同之處，知幾正直傲岸，不與俗同；而鄭樵寧守山林，沖介自懷，幾如隱逸，自棄於俗世；而學誠之韜晦養身，內在則自視甚高，自比珠玉。時人享有高名如汪中、袁枚皆不入其目，可見一斑❶。此種性格，正是其不得遇於時的徵候，兩者甚有關聯，而由此乃都能退而自撰，成其不朽名山之業。知幾撰述《史通》則說：「夫其為義也，有與奪焉，有褒貶焉，

❶ 章氏對汪中不滿處：有〈立言有本〉一篇及〈述學駁文〉四篇，皆爲汪氏而作。可見《文史通義》（國史研究室，一九七二）外篇一，頁二〇二—二一〇。更詳細則可參柴德賡，〈章實齋與汪容甫〉，原載《江蘇師院學報》一九六二年第五期，又收在氏著，《史學叢考》（北京：中華書局，一九八二），頁二八七—二九九。對袁枚不滿處，則在〈婦學〉，可見內篇五，頁一六八—一七七。胡適在《章實齋先生年譜》，頁一一四—一一八及一三〇—一三一，對章氏亦有評語，頗中肯。亦可參柴德賡，〈試論章學誠的學術思想〉，《史學叢考》，頁三一〇。另可參蘇淵雷，〈劉知幾、鄭樵、章學誠的史學成就及其異同（下）〉，《上海師範大學學報》一九八〇：二，頁八七，亦有述及。

有鑒誡焉，有諷刺焉。其為貫穿者深矣，其為網羅者密矣，其所商略者遠矣，其所發明者多矣」❶即是暢敘不遇於時的抑鬱憤慨之道。此不遇之怨始能轉為著述的驅動力量之一。故「其書雖以史為主，而餘波所及」才能「上窮王道，下掞人倫，總括萬殊，包吞千有」也❷。

鄭樵夙志即在集天下之書為一書，向以追習《史記》「究天人之際，通古今之變」及「原始察終，見盛觀衰」為職志，而終成《通志》以會通其志。

學誠承前代豐厚遺產，與劉鄭兩氏一樣，亦重馬遷揭櫫的「通古今之變，成一家之言」，他曾講史意：「固將綱紀天人，推明大道，所以通古今之變，而成一家之言者，必有詳人之所略，異人之所同，重人之所驗，而忽人之所謹，繩墨之所不可得而拘，類例之所不可得而泥，而後微茫杪忽之際，有以獨斷於一心」❸，並自謂「性命之文，盡於《通義》一書」❹。

---

❶《史通釋評．自敘》，頁三三七。

❷同前註，浦起龍釋語。論劉氏之撰《史通》，亦可參榎一雄，〈史通の成立について〉，收入《人文》第三十集（京都大學，一九八四）頁一〇八—一二一；稻葉一郎，〈《史通》の成立——その文獻學的考察〉，《關西學院創立百周年文學部記念論文集》，平成元年。頁一〇九—一二五。

❸《文史通義》，內篇四，〈答客問上〉，頁一三八。

❹《章氏遺書》卷二十九，〈跋戊申秋課〉頁七二八。

因而《史通》、《通志》、《文史通義》能成為三氏的古今獨斷之學而擅名萬世。

由以上本章的探討，而知「三書」作者與「三書」成書的種種關係，之後才能探述「三書」的各項本質。此與三山僋父浦起龍（二田）謂「知知幾之人者，可與知《史通》之書」❶是同一道理的，本章擴及三氏，實即憑藉此理。

❶《史通釋評》附錄，〈新唐書劉子玄本傳〉（增註），浦起龍書後語，見頁七一九。

第二章　「三書」之史學思想及其比較

「三書」撰成緣由，具悉上章。此章擬更進一層探討其內在本質，窮其學理，並予以普遍化。唯在整理其理論之前，須先對「三書」作者所憑藉肆論的史學思想，有一番發微闡幽的梳理工作，文中試以「通識觀念」「批評精神」「懷疑精神」「進步史觀」四項重點分別提敘「三書」作者的理念運作，以冀可以對劉鄭章三氏史學，獲得初步的正確認識。

第一節　通識觀念

「三書」作者都具備通識觀念，可由書名都號稱「通」字上得到一些思考的線索。對廣義的歷史要求通貫，並不自劉知幾始。《史通·自敘》曾提及：

> 昔漢世劉安著書，號曰《淮南子》。其書牢籠天地博極古今，上自太公，下至商鞅。其錯綜經緯，自謂兼於數家，無遺力矣。然自《淮南》已後，作者無絕。必商榷而言，則其流又衆。蓋仲尼既沒，微言不行，史公著書，是非多謬。由是百家諸子，詭說異辭，務爲小辨，破彼大道，故揚雄《法言》生焉。儒者之書，博而寡要，得其糟粕，失其精華。而流俗鄙夫，貴遠賤近，傳茲牴牾，自相欺惑，故王充《論衡》生焉

。民者，冥也，冥然罔知，率彼愚蒙，牆面而視。或訛音鄙句，莫究本源，或守株膠柱，動多拘忌，故應劭《風俗通》生焉。五常異稟，百行殊執，能有兼偏，知有長短。苟隨才而任使，則片善不遺，必求備而後用，則舉世莫可，故劉劭《人物志》生焉。夫開國承家，立身行事，一文一武，或出或處，雖賢愚壤隔，善惡區分，苟時無品藻，則理難銓綜，故陸景《典語》生焉。詞人屬文，其體非一，譬甘辛殊味，丹素異彩，後來祖述，識昧圓通，家有詆訶，人相掎摭，故劉勰《文心》生焉。❶

可知其中的《論衡》《風俗通》《人物志》《文心雕龍》諸書，無一不在治學精神上從「通」字上下功夫。劉知幾《史通》受到以上諸書的影響顯然可見。《史通》在形式上有略近於《淮南子》的「牢籠天地，博極古今」；在內容和精神上，又吸取了揚雄《法言》的傳統，反對詭辭異說；也繼承了王充的《論衡》，攻擊欺惑牴牾；踵武應劭的《風俗通》，祛除拘忌；並吸收劉劭之辨材識賢與兼偏長短；接受陸景《典語》之品藻賢愚善惡和劉勰《文心》之評論古今文章等等見解。所以劉知幾在後來撰作《史通》的理論上，才具備了哲學的精神層面來闡述其史學主張。而劉知幾所說的「通」，也有其個人的特殊見地，不與前述諸書盡同。本節之主旨即專在「通」字上闡述其見解，並由此認識進而展開研索知幾個人史學

❶《史通通釋·自敘》（上海古籍出版社，一九七八），頁二九一。

思想大要的工作。

知幾之講究「通」，主要在於「上窮王道，下掞人倫」，這句話與司馬遷在〈報任安書〉上所說的「究天人之際，通古今之變，成其一家之言」，在一定意義上確有其相通之處。關於司馬遷的這句名言，其所負有崇高意涵，不是本書所擬闡述的，其詳細意義，近代學者已有精到的見解，此處似可不必贅言其旨❶。倒是劉氏所懸之「通」與司馬氏之「通」的關聯性，是有待尋出的。《史通．自敍》是研究劉知幾撰寫《史通》之經歷、心境、目的、內容之要略的一篇重要作品，但整篇之中，無法直接看到劉知幾自述與《史記》的關係。只知道是他十二歲以後繼在《左氏》之後就誦讀的一部書❷。故知幾對於司馬遷之「拾

❶ 阮芝生，〈試論司馬遷所說的「通古今之變」〉，《沈剛伯先生八秩榮慶論文集》，民國六十五年。又可參氏之《司馬遷的史學方法與歷史思想》，臺灣大學歷史學研究所博士班畢業論文，未刊，民國六十一年。徐復觀，〈論史記〉，《大陸雜誌》五五：五、六（民國六十六年十一、十二月），並有獨到的見解。徐阮兩氏專文又收在杜維運、陳錦忠同編之《中國史學史論文選集》（臺北：華世出版社，民國六十九年）第三冊，頁七三—一八四及一八五—二二三，論《史記》有成的學者甚多，不勝枚舉，茲處僅上舉兩人以代表之。

❷ 《史通釋評．自敍》（臺北：華世出版社，民國七十年）：「先君奇其意，於是始授以《左氏》，期年而講誦都畢。……次又讀《史》、《漢》、《三國志》。……」可知，見頁三三三。

遺補藝，成一家之言，厥協六經異傳，正齊百家雜語」的精神，不會不受到某種程度的影響。《史通·六家》云：

> 《史記》家者，其先出於司馬遷。自《五經》間行，百家競列，事跡錯糅。前後乖舛，至遷乃鳩集國史，採訪家人，上起黃帝，下窮漢武，紀傳以統君臣，書表以譜年爵，合百三十卷。

在〈二體〉篇又云：「《史記》者，紀以包舉大端，傳以委曲細事，表以譜列年爵，志以總括遺漏，逮於天文、地理、國典、朝章，顯隱必該，洪纖靡失。」這都是從「通」字上著眼，推許司馬遷的。劉知幾還說：

> 且漢求司馬遷後，封爲史通子，是知史之稱通，其來自久，博采衆議，爰定茲名。❶

更可看出劉知幾之《史通》命名所本，受到司馬遷的影響。而事實上，還可體會出劉氏多少

---

❶ 《史通·原序》，而司馬遷後，被封爲史通子，是在王莽之時。除司馬遷外，知幾以漢儒集白虎閣通論五經異同一事，對《史通》之命名亦有影響，亦見〈原序〉。

是自比於司馬遷的。

然而從另一方面來說，《史通》批評《史記》及論列其失之處，為數亦頗為可觀❶，可見知幾未必完全滿足於自期之唐代的司馬遷。他認為《史記》無法與《春秋》相比：

至太史公著《史記》，始以天子爲本紀，考其宗旨，如法《春秋》，自是爲國史者，皆用斯法。然時移世異，體式不同，其所書之事也，皆言罕褒諱，事無黜陟，故司馬遷所謂整齊故事耳，安得比於《春秋》哉？❷

他最終的目的，仍是要向孔子的《春秋》看齊。

昔仲尼以睿聖明哲，天縱多能，睹史籍之繁文，懼覽者之不一，删《詩》爲三百篇，約史記以修《春秋》，贊《易》道以黜八索，述《職方》以除九丘，討論墳、典，斷自唐、虞，以迄於周。其文不刊，爲後王法。自茲厥後，史籍逾多，苟非命世大才，

❶《史通》內篇〈六家〉、〈二體〉〈表曆〉，外篇〈雜說上〉等等諸篇皆列有《史記》之缺失處。

❷《史通釋評·六家》，頁八。語原出自《史記·太史公自序》：「余所述故事，整齊其世傳，非所謂作也；而君（指壺遂）比之於《春秋》，謬矣。」

> 孰能刊正其失？嗟予小子，敢當此任！其於史傳也，嘗欲自班、馬已降，訖於姚、李、令狐、顏、孔諸書，莫不因其舊義，普加釐革，但以無夫子之名，而輒行夫子之事，將恐致驚末俗，取咎時人，徒有其勞，而莫之見賞。所以每握管嘆息，遲回者久之。非欲之而不能，實能之而不敢也。❶

他自認可以「出手眼釐定群史，志擬《春秋》」❷，只是他沒有夫子之名來行夫子之事，而深恐取咎於流俗鄙夫。這是他深引為憾的，但同時卻道出他真正的願望。

上追《春秋》，是史家的最高理想；《春秋》所代表的意義，歷經時代的轉換，已不限於孔子個人「述而不作」的成就而已，而變成中國史學優良傳統的源頭❸。司馬遷通古今之變後所得的結論，歸本於《春秋》❹；上引劉知幾之自白，亦作追源《春秋》，以孔子自況

---

❶《史通釋評．自敘》，頁三三四—三三五。

❷《史通釋評．自敘》浦起龍，按語。見頁三三五。

❸章學誠，《文史通義》（臺北：華世出版社，民國六十九年）外篇一，〈立言有本〉：「史學本於《春秋》」，頁二〇七；另內篇四，〈答客問上〉亦云：「史之大原，本乎《春秋》」，頁一三八。

❹阮芝生，〈試論司馬遷所說的「通古今之變」〉一文，最後一節，《中國史學史論文選集》三，頁二一五—二一七。

；後世史家，亦多不外若是❶。司馬遷能成《史記》，綜述數千年史事而自成一家之言，在劉知幾所處的時代變成一種不可能實現的願望，他原本是要刪定司馬遷以下的史書，上繼孔子成不刊之典的，來達成他要求的通識。但在唐代初期，由於史館制度的成立，監修制度的限制以及其官職的束縛，他不得不退而只寫《史通》，把他的美志侷限在對古今史書的評論上。在方式上，他採取了與司馬遷不同的路線；但在追求會通人類歷史的目的上，兩人則沒有不同。

總之，劉知幾繼承前人的優良傳統並發揚光大之。反映在《史通》裡，其史學思想的最基本點，就是以錯綜經緯、貫通古今的「通識」觀點，去分析研究以往史家史書的得失利弊和真偽，以「辨其指歸，殫其體統」。知幾所謂「上窮王道，下掞人倫，總括萬殊，包吞千有」的氣派，以及在〈辨職〉篇提出的：

> 昔丘明之修《傳》也，以避時難；子長之立《紀》也，藏於名山；班固之成《書》也，出自家庭；陳壽之草《志》也，創於私堂。然則古來賢俊，立言垂後，何必身居廨宇，跡參僚屬，而後成其事乎？是以深識之士，知其若斯，退居清靜，杜門不出，

---

❶ 後世歐陽修、章實齋皆然，可參《文史通義》〈釋通〉〈答客問上〉諸文。

成其一家，獨斷而已。❶

要像左丘照、司馬遷、班固、陳壽等人一樣，獨自發揮才智，自創一家獨斷之學。正是貫穿《史通》全書的指導思想。不同的只是左馬班壽所成的是正式史書，而知幾則是史評專著。但不管形式如何，其所倚賴的通識觀念獨斷之學，則完全是一樣，這是自古以來的優良傳統，而且也為鄭樵、章學誠等所繼承發展下來，迄今猶被重視。

然近或有學者指出劉知幾《史通》之「通」與司馬遷《史記》通史之通，實際是兩通不相通，因為一為史學批評之通，一為古今之變之通，迥不相侔❷，言似甚有理，亦可自成言見，唯與本書前述之分析不盡相同。本書主張通識之觀念不在於形式上之貫通，而在於實質上表現在所著史書中內在思想的貫通，也就是存在於史家「一家之言」「獨斷之學」貫穿全書之中的那份觀念。此理仿如章學誠在《文史通義．浙東學術》所云：「浙東之學，雖源流不異，而所遇不同，故其見於世者；陽明得之為事功，蕺山得之為節義，梨洲得之為隱逸，萬氏兄弟得之為經術史裁，授受雖出於一，而面目迴殊，以其各有事事故也」。再以更淺顯

---

❶ 趙呂甫校注，《史通新校注》（四川：重慶出版社，一九九〇），頁六〇四—六〇五。

❷ 李紀祥，〈五十年來台灣地區《史通》研究之回顧〉，《五十年來台灣的歷史學研究回顧研討會》稿（民國八十四年），頁十二。筆者十分感謝作者所提針砭性的意見。

例子說明。則可舉黃仁宇先生以宏觀（Marco）省視中國歷史，所得成果迹近於由通識而有。然「宏觀」之為法，不止於歷史學可用，社會學、經濟學亦可用之，故不必待「形式上」要去求同，而在實質上內涵上。宏觀一法的極致推用亦頗可得「通識」之別途妙理。設非如此，則《史通》既與《史記》不可通，豈與《通志》《文史通義》又安有可通之理？故不辯可明。

鄭樵沒有像《史通》一樣的專門史論性的著作，但是在《通志》和其他文稿的論述中，卻蘊藏豐富的思想內容，論點鮮明，議論精闢。鄭樵在《通志．總序》的開頭便提出：

> 百川異趨，必會於海，然後九州無浸淫之患；萬國殊途，必通諸夏，然後八荒無壅滯之憂，會通之義大矣哉！

「會通」是《通志（略）》的主旨，相當於前述知幾的「通識」，又說：

> 自書契以來，立言者雖多，惟仲尼以天縱之聖，故總詩書禮樂而會於一手，然後能同天下之文；貫二帝三王而通爲一家，然後能極古今之變。是以其道光明百世之上，百世之下不能及。❶

❶《通志略．總序》（臺北：里仁書局，民國七十一年），頁一。

此處所謂「會」是指「總詩書禮樂，會於一手」，「會《詩》《書》《左傳》《國語》《世本》《戰國策》《楚漢春秋》之言」[1]；所謂「通」，是指「貫二帝三王通為一家」，「通黃帝、堯舜至秦漢之世」[2]，所以「會通」的實際涵義應是歷史資料的彙輯、綜合和依據年代的先後次序以排比貫通。但實際其揭示會通的觀念，當不盡止於歷史資料的問題。另方面，鄭樵還明確談到：

> 天下之理，不可不會；古今之道，不可以不通，會通之義大矣哉！[3]

可見「會通」更重要的意義在「會理通道」以求得「古今之變」。也就是說要求在會通天下之「理」和「道」，以探求歷史的演變及其原因。這裡，他所說的天下之道，即「仲尼之教」「周公之意」「六經之旨」。也就是他在《通志二十略》中所闡明的寫作宗旨[4]。他另外在〈上宰相書〉中還說到：

---

❶ 同前註。

❷ 同前註。

❸ 《夾漈遺稿·上宰相書》，頁五二一上。

❹ 《通志略·總序》，頁一。

> 仲尼之爲書也，凡典謨訓誥誓命之書，散在天下。仲尼會其書而爲一，舉而推之，上通於堯舜，旁通於秦魯，使天下無逸書，世代無絕緒，然後爲成書。

由此可知，鄭樵指出的「會通」，即淵源於孔子之為《春秋》。他上述的談話，無異於本書第一章所指出的「祇願會通百家，集天下之書為一書」的自白。婁曾泉以為鄭樵的「會通」觀點，不能僅是理解為史事的綜合會纂，年代的順序貫通，而且必須認識到他還要求以儒家的觀點，解釋歷史發展及其因革變化的原因❶，即出於此理。

鄭樵的會通觀念與司馬遷的「通古今之變」也有直接關係，他曾說：

> 水不通於海，則濫水；途不通於夏，則爲窮途。論會通之義，以爲宋中興之後，不可無修書之文，修書之本，不可不據仲尼、司馬遷會通之法。❷

鄭樵所謂的「仲尼、司馬遷會通之法」即是劉知幾的「通識」觀念所在。名稱上略有小異，

❶ 婁曾泉，〈鄭樵〉，《中國史學家評傳》中冊，頁五四六。

❹ 《夾漈遺稿．上宰相書》，頁五二一上。

實旨則無不同。

做為史學思想的會通來言，鄭樵以「貫通古今」為目標，以「相因依」之義互相聯繫來看待整個歷史，時間上指的是從古到今的整個歷史發展，空間上指的是整個社會的發展史。此觀念落實到實踐層次時，即綜合古代各種書籍而修成包羅萬象的著作，「集天下之書為一書」了。故此書就不只是歷史資料，而且包含了各種學術領域❶。這點在唐代的劉知幾，就無法比擬了。因而「會通」是鄭樵修史的第一原則。蘇淵雷更指出「會通」是古今學術的總傾向❷，錢賓四以為對學術的會通就是對學問的博通❸，就是職乎此理而引發的確論。

至於章學誠的史學思想，則都薈萃在《文史通義》之中，該書縱論文史，品評古今學術。既是史學評論的專著，又是文學批評的傑作，然而其中心論點恐還在論史❹。由於其史學思想較諸劉鄭兩氏依承的為多，故亦較為複雜閎富。本文試分外在內在兩理路析之。就外

❶ 廈門大學歷史系，鄭樵研究小組，〈鄭樵史學初探〉，收於《中國史學史論集》（上海：人民出版社，一九七九）第二册，頁三二一。

❷ 蘇淵雷，〈劉知幾、鄭樵、章學誠的史學成就及其異同〉（上），《上海師範大學學報》，一九七九年第四期，頁八五。

❸ 錢穆，《中國史學名著》（臺北：三民書局，民國六十二年）第二册，頁二四九。

❹ 許凌雲，《讀史入門》（北京出版社，一九八九，修訂本），頁三一五。

在理路言，學誠承受遠代史書如《漢書藝文志》、鄭樵《通志略》的影響，近受乾嘉時代學風所左右❶，但他跳出當時學術風氣的藩籬，提出「明道經世」的概念。反對當時漢學「徵實太多，發揮太少，有如桑蠶食葉而不能抽絲」❷，以及宋學的「外輕經濟事功，內輕學問文章」「守陋自是，枵腹空談性天」❸、「惟騰空言而不切於人事」❹。他以為兩者皆不足取。在他的想法，不管是「務考索」的考據家，或是「騰空言」的理學家，都不懂史學。學誠以為：

> 史學所以經世，固非空言著述也。且如六經同出于孔子，先儒以爲其功莫大於《春秋》，正以切合當時人事耳。後之言著述者，舍今而求古，舍人事而言性天，則吾不

---

❶ 錢穆，前揭書，頁三一二—三一三。錢氏從學術史宏觀的角度，肯定章氏因受清廷編修《四庫全書》而注意分類編目之事，轉而注意到鄭樵〈校讎略〉與《漢書·藝文志》，然後才有「六經皆史」一語。至於實齋自述其學源自「浙東學派」，直從陽明而來，則錢先生以爲不值得我們認真的，可謂係錢氏獨到見解，值得後學深深品味。

❷ 《文史通義》外篇三〈與汪龍莊書〉，頁三二八。

❸ 《文史通義》外篇三〈家書五〉，頁三六八。

❹ 《文史通義·浙東學術》，頁五三。

得而知之矣。學者不知斯義，不足言史學也。❶

這即是從「明道經世」的觀點來批評當時盛行的不良學風。因為務考索的漢學家博古而不知今；騰空言的宋學家言性天而不切於人事，達不到史學經世的目的，史學即失去存在的價值，失去了生命力。學誠處在當時這種學風，因其弊而救其偏，使學風「歸之中正」，其用心良苦。他獨樹一幟，別開生面，用畢生之力作《文史通義》來繩治之：

《文史通義》專爲著作之林較讎得失，著作本乎學問，而近人所謂學問，則以《爾雅》名物，六書訓故，謂足盡經世之大業；雖以周程義理，韓歐文辭，不難一吷置之。其稍通方者，則分考訂、義理、文辭爲三家，而謂各有其所長；不知此皆道中之一事耳。❷

從內在理路來說，其由《文史通義》表現出來的史學思想，亦著在一「通」字。他說：

❶ 同前註。
❷ 《文史通義·與陳鑑亭論學》，頁三四〇。

> 古人所欲通者，道也。……窮畢生之學問，思辨於一定之道，而上通千古同道之人以爲之藉，下俟千古同道之人以爲之輔。❶

說明治史的根本目的在通「道」，也就是「史以明道」的觀點。關於此點，學誠亦曾以哲學的論證加以說明，他提出「道器合一」論，認為道與器的關係是「道不離器，猶影不離形」。有云：

> 《易》曰：「形而上者謂之道，形而下者謂之器。」道不離器，猶影不離形。後世服夫子之教者自《六經》，以謂《六經》載道之書也，而不知《六經》皆器也。❷

又云：

> 儒家者流，守其六籍，以爲是特載道之書耳。夫天下豈有離器而言道，離形存影者哉？彼舍天下事物，人倫日用，而守六籍以言道，則固不可與言夫道矣。❸

---

❶《文史通義·言公中》，頁一〇九。

❷《文史通義·原道中》，頁四〇。並參島田虔次，〈歷史的理性批判—「六經皆史」の說—〉，《歷史の哲學》（東京：岩波書店，一九六九），頁一三五—一三八。

❸《文史通義·原道中》，頁四一。

所提「六經皆器」的說法，一別於後世學者所誤以為的「六經即道」。學誠之所以提出「道器合一」的主張，頗受朱、陸及王夫之、戴東原以降的影響，尤其戴氏把「道」「器」論納入其「氣化論」中，視所謂形而上、形而下的分別，是「氣」在變化過程中形成「體」之前與之後的差別，學誠認同於此❶；二來是學誠針對當時宋學漢學的學風弊端，以為皆是「離器言道」，不著實際而提出的。他說：

> 宋儒之學，自是三代以後講求誠正治平正路，第其流弊，則於學問、文章、經濟、事功之外，別見有所謂道耳。以道名學，而外輕經濟事功，內輕學問文章，則守陋自是，枵腹空談性天，無怪通儒恥言宋學矣。❷

又云：

> 學博者長於考索，侈其富於山海，豈非道中之實積；而騖於博者，終身敝精勞神以徇之，不思博之何所取也。言義理者，似能思矣，而不知義理虛懸而無薄，則義理亦無

---

❶ 楊志遠：《章實齋史學思想之研究》（東海大學史研所碩士論文，未刊，民國八十一年）第二章〈章氏論道〉三，「道器合一」，頁二十三—二十四。該章一、二節頗有蕪累不清之弊，有些可轉入注腳。

❷ 《文史通義．家書五》，頁三六八。

> 當於道矣。此皆知其然，而不知所以然也。❶

而學誠論道器合一，以「道因器而顯」「道寓於器」，主要目的仍在於明道。

> 學術無有大小，皆期於道。若區學術於道外，而別以道學爲名，始謂之道，則是有道而無器矣。學術當然皆下學之器也，中有所以然者，皆上達之道也。器拘於跡而不能相通，惟道無所不通。是故君子即器以明道，將以立乎其大也。❷

什麼是「道」和「器」呢？學誠自解為道是萬事萬物之所以然，而非萬事萬物之當然也❸。「所以然」是指事物之理，即「道」，是具永恆性、唯一性的。「當然」，則指事物之質，即「器」，具普遍性。他以為「器拘於跡而不能相通，惟道無所不通」，在他的觀念裡

---

❶《文史通義·原學下》，頁四八。

❷《文史通義·與朱滄湄中翰論學書》，頁三三三。

❸《文史通義·原道上》，頁三五。並參井貫軍二，〈章學誠の史學思想〉，《山下先生還曆記念東洋史論文集》，頁五—九。

，「道」可以無所不在，但「器」受限於本身的形體，只能呈現出部份的「道」。這一命題，聯繫到治史上，史事是「器」，史論為「道」，「道器合一」既是自然實在，則史事史論的結合也屬當然了。沿著這個思路，學誠提出「即器以明道」以治史學，就是即事以言義了❶。

明乎此，章學誠所要通之「道」，從治史的角度來看，算是掌握到了治史的根本宗旨。他要找的道，就是史義，也就是史家之宗旨。在《文史通義·答客問上》中，章學誠表彰春秋家學，用意就在於此。他說：

> 史之大原本乎《春秋》，《春秋》之義昭乎筆削。筆削之義，不僅事具始末，文成規矩已也；以夫子義則竊取之旨觀之，固將綱紀天人，推明大道，所以通古今之變而成一家之言者，必有詳人之所略，異人之所同，重人之所輕，而忽人之所謹，繩墨之所不可得而拘，類例之所不可得而泥，而後微茫杪忽之際有以獨斷於一心；及其書之成也，自然可以參天地而質鬼神，契前修而俟後聖，此家學之所以可貴也。❷

❶ 許凌雲，〈章學誠的史學〉，《讀史入門》修訂本，頁三一九。

❷ 《文史通義·答客問上》，頁一三八。

可見其明道觀念亦歸源於《春秋》，這裡他強調獨斷于一心，成一家言的家學，闡發《春秋》之義，與前述所論劉知幾、鄭漁仲的觀點，可謂毫無二致。他並且肯定「史遷絕學是《春秋》之後一人而已」❶，在他看來，司馬遷的絕學在「範圍千古，牢籠百家者，惟創例發凡，卓見絕識，有以追古作者之原，自具《春秋》家學耳」❷。

由上述可知，「三書」作者對通貫史事的認知，雖有名稱上的小異，如「通識」、「會通」、「明道」的不同，但就其義理內涵而言，則精神無二。由上文的爬梳闡微，可以知道通識觀念可以說是我國史學的一項優良傳統，不僅「三書」作者撰述其書時都充分蘊育發皇此項觀念，更為歷代以來之良史所繼承，並在不同的史冊上表現無遺且發揚光大的一項精神資產。

第二節　批判精神

前述的「通識觀念」可以說是劉鄭章三氏論史的先要條件，譬之以喻，猶人之「神」❸。準此，則本節之「批判精神」，乃如「髓」也。一統三氏史學思想的形上結構，一統「

❶《文史通義・申鄭》，頁一三六。

❷同前註。

❸取《淮南子・原道》：「形閉中距，則神無由入也。」是指神氣、精神而言。

三書」之內蘊精華，兩者俱是「三書」構成的精神原動力，憑此力量，乃可肆而立言，放諸高論，糾舉古今史冊，一一析列，而成其不朽名作。

大凡史家批判精神之有無、多寡、強弱，與當時之社會型態關係甚大。約有下列三種情況，史家批判精神大都瀕於殆盡的地步：

一、專制時代政治高壓局面，史家載筆若每事直書，動輒身家不保，或降職遠謫。此類史例所在多有，篇卷隨處可見。故史家每多曲筆阿時，諛言媚主，焉敢稍存批判之心？

二、神權時代思想統制於一隅，生死寵辱，皆為冥漠之主，批判精神常受神權思想或代表神權之機構與組織的強烈控制，無法多方開展；否則一旦違悖，即被視為異端（heresy）。西方歷史，尤其在中古時代最能說明這項史實，於此種情況下，批判精神自會受到嚴重的壓抑。

三、歷史資料尚屬非常短缺的時代，則亦甚難顯示史家的批判能力和結果。

右項第三則與唐代已有的史書，顯然不能契合。《史通》成書的年代，我國史冊已多到「汗牛充棟」的地步，存者已是如此，若再加上唐代以前即已亡佚而無可確計的圖籍，恐將是部帙浩繁而無其涯岸了。是故，第三則不適於解說劉鄭章三氏批判精神的多寡贏盈。相反地，「三書」之成書與三氏批判精神之蘊積與歷史客觀條件的成熟，乃是同步運行的。第二則在西洋歷史的影響較為顯著，在中國則較為隱晦，此則大致與中國脫離神權的控制甚早有關，故於此可略而不論。而第一則的專制政治情況，則不能說對三氏批判意識的顯現方式與刺激生長全然無干。

茲先就劉氏生當其時的政治社會背景作一說明。在劉知幾弱冠成進士❶，到五十歲寫成《史通》（中宗景龍四年，七一〇）的三十年之間，其政治環境並非康平，而是統治階層內部互相傾軋鬥爭激烈的局面。由下列的史實，可以說明這個現象。首先，武后於永隆元年（六八〇），廢太子賢為庶人，已是宮廷政變的先兆。繼之，嗣聖元年（六八四），廢中宗為廬陵王，武后大權獨攬。天授元年（六九〇），武后自立為皇帝，改唐為周。神龍元年（七〇五），張柬之等迫武后讓位，擁中宗復位。景龍元年（七〇七），太子重俊發兵攻宮城，兵敗身死。景龍四年，安樂公主毒弒中宗，韋后臨朝。臨淄王隆基於當年六月起兵，殺韋后，立睿宗。可見這三十年間，經過了數次的宮廷政變，包括其中一次是改朝換代的。

在這同時，武后為鞏固自己的地位，也採取一連串的措施，除軍事上派兵鎮壓反對派之外，政治上亦以嚴刑峻法來對待李唐宗室和擁李大臣，使得宗室零落略盡，即使幼弱者也往往被流謫嶺南之蠻荒遠地；用人方面，也不斷擢升庶族來打擊李唐士族的勢力，所有這些應對反武勢力的措施，幾乎全部是奏功的，因而徐敬業之起兵揚州，琅琊王沖之起兵博州，越

❶ 知幾進士第，在唐高宗永隆元年（六八〇）。洪業據徐松，《登科記考》考劉氏中進士時，已過弱冠之年。詳可參洪業，〈韋弦慎所好二賦非劉知幾所作辨〉，刊《中央研究院史語所集刊》第二十八本，頁五九，註四條可悉。

王貞之起兵豫州，在武后正式即位之前都先後失敗了❶。

知幾對這些史事，不是耳聞能詳，即是身歷其時。以劉氏敏銳之思緒與高邁之才情，不可能不發出一點感慨和評騭；而這些史事對一個歷史意識非常濃厚的他來說，同時也構成一項啟示作用。他親眼看到這些史事的更替無常，不免嘆道：

> 歷觀自古以迄於今，其有才位見稱，功名取貴，非命者衆，克全者寡。大則覆宗絕祀，堙沒無遺，小則繫獄下室，僅而獲免。速者敗不旋踵，寬者憂在子孫。至若保令名以沒齒，傳貽厥於後胤，求之歷代，得十一於千百。❷

這段話同時也嘆出他對統治階層內部之傾軋迫害，乃是古來既存的不爭事實的看法。我們由其文而揣知知幾之看法是消極且感慨萬千的。事實在整個政治鬥爭的激流中，苟全性命已屬不易，以知幾的個人力量與當時的職卑位輕，又何足作有力的扭轉呢？他只能就歷史淵源推溯而上，去理解與推廣他的看法而已。就此觀點而言，知幾歸結初唐政治領導階層內部的

---

❶ 詳：《舊唐書》（臺北：鼎文書局，民國六十五年）〈中宗本紀〉、〈睿宗本紀〉、〈則天本紀〉。

❷ 劉知幾，〈思慎賦〉，收入李昉等編《文苑英華》（臺北：華文書局，民國五十六年）卷九三。也可參洪業，《洪業論學集》（臺北，明文書局，一九八二）頁三七六—三七九。

鬥爭事實成一普遍性之規律，並以之審度古書上所載古王先哲，也應該是同樣存在的。以致他在《史通》〈疑古〉〈惑經〉等篇更進一步申論他這項見地。關於此者，且留置下文再述。而知幾轉移其不滿現實政治矛盾性的言論，於焉乃可以深切理解。

事實知幾的批判精神，一如前述之「通識觀念」是必須以歷史事蹟和古今史冊為基礎的。知幾一生並未在政治上、軍事上立過大功，亦未在其他方面有過輝煌貢獻，除了史學之外。因而本節以古今史籍為主歷史事蹟為次作為根基來闡明其批判精神之運用與表現，應是很切實際的。

更重要的，知幾批判精神的蘊育還植基於其個人對史學用功極深，而且久領史職之故。這也就是說不管在飽讀史籍的事實或者在實際撰史的經驗上，都使他能夠洞澈古來史籍乃至司馬遷之後有史學以來的利弊良窳；再加上他個人鯁直剛烈，好苛責別人之個性使然❶，使他的批判精神與能力視當代之史臣為格外豐富，這些都是劉氏批判精神的無形資本。而當時初行之史館制度的成立，上有宰臣監修，又有眾手共成一史與分程立限之規定，深深箝制史氏之直筆撰作，尤致知幾不能稱意，其痛苦之心情乃言表如下：

> 凡所著述，嘗欲行其舊議，而當時同作者諸士及監修貴臣，每與鑿枘相違，齟齬難入

---

❶《史通釋評·自敘》，頁三三七。

> 。故其所載削，皆與俗浮沈，雖自謂依違苟從，然猶大爲史官所嫉。嗟乎！雖任當其職，而吾道不行，見用於時而美志不遂。郁怏孤憤，無以寄懷。必寢而不言，嘿而無述，又恐沒世之後，誰知予者？故退而私撰《史通》，以見其志。❶

更是促成他批判意識昂揚的直接因子。

由此而論，劉知幾批判精神完全建立在「實事之中求其所以是」上，此一原則實際即是一種充滿客觀實證的精神。前面所述，即是批判精神的「精神層面」部分，此一層面的投影，乃在前述之歷史事蹟與歷史圖籍的批判之上。所以必須再著眼於這份客觀實證的批判精神之實際應用的層面，在此別名之為「技術層面」。此一層面，約可分兩方面言之，一是對歷史編纂法的批判，一是對史館制度的抗議。

先論前者。知幾對歷史編纂法的批判亦鑒「於事實之中求其所以是」的原則來立言，也就是以知幾大半生讀史研史乃至撰史的寶貴經驗中，提紬出規則來，再以此規則去衡度古往今來的史書，知幾以其累積數十年功力所提煉出來的規則，散佈在《史通》的內、外篇的各個分篇之中，告訴後學寫史當如何寫：例如先定體例，再循義例撰定〈本紀〉〈世家〉〈表〉〈志〉〈列傳〉；基本態度是〈直書〉莫〈曲筆〉，〈採撰〉要廣，〈探賾〉宜深；

❶《史通釋評．自敍》，頁三三五。

〈敍事〉簡要，〈煩省〉有度，切莫〈浮詞〉；要用當世〈言語〉，不可盡〈因襲〉往例，〈品藻〉〈人物〉，可知〈覈才〉〈辨職〉之難等等。知幾胸有成見，執法甚嚴，故肆而立言之下，古來之名著，多難逃其刻意之評判，舉凡《春秋》、《史記》、諸家《後漢書》、《三國志》、諸家《晉書》、沈約《宋書》、董統《燕史》、李百藥《齊史》…等都被他糾出「該是所是，而未所以是」的缺失，並且指正之，即使知幾一向讚佩多於貶抑的《漢書》、《左傳》和王劭的《齊志》，也被另立篇章加以討論，如外篇之〈五行志錯誤〉〈五行志雜駁〉〈雜説上〉〈雜説下〉與內篇之〈補注〉即是針對班固、左丘明和王劭而立篇的❶。知幾客觀實證的精神，充分表現於品評史家與史著上。連知幾斥責最甚的魏收《魏書》，也有一善可言❷。故知知幾批判精神之運用，乃在於當是如何，而是如何（或近之）時則予善評。否則，譏評之。其評判標準即在其積數十年功力而成的法則。也就是知幾心中先通其例，而後才予以評騭的❸，然而知幾的批判尺度相當嚴格，由《春秋》、《史記》、

❶《史通釋評》〈五引志錯誤〉〈五引志雜駁〉兩篇評《漢書》；〈雜説上〉有論《左氏傳》二條；〈雜説下〉〈補注〉有論王劭書；另〈疑古〉〈惑經〉則專對《尚書》、《春秋》、《論語》而言。劉氏所憑者蓋與「愛而知其醜，憎而知其善」相近。

❷《史通釋評．編次》有論《魏書》傳紀之語可知，見頁一二四。

❸呂思勉，《史通評》（臺灣商務印書館，人人文庫本，民國五十六年），〈編次〉篇評，云「古人著書，多不自言其例，而後人評騭，則非先通其例，未可輕易下筆者。」，見頁二四。

《漢書》等等善史在知幾批判之下也幾致「體無完膚」即可見其一斑。知幾批判古今史冊，其目的並非標新立異，或推翻所謂「正史」的型態，而是要透過對自古以來史書的徹底批判，以確定撰述正史的正確方法❶。換言之，知幾就其心目中理想之寫史形式、態度，以及如何才是一部理想的正史都透過評史的過程來告訴我們，而不是直接明言。因而《史通》也是知幾自成一格的史學思想作品，屬史學方法性質。易言之，也就是如何編述歷史的性質。知幾所指示的撰寫態度、方法都頗合今日科學治史的要求，其抽象的方法論（如直筆論），可構成史學理論之一部分；同時，治史方法及史學理論之具體的技術，也可用於歷史敘述（修史）之中。

次者復論知幾對史館制度的抗議。

史館修史制度，在初唐正式確立❷，以後成為定制，世不之改。劉知幾嘗「三為史臣，再入東觀」❸，生平為史官，逾二十年之久，因而史館制度之利弊，知幾最能洞悉；官修歷

❶ 邱添生，〈劉知幾的史通與史學〉，《國立臺灣師範大學歷史學報》第九期，頁六一—六二。

❷ 金毓黻，《中國史學史》（臺北：鼎文書局，民國六十三年排印本），第六章〈唐宋以來設館修史之始末〉，頁一一一—一一三。

❸ 《史通釋評·自敘·原注》，頁三三五。另程千帆，《史通箋記》（北京：中華書局，一九八〇）云：「三爲史臣之『三』字實指，再入東觀之『再』字虛擬（猶云累入），當分別觀之。」見頁一八二。

史之甘苦，知幾最能體味，故對此制度所發之批判，亦最深入。知幾久即懷有著作「國典」之志，但在入史局為宦十數年之久，猶未能展其平生之志，以致孤憤鬱滯，屢欲請辭史職，終在中宗景龍二年（七〇八），向當時監修總領蕭至忠彈鋏告勞，準備卸去史任，此即有名的「五不可」，對當時史館制度有相當的不滿，其要旨是：（一）人多擱筆，汗青無日；（二）史材難集，無所取資；（三）取嫉權要，不能直書；（四）稟承監修，牽制難行；（五）科條未立，銓配無人❶。實乃一針見血之論，使蕭至忠「得書大慚，無以酬答」❷，知幾久在此種體制下工作，自然十分痛苦。其所痛苦者出於下列兩端：一、個人夙志無得遂之日；二、自《春秋》以來私家修史之史學傳統，至此而絕。前者於上述中業已陸續有所說明；後者在「五不可」的抗議中，也強烈暗示著。章學誠曾云：

> 唐後史學絕而著作無專家，後人不知「春秋」之家學，而猥以集衆官修之故事，乃與馬、班、陳、范諸書並列正史焉；於是史文等於科舉之程式，胥吏之文移，而不可稍

---

❶ 《史通釋評·忤時》頁七〇〇—七〇二，原係劉氏致蕭氏之請辭函。另可參Wm. Hung, "A T'ang Historiographer's Letter of Resignation" in *Harvard Journal of Asiatic Studies* Vol. 29 No.1 1969。

❷ 《史通釋評·忤時》，頁七〇四。

> 有變通矣。❶

正是知幾心情痛苦的最佳寫照。知幾以「五不可」的抗議史館制度之設立，並非個人偏見的抒發，以唐代之後官修正史而言，除《明史》因有萬季野的助編泐勒，稍見可觀外，未有一史堪與《國志》、《後漢》相匹的，更遑及馬班之《史》《漢》？是以知幾對官修史局的批判，以「五不可」向監修宰臣提出史學發展路程亮起紅燈的警告，是一項屬於「史學工作者」內在的自覺，也是對素來具有傳承的中國史學傳統即將面臨滅絕所發出「文化危機感」的呼籲。後來章學誠對知幾所提出對史館的評議，也是予以附同。其言曰：

> 唐世修書置館局，館局則各效所長也，其弊則漫無統紀而失之亂；劉知幾《史通》揚搉古今利病而立法度之準焉，所以治散亂之瘴癘也。❷

前述把劉氏痛苦的心情分為兩端，究其實際，亦二而一也，因為第二項對《春秋》以來私家撰史的傳統，因為官家設局監修而將終絕所發的悲鳴，正是第一項個人夙志的無法兌現

❶《文史通義．答客問上》，頁一三九。

❷《文史通義．說林》，頁一二七。

，使其撰刊一國不刊之典的美志永遠失落，兩者是同出一轍，互相關聯的。分開來說，後者是使劉氏的抗議情緒得到更充足的說明，然而若以之為兩回事，則殊謬矣。章學誠即未釐清此點，他說：「劉言史法，吾言史意；劉議館局纂修，吾議一家著述，截然兩途，不相入也。」❶劉氏議館局纂修，斷送史統，與章氏欲承史統撰就其一家之言，本如上言，是同一事體。章說非是，殆可明矣。❷

然官局修史自唐世確立後更加制度化，後世因之，不復改設，自有其存在之價值。至其有何價值，則已超出本文範圍，姑不具論。綜括上述，可知知幾之批判精神是以其社會政治與學識為基礎經轉化提昇之後才產生的，其批評之對象是古今史冊史事及唐初的設立官修史館制度，《史通》則是他表現上述思想言論的重要著作。

鄭樵的批判精神，也在《通志》中有充分的體現。他敢於批判歷代學者的學術見解，敢於批判傳統的觀點和當時流行的學術思想，從而提出自己的見解。所以批判精神也是鄭樵史學思想的精華，值得重視。文中亦就其言論以析其思想，至於專屬史論的部分則留在下章再

---

❶《文史通義·家書二》，頁三六五。詳可再參：瞿林東，〈史法和史意〉，《文史知識》一九九一：四，頁五六—六三。

❷參：程千帆《史通箋記》，頁三一八；又可參傅振倫，《唐劉子玄先生知幾年譜》（臺灣商務印書館，民國七十一年）頁一五。

述，以免重踏。

鄭樵特別推重司馬遷和劉知幾，稱他們是「二良史」。鄭樵的會通觀念，頗受史遷的影響，上節已予析述，而其批判精神則受到劉知幾的左右。鄭樵的《通志》，有不少論點和詞句，都承繼或襲用《史通》的舊文。劉知幾曾指出虛妄的漢代陰陽五行和災異祥瑞之說，是與史書的任情褒貶同樣有害於史實的，鄭樵也繼承如此觀點並發揚光大之，於是形成我國史學史上的優良傳統❶。鄭樵在〈災祥略〉中曾指出：

> 仲尼既沒，先儒駕以妖妄之說而欺後世。後世相承，罔敢失墜者，有兩種學。一種妄學，務以欺人；一種妖學，務以欺天。❷

鄭樵指出妖妄之學是學術史上傳衍已久的兩種惡劣傳統。妖學用以歪曲自然現象，妄學用以歪曲歷史現象。鄭樵更詳細地說：

❶ 白壽彝，〈鄭樵對劉知幾史學的發展〉，收於《中國史學史論集》（上海：人民出版社，一九七九），頁三四四。又可參錢亞新，〈論鄭樵的博學多聞和創新精神〉，《南京大學學報（社科版）》一九八七：三，頁七四。

❷ 《通志略·災祥序》，頁七五五。

說〈洪範〉者，皆謂箕子本河圖洛書以明五行之旨。劉向創釋其傳於前，諸史因之而爲志於後。析天下災祥之變而推之於金木水火土之域。乃以時事之吉凶而曲爲之配。此之謂欺天之學。❶

鄭樵認為「民事必本於時，時序必本於天」❷，災祥的記載，並非完全沒有意義，只是必須是於人事有關，對人事有益才行。他在〈天文略〉對春秋時代的「占候之說」及漢代的讖緯災祥之說也都提出十分尖銳的指摘。所以他寫〈天文略〉「正欲學者識垂象以授民時之意而杜絕其妖妄之源焉」❸；撰〈災祥略〉則是「專以紀實跡，削去五行相應之說，所以絕其妖」❹。

不祇如此，在《通志》的紀傳部分，鄭樵也根據這項精神寫道：

按太史公作〈五帝紀〉，擇其雅言而書。臣今紀采諸家之言，而以雅馴者爲經，其不

---

❶《通志略．災祥序》，頁七五五。

❷《通志略．總序》，頁三。

❸《通志略．天文序》，頁一九七。

❹《通志略．災祥序》，頁七五五。

典之言，則列於篇後，以備記載，非傳信也。其誕而野如盤古者，則亦不書。❶

這就是說舊史中有許多荒誕不經的記載，在《通志》中都被刪削，或採用按語的形式降格書寫予以保留，做為參考。

除此之外，他對後世之人妄釋孔子《春秋》之意亦予譴責，稱之為「欺人之學」，他寫道：

> 凡說《春秋》者，皆謂孔子寓褒貶於一字之間，以陰中時人，使人不可曉解。三傳唱之於前，諸儒從之於後，盡推己意，而誣以聖人之意。此之謂欺人之學。❷

他雖譴責這一類盡推己意而誣聖人之意的學者稱之為欺人之學，但另方面對古代史家常以一國一朝的立場，來崇本國本朝。而予他國他朝則大肆攻擊；甚至於以史家個人的好惡為出發點褒貶史事，則更不滿，他說：

> 曹魏指吳蜀爲寇，北朝指東晉爲僭；南謂北爲索虜，北謂南爲島夷。《齊史》稱梁軍

❶ 《通志》（臺北：新興書局，民國五十四年）卷一〈三皇紀一〉，頁三二。

❷ 《通志略．災祥序》，頁七五五。

爲義軍，謀人之國可以爲義乎？《隋書》稱唐兵爲義兵，伐人之君可以爲義乎？房玄齡董史冊，故房彥謙擅美名；虞世南預修書，故虞荔、虞寄有嘉傳。甚者，桀犬吠堯，吠非其主。《晉史》黨晉，而不有魏。凡忠於魏者，目爲叛臣，王凌、諸葛誕、毌丘儉之徒，抱屈黃壤。《齊史》黨齊，而不有宋。凡忠於宋者，目爲逆黨，袁粲、劉秉、沈攸之之徒，含冤九原。❶

他反對這種「專事褒貶」的做法，認為「傷風敗義，莫大乎此」。主張根本廢除褒貶美刺，以為只要從實記載，則忠良兇逆自見，史家不必多加論評。這點頗合時義，今日史學的要求準則也是如此。

鄭樵還批判了義理之學和辭章之學。指出「仲尼既沒，百家諸子興焉，各效《論語》以空言著書，至於歷代實蹟無所紀繫」❷。他對這種「操窮理盡性之說，而以虛無為宗」的學風很不滿❸。曾指出《論語》《孟子》之類的書「皆義理之言，可詳而知，無待注釋，有注

---

❶《通志·總序》，頁二。

❷《通志·總序》，頁一。

❸《通志略·昆蟲草木略》，頁七八五。

釋則人必生疑」❶。總之，鄭樵重視實學，對於義理、辭章之學都認為沒有意義。

此外，鄭樵對於歷代學者的學術見解，也往往採取批判和懷疑態度。譬如，在《校讎略》中批判了《漢志》、《唐志》、《崇文總目》、《四庫書目》的缺點和錯誤，即使對於他所推崇的《隋志》，也指出其中不少錯誤；在〈圖譜略〉中批判了《七略》只收書、不收圖的錯誤，指責「歆向之罪，上通於天」；在《夾漈遺稿·寄方禮部書》中，更批判了歷代學者對於《春秋》、《詩》研究的種種錯誤，譏笑只抱書本、脱離實際的學風，以及喜據己意以糾正前人的錯誤。這些都是鄭樵批判精神的表現。

雖然，鄭樵在批判時，難免有時陷入主觀、片面，甚至根本錯誤，但是在理學盛行的宋代，在傳統思想影響很深的學術界之中，他敢於批判，提出自己的見解，這種精神就十分可貴了❷。

世人都把章學誠與劉知幾並論❸。兩人相距近千年，各在自己的時代裡，在史學領域中

---

❶《爾雅注·序》（臺北：商務印書廠，景印文淵閣四庫全書本，民國七十二年）第二二一册，頁二三九下。

❷ 廈大鄭樵研究小組，〈鄭樵史學初探〉，收在《中國史學史論集》，頁三二八—三二九。

❸ 張其昀，〈劉知幾與章學誠之史學〉，《學衡》第五期，一九二二。甲凱，〈劉知幾與章學誠〉《東方雜誌》復刊八：三。姜勝利，〈劉、章史識論及其相互關係〉，《史學史研究》一九八三年第三期；許冠三《劉知幾的實錄史學》第七章〈劉、章史學之異同〉等等。

，做了總結以往啟發來者的重大貢獻。究其兩氏的關係，在相同的命題上，有批判繼承的關係，後者對前者或有所側重，或有所發明，在不同的命題上，則各有千秋。

學誠的批判精神也是相當豐富，可以媲美劉鄭兩氏而不遑相讓的。章氏對生當其時的「漢學」、「宋學」門戶之爭與學術傾向，都不感興趣，而有所譏刺。他殫精竭慮，寫作「有為之言」的《文史通義》，明知是書「不特甘苦無可告語，且未有不視為怪物，詫為異類者」❶，但他決不趨附世俗，而且非常自信：

> 正須不羨輕儁之浮名，不揣世俗之毀譽，循循勉勉，即數十年，中人以下所不肖爲者而爲之，乃有一旦庶幾之日，斯則可爲智者道，未易一一爲時輩言耳。❷

又曾直言不諱：

> 拙撰《文史通義》，中間議論開闢，實有不得已而發揮，爲千古史學闢其蓁蕪。❸

---

❶《章氏遺書·與族孫汝楠論學書》（臺北：漢聲出版社，民國七十二年）及五〇三下。

❷《章氏遺書·與族孫汝南論學書》，頁五〇三上。

❸《文史通義·與汪龍莊書》，頁三二九。

清楚地告訴別人他所著的《文史通義》乃非一般「市文」也，而是有鑒於：

蓋以頹風日甚，學者相與離跂攘臂於桎梏之閒，紛爭門户，勢將不得已也。得吾說而通之，或有以開其枳棘，靖其噬毒，而由坦易以進窺天地之純、古人之大體也，或於風俗人心不無小補歟！❷

他是針對世俗學風而發言的。他繼承清初學者經世致用的精神，批判乾嘉之世的不良學風，說是「不得已」而為之，並自信「多有為之言」。可見時代學風給他很大的感觸，而漢宋之爭也引發他的批判和抗議。

另外學誠還說：

吾於史學，蓋有天授。自信發凡起例，多爲後世開山。而人乃擬吾於劉知幾。不知劉言史法，吾言史意。❶

❶《文史通義》補遺續〈又與朱少白〉，頁三二八。

❷《文史通義·家書二》，頁三六五。

又說：

> 鄭樵有史識而未有史學，曾鞏具史學而不具史法，劉知幾得史法而不得史意，此予《文史通義》所爲作也。❶

此兩句話，實有誇飾成份。其所自信者，多為後世開山，但實際他亦繼承前人而有，則未明說；而自言劉章之別，在於史法與史意。其實史法與史意仍有傳承與相通處，章氏又未明言。只知自視甚高而罔顧前人，似不免是人格上的小瑕疵，但另一方面其所論者亦有其理，待下述兩章一併討論。此節重點在討論其依承及批評劉知幾處，學誠批評知幾處，一項重要觀點是反對知幾之重斷代，輕通史。曾謂「劉知幾六家分史，未為篤論。《史記》一家自是通史，劉氏以事罕異聞、語多重出譏之，非也。……通史各出義例，變通互古以來合為一家記載，後世如鄭樵《通志》之類，足以當之」❷，他受到鄭樵的影響，也主張通史較善，作為其「慨然有見於古人著述之源，而知作者之旨…蓋承通史家風而自為經緯，成一家言者

❷《文史通義·和州志志偶自敘》頁三九八。

❷《章氏遺書·丙辰劄記》中册，頁八七六下。

也」❶，而專為〈申鄭〉、〈釋通〉，論述通史之義，為司馬遷、鄭樵張目。另外對劉知幾所提出的史才三長論，以為猶未盡其理，故正式補上「史德」一項。

章學誠還提出「道器合一」的理論來論說史當明道。其真正的用意是推崇撰述，提倡獨斷，反對因循，肯定家學，藐視官修。這是針對當時清朝壟斷史學，大搞官修史書而發的，具有極為重要的現實意義❷。

在《文史通義》中，他曾詳論編年、紀傳、紀事本末三種史體的發展演變和長短得失，並進而提倡新史體。這種新史體是「仍紀傳之體而參本末之法，增圖譜之例，而刪書志之名，發凡起例，別具〈圓通〉之篇」❸。他準備用這種新創體例撰寫《宋史》。他提出這種新創體，可以說完全經由批判古書史體之後才得出的。可惜〈圓通〉篇已經失佚，而《宋史》又未寫成，否則，後世學者應可看到這位傑出的史學理論大家所創的新史體❹。

---

❶ 《文史通義·申鄭》，頁一三六。

❷ 尹達主編，《中國史學發展史》（臺北：天山出版社，未註出版時）下，頁三八九。

❸ 《文史通義·與邵二雲論修宋史書》，頁三一六。

❹ 楊志遠，《章學誠史學思想之研究》，頁一二六，以爲章學誠的此項新體裁，與今之「章節體」有相通處。其實細揣學誠論此新史體的內涵有：一曰本紀、二曰紀事本末、三曰圖表。今之章節體似未能完全涵蓋，但相通則有。此點楊文似可再著墨。

章學誠曾寫過幾種方志，時至今日後人仍可得見。他曾發表了不少方志學的理論，並將其史學理論化約於方志論著之中，對方志學有很大的貢獻。他的方志理論主要貢獻是倡出「志為史體」之說，反對當時著名學者戴震所說的：「夫志以考地理，但悉心於地理沿革，則志事已竟」這句話。《四庫全書總目》也將方志列於史部地理類。學誠以實際修志的感受反對此說，而主張歸為史體，強調「方志為古國史，本非地理專門」。循此主張而下，學誠對方志體例也有創論，提出「必主三家之學」，分立三書之說，所謂「三書」是指「志」、「掌故」和「文徵」。除此之外，學誠還主張另立一「叢談」❶。學誠方志學的理論，多少拜賜於戴震的激發，其實尚有多種理論，都是如此，似乎他專發與戴震不同的議論，處處持與戴氏相異立場，這種反戴震的論學最終卻也成就了其史論的貢獻❷。有關方志學的理論，擬留待第四章中討論。

綜括上述所論，約略可明瞭章氏的史學和方志學的理論，是淵源於傳統，但卻有創新的見解；為文絕不迂腐，而充滿了批判精神。

---

❶ 《文史通義·方志立三書議》，頁三八八—三九三。

❶ 祁龍威，〈乾嘉史學初探〉，收於《中國史學史論集》，頁五三三。

第三節 懷疑精神

我國史學中的懷疑精神，自春秋時代即已出現。孔子寫《春秋》，能闕所疑。孔子屢言：「多聞闕疑，慎言其餘」「吾猶及史之闕文也」「君子於其所不知，蓋闕如也。」「夏禮吾能言之，杞不足徵也，殷禮吾能言之，宋不足徵也。文獻不足故也。足則吾能徵之矣。」❶孔子之闕疑，蓋有所沿襲，孔子而後之史學後，大致恪守孔子之教不渝。英國漢學家浦立本（E.G. Pulleyblank）也認為這種闕疑精神在我國上古時代已產生，所以他說中國有一懷疑理性主義的悠久傳統。

能闕疑而後才能懷疑，史學所具有的精準科學精神才能因此而產生❷。「史學三書」的作者在對古今史書史事的評議上，都能充分運用及發揮這種精神，本節試闡述於後。

劉知幾的懷疑精神，在他幼年時課讀就蘊育豐富，當時他年紀雖小常有異於俗學的特殊

❶ 所引孔子之語，可分別參閱《論語》〈爲政〉〈衛靈公〉、〈子路〉諸篇。

❷ 杜維運，〈經世思想與中國史學〉，《聽濤集》（臺北：弘文館出版社，民國七十四年），頁八一。

見地❶。其所以如此，以深受孟子、史遷及王充的影響為大。在〈疑古〉篇上他說：

孟子曰：「盡信書，不如無書。武成之篇，吾取其二、三簡。」推此而言，則遠古之書，其妄甚矣！❷

以古書亡佚及泯沒史實之多，可證劉氏之推論不誣。孟子一生職志在繼承孔子之業而倡言如此，馴致劉氏之時，固不可一日無懷疑精神了。在孟子之後，司馬遷網羅天下遺文古事，著《史記》，「載籍極博，猶考信於六藝」❸，可謂於洪荒難稽之史，時時致其懷疑，對知幾亦有所啟發。而王充的《論衡》，對他影響更大，他在〈惑經〉篇中說：

昔王充設論，有〈問孔〉之篇，雖《論語》群言，多見指摘；而《春秋》雜義，曾未發明；是用廣彼舊疑，增其新覺。❹

---

❶《史通釋評．自敍》，頁三三三。

❷《史通釋評．疑古》，頁四六八。

❸《史記．伯夷列傳》（臺北：鼎文書局，民國七十五年），頁二一二一。

❹《史通釋評．惑經》，頁五〇一。又可參符定波，〈《史通》與《論衡》比較研究〉，收於張舜徽主編，《中國歷史文獻研究》（武昌：華中師範大學出版社，一九八六），頁一五九—一六五。

知幾所著的〈惑經〉〈疑古〉可以說是繼承王充的〈問孔〉〈刺孟〉之遺風而作更進一步的發揮。王充與知幾治學均不迷信聖賢經傳，雖如仲尼丘明之輩，若所載論與事實不能盡符，亦必攻伐之而不稍旁貸。侯外廬以為王充與劉知幾的懷疑精神，在國史上是前後輝映，其著眼處亦在於此❶。

知幾之疑古書古事，其可貴處是敢疑人之所不敢疑，發人之所不敢發，然其疑、發者必有依循，決不托諸空言，無的放矢。而《史通》〈疑古〉、〈惑經〉兩篇最能尋出其疑古書古事之所憑藉的精神，故以下即以疑、惑兩文為主，旁以相關他篇為輔，評析劉氏之懷疑精神。

知幾在〈疑古〉篇共提出十疑，分別對《尚書》、《論語》諸古書所記載之史事提出質疑，並論述其看法。

疑二述曰：堯典序又云：「將遜于位，讓于虞舜。」孔氏注曰：「堯知丹朱不肖，故有禪位之志。」

疑三則是：虞書舜典又云，「五十載，陟方乃死。」注曰，「死蒼梧之野，因葬焉。」

---

❶ 侯外廬，〈論劉知幾的學術思想〉，《歷史研究》一九六一年第二期，又收入《中國史學史論集》(二)，頁二。有關〈疑古〉思想，福島正，〈史通疑古篇論考—述者の意識〉，論述甚詳，可以參考，見《中國思想史研究》第四號（京都大學，一九八一），頁一三一—一五九。

一記堯遜位於舜之事，一記舜禪位於禹之事。知幾根據後出的《汲冢瑣言》、《山海經》及近古簒奪之實事，指出疑二所載僅是「虛語」而已❶。並根據〈地理志〉考出疑三之「蒼梧」乃「地氣歊瘴，雖使百金之子，猶憚經履其途」之地❷。虞舜以萬乘之君，不太可能在垂歿之年猶去該地，更何況去時「兩妃不從，怨曠生離，萬里無依，孤魂溘盡，讓王高蹈？」❸故揆之人情，實在不可能。惟一可以解釋得通的，知幾以為「斯則陟方之死，其殆文命之志乎？」綜合兩則而言，知幾認為一般所言舜讓位於禹和堯讓位給舜都是不可信的，倒是舜被流放至陟方而死與堯被舜放逐於平陽，才是較為可信❹。

疑四曰：「夫唯益與伊尹見戮，並於正書猶無其證，推可論之，如啟之誅益，仍可覆也。」

知幾以同樣的精神懷疑益於啟的關係，他相信益啟爭奪王位，益為啟所殺。知幾云：

《汲冢書》云：「益爲啟所誅。」又曰：「太甲殺伊尹，文丁殺季歷。」凡此數事

❶《史通釋評·疑古》，頁四五八—四五九。
❷同前註。
❸同前註。
❹同前註。

> ，語異正經，其書近出，世人多不之信也。……夫唯益與伊尹見戮，并于正書猶無其證，推而論之，如啟之誅益，仍可覆也。何者？舜廢堯而立丹朱，禹黜舜而立商均，益手握機權，勢同舜禹，而欲因循故事，坐膺天祿，其事不成，自貽伊咎。觀夫近古篡奪，桓獨不全，馬仍反正。若啟之誅益，亦由晉之殺玄乎？若舜禹相代，事業皆成，唯益覆車，伏辜夏后，亦猶桓效曹馬，而獨致元興之禍者乎？❶

疑五、疑八、疑九是批評商得國於夏，周得位於殷的傳統說法。

疑五：「《周書殷祝》：『桀讓湯王位』」云云。

疑八：「《論語》曰：『大矣！周之德也。三分天下有其二，猶服事殷。』」

疑九：「太伯可謂至德也已。三以天下讓，民無得而稱焉。」

劉知幾對此三則分別論斷為「湯飾讓偽跡」、「虛為其說」、「謬為其譬」。劉以為湯不可能受桀之禪讓。因為《尚書．湯誓序》云：「湯伐桀，戰於鳴條。」又云：「湯放桀于南巢，唯有慚德。」顯然與《周書》之記載有很大的出入。劉知幾說：「（周）書之作，本出《尚書》，孔子截剪浮詞，裁成雅語，去其鄙事，直云「慚德」，豈非欲滅湯之過，增桀之

---

❶《史通釋評．疑古》，頁四六〇。知幾根據常理分析並判決《竹書紀事》記事可信。但郭孔延等以爲知幾以《瑣語》駁經史，殊欠明察。

惡者乎？」對於周之得國於殷商之疑，劉指摘《論語》不應說周有三分之二的天下，仍然臣事於殷是周的大德，因為很不合實情。蓋周室當時為殷之諸侯，但常自行征伐，遽立王號，營建豐邑，改法度，訂正朔，與春秋之楚、吳僭號而陵天子是類似的❶。另疑九的太伯三以天下讓，也是在不得已之下，為全身免禍才把天下拱給季歷，並非有關至德不至德之事。《論語》無乃謬為其譬乎？在今日寫述有關上古史者，大都未再採信桀禪位於湯之事，也沒有人不相信商周東西兩方的鬥爭是循序而轉趨激烈，終究對陣於牧野的❷。且不管知幾所據以駁古史事之資料的可靠程度如何，今人對於這些史事多從其說法，則已是不爭事實。

復次，劉氏對於商周嬗代之後所發生的史事，如周公輔政時期，武庚聯合管蔡叛周，也有他個人的看法。

疑七：「議者以武庚功業不成，目以頑民。」

疑十：「《尚書．金縢》篇云：『管、蔡流言，公將不利於孺子。』《左傳》云：『周公殺管叔而放蔡叔，夫豈不愛，王室故也。』」

---

❶ 郭孔延引《史記．周本紀》證明周對商實陽奉陰違，何能稱爲有至德，而贊同知幾的評論，引見趙呂甫校注，《史通新校注》，頁八〇〇。

❷ 如錢穆《國史大綱》（臺北灣商務印書館．民國六十七年，修訂五版）；傅樂成，《中國通史》（臺北：大中國圖書公司，民國六十七年）等，都持此論。

武庚含垢辱生，合謀二叔，殉節三監，雖君親之怨不除，而君子之誠可見。考諸名教，生死無慚。劉知幾以為不應編名逆黨，目以頑民。知幾此言，很能不囿於「成敗論英雄」之見，而逾越時代與名教的制限，故此疑甚有見地。連《史通削繁》作者紀昀亦以為「此條有理」。至於第十疑，劉知幾更引〈君奭篇〉序：「召公為保，周公為師，相成王，為左右，召公不說」攻擊周公當時「行不臣之禮，挾震主之威，跡居疑似，坐招訕謗，雖奭以亞聖之德，負明允之才，目睹其事，猶懷憤懣。況彼二叔者，才處中人，地居下國，側聞異議，能不懷猜，原其推戈反噬，事由誤我。而周公自以不誠，遽加顯戮……斯則周公於友之義薄矣。」❶劉知幾認為周公誅管放蔡，是由攬權招疑，而又不能自責，倒反把兄弟殺了，並非是王室安危的問題。劉知幾甚至斥責聖人周公是一個薄於友義的人❷。

除了上述數疑之外，劉知幾之懷疑精神表現得十分徹底的是在〈惑經〉篇之中，針對孔子所刪修的《春秋》，他提出「未諭」者凡十二則及為「虛美」者，共五條。這十二未諭甚是繁複，若敍之於此，恐過份蕪累，為簡明計，擇其要記之如下：未諭一二之主旨在弑、卒未辨；三四條則為賢者諱；五為略大存小，理乖懲勸；六七條則以子臣別弑殺；八為本國諱

❶《史通釋評．疑古》，頁四六六—七。

❷白壽彝，〈劉知幾的史學〉，《北京師範大學學報》一九五九年第五期，又收於《中國史學史論集》第二冊，頁七九。

；九則為褒貶沿革無定體；十為書法未明，經傳闕載；十一十二條則是來告而始書，以致真偽雜亂。這十二未諭以質《春秋》，倒非故意立論為難孔氏，竊立異取寵之名，而只是「摭其史文」言評，所據亦就事論事而已也。

另外，劉知幾亦指出「世人以夫子固天攸縱，將聖多能，便謂所著《春秋》，善無不備，而審形者少，隨聲者多，相與雷同，莫之指實」，乃榷論之而提出虛美五條，以申其見如下：一、太史公有云：「夫子為《春秋》。筆則筆，削則削，游夏之徒，不能贊一辭。」其虛美一也。

一、左丘明論春秋之義：「或求名而不得，或欲蓋而名彰」「善人勸焉，淫人懼焉。」其虛美二也。

一、孟子云：「孔子成《春秋》，亂臣賊子懼。」無乃烏有之談歟？其虛美三也。

一、孟子云：「孔子曰：『知我者其惟《春秋》乎？罪我者其惟《春秋》乎？』其虛美四也。

一、班固云：「仲尼歿而微言絕」觀微言之作，豈獨宣父者邪？其虛美五矣。❶

❶《史通釋評．惑經》，頁四九八—五〇〇。又參稻葉一郎，〈中唐にすける新儒學運動　一考察—劉知幾の經書批判と啖、趙、陸氏の春秋學—〉，《中國中世史研究》（日本，東海大學出版會，一九七〇），頁三八四—三八九。

前述的十二未諭和五虛美都可說是知幾就歷史事件，針對《春秋》的義例而提出的質疑。結合上面〈疑古〉篇對《尚書》和《論語》的十疑，劉則變成一些衛道學者的非議目標，似是可以想見的。唐末柳璨著《史通析微》（釋史）十卷，就因此認為《史通》犯了下述之不可饒恕的錯誤：

> 妄誣聖哲，評湯之德爲僞跡，論舜之惡爲厚誣，謗周公云不臣，褒武庚以殉節，其甚於彈劾仲尼，因討論其舛謬，共成五十篇。」❶

可以代表一般學者對《史通》的評見。清紀昀之《史通削繁》刪除〈疑古〉全文和五虛美，並削去〈惑經〉未諭多則，可謂基於一般相同的見識。連為《史通》作「通釋」的浦起龍也不盡能接受劉知幾的原意，為他做各種開解。他以為：

> 十二未諭皆自出之疑，五虛美則摭舊說以爲翻案。未諭猶婉約其辭，而虛美則公然指斥，是直罔知忌憚矣。法當絶之，勿使並進者。❷

---

❶ 晁公武，《郡齋讀書志》（臺北：商務印書館，國學基本叢書，民國五十七年，臺一版），卷七頁七九三。

❷ 《史通釋評．惑經》，虛美之釋語，頁四九六。

除未諭第二，浦氏對十二未諭大致並無惡辭；但對五虛美則甚不以為然，由右文可見一斑。至於〈疑古〉之作，浦氏解釋之為劉氏譏切新莽以迄李唐的嬗代之事，故為之開解曰：「所傷在二姓改玉之交，所影皆九錫升壇之套。其意蓋曰：古聖且蒙疑謗，此事誰容售欺，憑伊借面有辭，至竟隱形無地耳。其所提防，蓋在於此。」❶

錢大昕則認為《史通》全書都是不滿當時史局而作，他說：「但以祖宗敕撰之本，輒加彈射，又恐讒謗取禍，遂於遷、固已降，肆意詆諆，甚至疑古惑經，誹議上聖，陽為狂易侮聖之辭，以掩詆毀先朝之跡，恥巽辭以諛今，假大言以蔑古，置諸外篇，竊取莊生盜跖之義」❷，實在也不能說是認識劉知幾。因為劉氏不滿唐代之設史館，既見於〈自敍〉篇，又著〈忤時〉篇議之，而且他對於唐初敕撰的六史，又復繩愆糾謬，稱心而談，絕無避忌。則錢氏的看法，不攻自破。❸

近世學者陳漢章對疑古也開解為：

> 此篇所謂古，實皆言今也。唐初君臣、父子、兄弟，多見慚德。劉氏身爲臣子，不敢

❶ 《史通釋評．疑古》浦氏按語，頁四五六。

❷ 錢大昕，《十駕齋養新錄》（臺北：商務，民國五十七年）卷十三，史通條，頁三〇三。

❸ 程千帆，《史通箋記》，頁二六〇—二六一。

> 昌言，乃假以切今，實懲前而毖後。如韓非之送難……紀評削去其言，固非劉氏知己。然不善讀者，徒執所疑，封其所見，又從而揚其波，拾其唾，巵言日出，變本加厲，又爲劉氏之罪人，誤人而實自誤。今一一以唐事證之，可見劉氏之疑非古事矣。[1]

其用意與浦起龍、錢竹汀之用意沒有很大差別，不過都是要替子玄疑古惑經之論曲為開脫。只是陳漢章特別著重在陳古以諷今這一論點。持這種觀點既不乏其人，除前已對浦、錢兩氏之意見，略為抒解外，我們還有必要再深入觀察陳氏所拘之「疑古實即諷今」的意義，有多少對唐代構成諷刺的成份。

從上面「批判精神」裡所引敘的初唐政治背景來看，一連串的宮廷政變層出不窮，乃至更早的唐高祖取而代隋，唐太宗的兄弟相殘，都可成為劉知幾諷刺的對象。如此之論斷，或有某種程度的道理，但這並非全部。要緊的是他指出並堅持了一種不被傳統說法所拘束的追求真實的態度。這才是劉氏一直秉承的史事徵實精神。故可說疑古與惑經的意義，不止在於疑古書古事或停留在借古諷今的消極層面上，而實際上，知幾是要藉疑古與惑經所表現的

---

[1] 陳漢章，〈史通補釋〉，《史學雜誌》第一、二卷，又收在《史通釋評》附錄，頁七八九。

精神，來追求建立一種史事求真、不畏強權、不虛美、事核正直、彰善貶惡的積極態度❶。是以陳氏所言，也並非全部符合事實。而陳漢章〈史通補釋〉成於一九二七丁卯年，正是疑古之古史辨派，指大禹為爬蟲甚囂塵上的時候，故其所謂「所謂古實皆言今」之語，適足以說明陳氏之解，係受時代環境背景影響很深之故❷。

至於另有學者從其他角度來說：「子元本是史才，未通經術，欲以據事直書之例，妄繩受命制作之書，何異北轍南轅，方枘圓鑿。又「信傳疑經，為日久矣。其說非子元所獨，亦非瞀儒能解」❸強調《春秋》是經，子玄怎可據傳注反譴責經呢？子玄以史度經，只「意圖翻案，弊在昧經」❹；也有從近世史事之觀點來解釋《春秋》之義，疏通劉氏之惑的❺。這些都是出於衛護孔子《春秋》作為出發點的。因而論見充滿道德價值之判斷，這點以今日之

❶ 閻沁恆，〈劉知幾的疑古惑經說與歷史的求真〉，閻文取徑與本文雖不同，但結論大致無異。見《中央研究院國際漢學會議論文集》（臺北，民國七十年），頁六五三—六六〇。
❷ 程千帆，前揭書，頁二六〇—二六一。
❸ 皮錫瑞，〈史通惑經篇書後〉，《師伏堂駢文後篇》卷二，引自程千帆，前揭書，頁二七一—二七三。
❹ 同前註。
❺ 但燾，〈解惑篇〉，《國史館館刊》第一卷第二期，頁一—六。

史學觀點來衡量，已無庸置辯了❶。何況劉氏的原意在〈惑經〉篇的開頭已經明揭「今惟摭其史文，評之於後」，論者常未見及此句而加以非詬，實未得其公允。子玄之解秉持「眾善之，必察焉」之義，突破舊傳統之禮法、師說來作〈疑古〉與〈惑經〉兩篇，正應肯定其識見卓絕，目力利銳，不必據以駁斥其離經叛道。倒是張振珮注《史通》時，在〈疑古〉篇解題講劉氏「是在論史，不是窮經」；〈惑經〉篇解題說劉氏「既不反儒，更不薄孔」可謂得其神旨❷。

《史通》最引人爭議的，即在於其懷疑精神，儘管其論議紛紛，甚為雜歧，但仍可在其正面的積極意義下，尋出其不可抹滅的貢獻。歸納而言，約有下列數端。

第一，由前面要略之提示，可以看出劉知幾反對《尚書》、《春秋》、《論語》及諸古

---

❶ 王樹槐，〈研究歷史應否運用道德的裁判〉，《思與言》四：五，一九六七。又收在杜維運、黃俊傑同編，《史學方法論文選集》（臺北：華世出版社，民國六十八年），頁二四五—二五二。另張哲郎，〈道德判斷與歷史研究〉，《中西史學史研討會論文集》（臺中：中興大學歷史系，民國七十五年），則持不同意見。又可參張艷國、周溯源〈論歷史評價與道德評價〉，《東岳論叢》一九九二：三，頁六八—七三。

❷ 張振珮，《史通箋注》（貴州：人民出版社，一九八五），頁四七三及四九六。張氏鑽研深入，故有獨到見解。

書在對史事的記載和評論上，有所諱飾。除上述所提諸疑外，還有兩疑，擬在此一併論之。其中之一是劉氏批評《尚書》對堯之增美，他說：

> 蓋《虞書》之美放勳也，云「克明俊德」。而陸賈《新語》又曰：「堯、舜之人，比屋可封。」蓋因《堯典》成文而廣造奇說也。案《春秋傳》云：高陽、高辛二氏各有才子八人，謂之「元」、「凱」。此十六族也，世濟其美，不隕其名，以至於堯，堯不能舉。帝鴻氏、少昊氏、顓頊氏各有不才子，謂之「渾沌」「窮奇」「檮杌」。此三族也。世濟其凶，增其惡名，以至於堯，堯不能去。縉雲氏亦有不才子，天下謂之「饕餮」，以比三族，俱稱「四凶」。而堯亦不能去。斯則當堯之世，小人君子，比肩齊列，善惡無分，賢愚共貫。且《論語》有云：舜舉咎繇，不仁者遠。是則當咎繇未舉，不仁甚多，彌驗堯時群小在位者矣。又安得謂之「克明俊德」「比屋可封」者乎？❶

劉氏之批駁顯示出其縝密之思考，故其辯解在邏輯上頗有力量。同樣，他對桀紂之增惡，也有比較持平的論述，他指出《尚書》的厚誣，說：

---

❶《史通釋評．疑古》疑一，頁四五七。

商紂爲獨夫，語殷之敗也，又云紂有臣億萬人，其亡流血漂杵。斯則是非無準，向背不同者焉。又案武王爲〈泰誓〉，數紂過失，亦猶近代之有呂相爲晉絕秦，陳琳爲袁檄魏，欲加之罪，能無辭乎？而後來諸子，承其僞說，競列紂罪，有倍《五經》。故子貢曰：桀、紂之罪不至是，君子惡居下流。班生亦云：安有據婦人臨朝！劉向又曰：世人有弒父害君，桀、紂不是，而天下惡者必以桀、紂爲先。此其自古言辛、癸之罪，將非厚誣者乎？❶

除此之外，劉知幾對孔子未實事求是，也指評為：

觀夫子修《春秋》也，多爲賢者諱。狄實滅衛，因桓恥而不書，河陽召王，成文美而稱狩。斯則情兼向背，志懷彼我。苟書法其如是也，豈不使爲人君者，靡憚憲章，雖玷白圭，無慚良史也乎？❷且案《汲冢竹書》、《晉春秋》及《紀年》之載事也，如重耳出奔，惠公見獲，書其本國，皆無所隱。唯《魯春秋》之記其國也，則不然。何者？國家事無大小，苟涉嫌

❶《史通釋評·疑古》疑六，頁四六二。

❷《史通釋評·惑經》未諭三，頁四八八。

疑，動稱恥諱，厚誣來世，奚獨多乎？❶

《春秋》為賢者諱，為本國諱，前人都視之為當然之理，但知幾以為這樣對史事的真相是有害而無利的。知幾對於歷史精神的體悟，真是千古不渝；在今日看來，他的批評和主張依然十分貼切。知幾有此驗認，所以對《尚書》才有「略舉綱維，務存褒諱，尋其終始，隱沒者多」和「今取其正經雅典，理有難曉，諸子異說，又或可憑」❷這樣不太高的評價。在〈惑經〉篇中列舉《春秋》所未逾者十二，虛美者五，也指出「世人以夫子固天攸縱，將聖多能，便謂所著《春秋》，善無不備。而審形者少，隨聲者多，相與雷同，莫之指實」如此附帶地也把《春秋》、《尚書》的神聖色彩祛褪了。這項除了證明知幾的史識外，更見他有求真的勇氣，這是首先要提出的。

第二、劉知幾揭露史書常陷於當朝作者個人的恩怨而有所諱飾。可由下列兩例獲知：

㈠《後漢書．更始傳》記載更始初即位時面臨群臣，居然羞愧流汗，刮席不敢視。知幾指出這是作者故意歪曲以阿時成美光武劉秀，並用以雪洗劉縯之怨。否則以更始微賤時，「已能結客報仇，避難綠林，名為豪傑。安有貴為人主，而反至於斯乎？」❸劉知幾指出《

❶《史通釋評．惑經》未諭八，頁四九一。

❷《史通釋評．疑古》，頁四六七。

❸《史通釋評．曲筆》，頁二三三。

後漢書》該傳是范曄之諛言媚主的曲筆之作。

㈡魏收《魏書》之飾諱更多。茲舉〈古今正史〉篇所記為例，「收諂齊氏，于魏室多不平，既黨北朝，又厚誣江左。性憎勝己，喜念舊惡。甲門盛德，與之有怨者，莫不被以醜言，沒其善事，遷怒所至，毀及高曾。書成始奏，詔收於尚書省與諸家論討，前後列訴者百有餘人。時尚書令楊遵彥，一代貴臣，勢傾朝野，收撰其家傳甚美。是以深被黨援，諸訟史者皆獲重罰。……由是世薄其書，號為穢史。」劉氏對《魏書》之指摘，後世學者多從之。雖偶或有持異見者，究一時難易之❶。

其他仿此者尚有沈約、王沈、董統、許敬宗……諸輩，散見於《史通》〈直書〉、〈曲筆〉、〈古今正史〉、〈疑古〉、〈惑經〉等諸篇，不勝枚舉。為何此種現象在歷代的史書中層出不窮呢？因而，劉知幾更進一步指出下例第三則所言的情況。

第三、歷史之諱飾是在一定歷史條件下形成的。❷他說：

夫人稟五常，士兼百行，邪正有別，曲直不同。若邪曲者，人之所賤，而小人之道也

❶ 傅振倫，《劉知幾年譜》，頁一〇九，載《史通》各篇詆《魏書》者，凡四十條。周一良有〈魏收之史學〉，《燕京學報》第十八期，內多爲魏收辯解。

❷ 採白壽彝，前引文之卓論。並參大濱皓，《中國、歷史、運命——史記と史通（東京：勁草書房，一九七五），頁二二七—二四七。

> ；正直者，人之所貴，而君子之德也。然世多趨邪而棄正，不踐君子之跡而行由小人者，何哉？語曰：「直如弦，死道邊，曲如鉤，反封侯。」故寧順從以保吉，不違忤以受害也。
>
> 夫爲於可爲之時則從，爲於不可爲之時則凶。如董狐之書法不隱，趙盾之爲法受屈，彼我無忤，行之不疑，然後能成其良直，擅名今古。至若齊史之書崔弒，馬遷之述漢非，韋昭仗正於吳朝，崔浩犯諱於魏國，或身膏斧鉞，取笑當時；或書填坑窖，無聞後代。夫世事如此，而責史臣不能申其強項之風，勵其匪躬之節，蓋亦難矣。是以張儼發憤，私存《嘿記》之文；孫盛不平，竊撰遼東之本。以茲避禍，幸獲兩全。足以驗世途之多隘，知實錄之難遇耳。❶

古諺云：板蕩識忠臣，在史家亦然。史家常在利害關頭，為苟全性命或利祿仕進而迷失自己原應把持的方向。劉知幾見古史多諱飾，故特別指出「仗氣直書，不避強禦；肆情奮筆，無所阿容」的直筆才是可貴的❷。這也是史家最神聖的職責。只是古來多曲辭阿世，未見直筆不獲罪見誅的，因此才有「隱侯《宋書》多妄，蕭武知而勿尤，伯起《魏史》不平，齊宣覽

---

❶《史通釋評．直書》，頁二二七—二二八。

❷同前註。亦可參西脇常記，〈劉知幾—史評者の立場—〉，《人文》第三十集，頁六七。

而無譴」❶之類事件層出不絕，幾乎演成史家因循的一般通則。

據上所言，可明瞭倘使古書無諱飾、曲筆，又何來《史通》之〈疑古〉〈惑經〉的道理了。因為這個意義，故後人似不應以劉知幾之工訶古人，及於孔子之《春秋》、《尚書》及稍晚之《論語》而責備劉知幾了。其實，工訶古人並不容易，必須本於追求真理的學術良知方能做到❷，而劉知幾做到了。我們應就其所表現出來的懷疑精神，而肯定這份精神追求史貴實錄的目標之正面意義才是。劉知幾所提出來的直筆求真的精神，是他對歷史意像的基礎工夫，貫穿了前面二節所提出的精神，亦即劉之批判、懷疑完全是針對史事史書的，但也反映了對新的歷史精神的追求。他所標榜的，依然是今日史家的最高目標。

鄭樵的懷疑精神或不能與劉知幾等量齊觀，但仍然相當豐富。其懷疑精神可由他注重「考信傳疑」的態度獲得結論。他曾說過：「若無覈實之法，何以得書之情？」❸此處所謂

---

❶《史通釋評·曲筆》，頁二三四—二三五。

❷宋祁，《新唐書、劉子玄傳贊》，又收在《史通釋評·附錄》，頁七一八。雷家驥曾對工訶兩字特別致意，見其〈唐前期國史官修體制的演變—兼論館院學派的史學批評及其影響〉，《東吳文史學報》第七期，頁三四。民國七十八年三月。又：同氏，〈從劉知幾明鏡說析論傳統史學理念的一個模式〉，《東吳文史學報》，第九期，頁五一，又再提一次。

❷《通志略·圖譜略》，〈明用〉，頁七三〇。

的「覈實」指的是實事求是的研究方法。此法的首要步驟即在懷疑，必須先要注意文獻的真偽，再進而考訂辨偽。易言之，即對古籍文獻不輕信妄從，核實索象之後才直筆記載。他根據這個原則對古代文獻加以研究，曾舉例說明，如：

傳《春秋》，則首考三家之文，參以異同，而斷其簡策傳寫與口耳授受，互有論說；說《詩》則辨大小〈序〉之文，別〈風〉〈雅〉〈頌〉之音，正〈二南〉王化之地，明鳥獸草木之實，莫不信而有證。❶

鄭樵在編纂其名著《通志》時，也運用這個原則，對不少疑難問題，加上許多按語來考辨訂誤，如編纂傳說時代的遠古史事時即指出：

三王之事，蓋已久矣，臣之所志，在於傳信，其有傳疑者，則降而書，以備記載云。❷

---

❶《福建興化縣志》〈鄭樵傳〉。吳懷祺校補，《鄭樵文集》（北京：書目文獻社，一九九二），頁八四。

❷《通志》卷一，〈三皇紀第一〉，按語，頁三一。

設若鄭樵無懷疑精神，何能臻此？故其所編入《通志》作為正文者，大都係經其考訂過的史實，姑不論其精審正確度如何，但透過懷疑批判則是毫無疑問的。不僅如此，其傳疑的「按語」裡也保留了不少珍貴史料，可供後世學者參考，是其考信傳疑之餘，對後世的額外貢獻之一。

鄭樵的考信訂誤，大致採用兩項辦法。首先是依據文獻的記載加以互校，如對周武王伐紂年代的考證，在按語中即寫稱：

〈泰誓〉之序曰：十有一年，武王伐商，其書曰：十有三年，春，大會於孟津。〈洪範〉亦曰：十有三祀，王訪於箕子。則知武王伐商在十三年。由〈泰誓序〉之訛，以三爲一，致後之說者紛紛也。❶

其他在考證梁朝〈呂僧珍傳〉紀年的錯誤時，則參照姚思廉的《梁書》本傳，李延壽《南史》，沈約《宋史》相互對校，指明其所誤。

其次是依據實物圖譜的研究，以與文獻相佐證。這點是鄭樵與劉章兩氏較不同的一點。他在〈圖譜略〉中強調圖譜的重要，主張圖文並重和索象。他說：

❶ 《通志》卷三下，〈三皇紀第三〉，按語，頁四八。

古之學者爲學有要，置圖於左，置書於右，索象於圖，索理於書，故人亦易爲學，學亦易爲功。❶

又創〈金石略〉，以為金石款識，經久不變，「以茲稽古，庶不失真」❷。他也利用地下出土物以考核史事，如西漢「四皓」之中，有誤「圈公」為「園公」者，鄭樵疑之並考辨之，指出：

顏師古匡俗正謬有圈稱，陳留風俗傳自序云圈公之後。圈公爲秦博士，避地南山，漢祖聘之不就，惠太子即位，以圈公爲司徒。近世商於耕夫掘地，得漢世石刻數種，有云圈公神主，綺里季神主，角里先生神主，又各有神祚機，皆漢人隸書，其號不應有誤。然則園之爲圈信矣。特冊牘傳寫之訛耳。❸

以上僅舉簡單數例，以證知鄭樵寫《通志（略）》也存「有考信傳疑」的精神，透過懷疑精

---

❶《通志略·圖譜略》，頁七三〇。
❷《通志略·總序》，頁五。
❸《通志》卷一七七，〈隱逸傳〉第一，按語，頁二八三三。

神，進而糾謬訂誤，達到核實索象的目的。

至於章學誠也認為作史不能無疑，疑者則闕之以待訪，若疑者不著，則削之。他的懷疑精神，也秉承自孔子司馬遷以來的啟示，他曾說：

> 孔子曰：「吾猶及史之闕文也。」又曰：「多聞闕疑，慎言其餘。」夫網羅散失，紬繹簡編，所見所聞，時得疑似，非貴闕然不講也……疑者闕而弗竟；闕者存而弗刪，斯其慎也。司馬遷曰：「書闕有間，其軼乃時時見於他說。」夫疑似之跡，未必無他說可參，而舊簡以古文爲宗，百家以雅訓是擇……[1]

「多聞」「慎言」可以說是一種核實的態度，亦即是一種實事求是客觀求證的態度，他又說：

> 聞欲多而疑存其闕，慎之至也。馬、班而下，存其信而不著所疑以待訪，是直所謂疑者削之而已矣，又復何闕之有哉？[2]

---

[1] 《文史通義》外篇一，〈和州志闕訪傳序例〉，頁四一四。

[2] 《文史通義》外篇二，〈永清縣志闕訪傳序例〉，頁四五七。

這點與前述知幾所舉證的與鄭樵所強調的「考信傳疑」是一致的。劉鄭兩氏的懷疑精神，目的均須歸於求真、求實的史學，學誠亦然，沒有兩樣。但知幾的方法是舉十疑十二未諭五虛美以疑駁古書古事，鄭樵亦舉古例以申其說，學誠則別有體會發展，在求真的原則不變之下，他更細致地提出史籍應有〈闕訪列傳〉才對。他從前面的「存其疑而不著所疑以待訪」出發，說：

> 凡作史者，宜取論次之餘，或有人著而事不詳；若傳歧而論不一者；與夫顯列名品未徵事實；清標夷齊，而失載西山之薇；學者顏、曾，而不傳東國之業；一隅三反，其類實繁。或由載筆誤刪，或是虛聲泛采；難憑臆斷，當付傳疑。列傳將竟，別裁闕訪之篇，以副「慎言」之訓；後之觀者，得以考求。……不亦善乎？❶

〈闕訪〉篇的設立，是為了「慎言」之訓。這是在「存信」「削疑」之外的又一選擇，他認為遇到標名略注，事實難徵；世遠年湮，不可尋訪。存之則無類可歸，削之則潛德弗曜」

❶《文史通義》外篇一，〈和州志闕訪傳序例〉，頁四一五。

❶，則悉編入〈闕訪列傳〉以待後來者。總比削之滅之對史事求備要來得妥善。

學誠更認為史書若無〈闕訪〉篇，則有十弊：

史無〈闕訪〉之篇，其弊有十：一己之見，折衷群說，稍有失中，後人無由辨正。其弊一也。才士意在好奇，文人義難割愛。猥雜登書，有妨史體；削而不錄，又闕情文。其弊二也。傳聞必有異同，勢難盡滅其跡；不爲敍列大凡，則稗說叢言，起而淆亂。其弊三也。初因事實未詳，暫置不錄；後遂闕其事目，等於入海泥牛。其弊四也。載籍易散難聚，不爲存證崖略，則一時之事，遂與篇目俱亡；後人雖欲考求，淵源無似。其弊五也。一時就所見聞，易爲存錄；後代裨蜷補綴，辭費心勞，且又難以得實。其弊六也。《春秋》有口耳之授，馬、班有專家之學，史宗久失，難以期之馬氏外孫，班門女弟。不存闕訪，遂致心事難明。其弊七也。史傳之立意命篇……標題類敍……是於史法，皆有一定之位置，斷無可綴之旁文。凡有略而不詳疑而難決之事，不存闕訪之篇，不得不附著於正史之內。類例不清，文辭難稱粹潔。其弊八也。

❶ 同前註。

開局修書，是非哄起，子孫欲表揚其祖父，朋黨各自逞其所私。苟使金石無證，傳聞難信，不立闕訪以杜請謁，無以謝絕一偏之言。其弊九也。史無別識心裁，便如文案孔目；苟具別識心才，不以闕訪存其補救，則才非素王，筆削必多失平。其弊十也。❶

可知十弊所關涉的史義相當大。吾人就其弊端之大之多，就可明白〈闕訪傳〉的必要性。至少，在章學誠的心目中它是很重要的。

綜上所言，可知劉知幾的懷疑精神，成就了〈疑古〉〈惑經〉等重要篇卓；鄭樵則以「按語」降書的形式傳達其懷疑精神，並保留了重要的史料；章學誠的懷疑工夫，更進一步，在史體史例方面，創下〈闕訪傳〉一說。三氏可謂各有其貢獻。而彼等發揮懷疑精神的極致目標，則仍在於史學求真的一貫原則，此點三氏無任何差異。

❶《文史通義》外篇二，〈永清縣志闕訪傳序例〉，頁四五七—四五八。

第四節　進步史觀

人類發展由草昧漸進文明，依演化觀點而言，確是進步的；記載人類發展過程的歷史，亦由簡趨繁，逐步擴張其領域，豐富其內容。劉知幾著《史通》，總評往古以來的史書，也必然能夠在評判的過程中深切體會斯理。故云：

> 世異則事異，事異則備異。必以先王之道持今世之人，此韓子所以著《五蠹》之篇，稱宋人有守株之說也。❶

此話說明了他的歷史進化觀點，認為歷史因時代社會之演進而有古今變異的不同，以往古聖先王與往哲前賢之說，未必能夠全部適合於後世，吾人不可過份泥古崇古，而不知時代社會的變遷，本可有今古之不同，不必古皆勝今，今必遜古。職乎此理，劉知幾舉下例說明：

❶《史通釋評·摸擬》，頁二五九。

至如詩有韋孟〈諷諫〉，賦有趙壹〈嫉邪〉，篇則賈誼〈過秦〉，論則班彪〈王命〉，張華述箴於女史，張載題銘於劍閣，諸葛表主以出師，王昶書字以誡子，劉向、谷永之上疏，晁錯、李固之對策，荀伯子之彈文。山巨源之啟事，此皆言成軌則，爲世龜鏡，求諸歷代，往往而有，苟書之竹帛，持以不刊，則其文可與三代同風，其事可與《五經》齊列。古猶今也，何遠近之有哉？❶

他持論的要旨即在古今同列，今不必不如古，在尊崇五經正義的時代與社會裡能持此說，本身即意味著「進步」。他還說：

夫遠古之書，與近古之史，非唯繁約不類，固亦向背皆殊。何者？近古之史也，言唯詳略，事罕甄擇，使夫學者觀一邦之政，則善惡相參；觀一主之才，而賢愚殆半。至於遠古則不然。夫其所錄也，略舉綱維，務存褒諱，尋其終始，隱沒者多。嘗試言之，向使漢、魏、晉、宋之君生於上代，堯、舜、禹、湯之主出於中葉，俾史官易地

❶《史通釋評·載文》，頁一五一。

> 而書，各敘時事，校其得失，固未可量。❶

事實繁約詳略，正是古今不同的地方。在政事史事參考的作用上，今之詳繁者乃在古之約略者之上，是又不待言而可喻的。這些都是劉知幾對歷史的演進所持一種進步的看法。而這些看法反過來也顯示出史學的演進，不能脫離受時代與社會的發展和需要之影響。易言之，劉氏所表現的進步歷史意識，實由「發展」（Development）而形成的❷。此處即以此為骨幹，分下列諸項分別闡明其所持之歷史意識。

㈠遠略近詳的書法觀念

《史通》〈煩省〉篇引《荀子》的一句話：「遠略近詳」❸，悟得遠古之史簡略，近世之史蕪累，是「古今不同，勢使之然」的道理❹。春秋之時，各諸侯國互相閉境不通，吉凶大事，只能假道而方聞，或通盟而始赴；至於邊陲的秦燕楚越和戎狄，更不相聞問，以致史

---

❶《史通釋評．疑古》，頁四六八。

❷參李弘祺，〈近代西洋史學之發展〉，《思與言》十五：四、五，一文所論。

❸《荀子．非相》：「傳者久前論略，近則論詳；明舉則大，詳則舉小。愚者聞其略而不知其詳，聞其詳而不知其大。」參《新譯荀子讀本》（台北：三民書局，民國六十一年），頁九八。

❹《史通釋評．煩省》，頁三〇五。

乘記載無法詳備。到前漢淹有一統之局，遠近無隔，夷夏可聞，故漢史能較《春秋》詳贍。東漢別錄私傳家牒宗譜叢出，是華嶠、謝承之《後漢書》又要比馬、班之《史》《漢》篇幅更巨的主因。如此一代視一代為繁複，是時代已經不同，勢必如此演變的。劉氏所悟之理，深得歷史眼光之效。吾人不能不明乎此種軌跡，若徒以上古史簡之省略為貴，而嗤謬近史之詳煩，則顯然是崇古而非今。

且再試以歷代所傳史籍之卷數、流品、範圍三者，具體以言「遠略近詳」。

（一）按「卷數」而言，《漢書·藝文志》尚無史部，議奏、國語、世本、戰國策、楚漢春秋、太史公等書均附之於春秋家，所有也不過一一部計四二五篇；至於《舊唐書·經籍志》所載已增至八八四部一七九四六卷，其間部卷數各增加四十五至八十八倍；到《宋史·藝文志》所錄者更增至二一四七部四三一〇九卷的高峰，比《漢書》所載增加二一三六部四二六四四卷，較隋唐時也各增加了三倍左右❶。

漢書藝文志	一一　部	四二五　篇
隋書經籍志	八一七　部	一三二六四卷
舊唐書經籍志	八八四　部	一七九四六卷
宋史藝文志	二一四七部	四三一〇九卷
明史藝文志	一三一六部	三〇〇五一卷
清四庫全書總目	二二七四部	三七〇四九卷

❶ 按下表係據據傅振倫，〈整理中國史籍之必要及其方法〉，頁二七—二八之表略加刪削，並稍作文字解釋如正文。該文刊於《學文雜誌》一：一。又按表中之篇卷，意思相仿，可參章學誠《文史通義》，內篇六，〈篇卷〉。而表中之《明史藝文志》所載，則僅限於當代而已。

這些數字可說明漢後經魏晉南北朝，史學乃逐漸蔚為大觀，而隋唐迄宋更是史籍燦爛輝煌時代。就此而言，史籍之部卷數，是累代寖增。

（二）依「流品」來看，亦甚棼雜。《漢書．藝文志》無史家專篇，已如前言。晉荀勖《新簿》將史部列於丙部，在經、子之後，是部類之始；東晉李充《晉元帝書目》仍分四部，而以史為乙部，於是史書之部次始定，後世撰述，咸奉為法式，無所更改。而部之下又分類目，為史藉剖析條流。鄭默《中經》丙（史）部只得史記、舊事、皇覽簿、雜事四類；梁阮孝緒《七錄》紀傳錄二，以紀史傳，分十二目；隋唐〈經籍〉〈藝文〉，分門亦十二三；劉知幾嘗以六家二體分述史之流品❶，雜著之流又分十目。此後，史籍日多，類別愈繁。焦竑之《國史經籍志》分十五門；黃虞稷之《千頃堂書目》則分十八門；清修《四庫全書總目》亦分四綱、十五類。到畢沅《史考原稿》分至一一二子目，章學誠嫌過於煩瑣，在《史籍考》中酌予併省，分五十七目，統以十二綱。史書流別之分，至章氏時，無所孑遺，幾近於完善❷。凡此，可知史籍愈在晚近愈趨龐雜，故類別須加多；愈在遠古愈是簡易，或可不成其史部。要之，就流別而言，亦循遠略近詳之原則而發展。

---

❶ 傅振倫，〈中國史籍分類之沿革及其得失〉，《圖書館學季刊》四：三、四；張舜徽，《中國古代史籍校讀法》（臺北：地平線出版社，民國六十一年）第一章第二節，頁六五—七六。

❷ 參傅振倫，前兩註所引兩文。

（三）以「範圍」論，劉知幾援《尚書》《春秋》《左傳》入於乙部，又謂諸子、傳統、辭章、別傳、文集亦應入史❶，其說蓋具深意；至章學誠，云：「六經皆史」❷及「盈天地間凡涉著作之林，皆是史學，六經特聖人取此六種之史，以垂訓者耳；子集諸家，其源皆出於史」❸學誠並將小說編入史部，更具獨識❹。就此而言，亦未出遠近煩省之旨。

不過，儘管以前三項來析論「遠略近詳」書法，但略詳煩省仍有其不可變易之法則，劉知幾深明之，故曰：

> 論史之煩省者，但當要其事有妄載，苦於榛蕪，言有闕書，傷於簡略，斯則可矣。必量世事之厚薄，限篇第以多少，理則不然。❺

這是「近詳」不可詳於不當詳之謂。知幾秉持此論，固是歸納從前諸史，以歷史眼光著識而

---

❶ 參《史通》〈採撰〉〈雜述〉〈煩省〉〈雜說上中下〉諸篇。

❷ 章學誠，《文史通義．易教上》，頁一。

❸ 《文史通義．報孫淵如書》，頁三四二。

❹ 章學誠，《校讎通義》，外篇，〈史籍考總目〉，華世新編本，頁六五五—六五六。

❺ 《史通釋評．煩省》，頁三〇七。

得。但他持論也有一定歷史時空之觀念結構，故近史須詳乃成為不可避免之性質。

㈡反映時代需要的三新志

劉知幾在〈書志〉篇主張創立三種新志〈都邑〉〈氏族〉〈方物〉來取代〈天文〉〈五行〉〈天官〉〈瑞符〉及〈藝文〉諸志。其名目與所持理由，分述如下：

（一）〈都邑志〉——

京邑翼翼，四方是則，千門萬户，兆庶仰其威神，虎踞龍蟠，帝王表其尊極，兼復土階卑室，好約者所以人；阿房、未央，窮奢者由其敗國。此則其惡可以誡世，其善可以勸後者也。且宮闕制度，朝廷軌儀，前王所爲，後王取則。……凡爲國史者，宜各撰〈都邑志〉，列於〈輿服〉之上。

觀知幾原意，是特闢一志記載京邑之位置、地理形勢，邑內之政治、社會、經濟、軍事之活動與禮儀制度，目的在做為一種歷史資料，提供後世判斷取捨。

京邑是人口集中、文化會萃、政治源頭和社會經濟活動頻繁之地。自來長安、建鄴、咸陽、洛邑、金陵……是古之盛都，但在方志學未興之前，留下來可供後人研究其興替變革的，並不算豐多。今日研究社會經濟史者每感近代以前之史料不足，即因此故。知幾〈都邑志〉的構想未在當時及後世及早實現，也是部分原因之一。直到最近都邑的研究才興起，如唐長安、北宋開封、南宋杭州、明北京、南京……都有專家學者以嶄新的方法在此領域內獲得甚可推許的成就❶。鑒及於此，除為知幾這個構想未被當時與後世史家所普遍接受而感到可惜之外，也為知幾有這份見解感到驚訝。

（二）〈氏族志〉——

> 逮乎晚葉，譜學尤煩。用之於官，可以品藻士庶；施之於國，可以甄別華夷。……隋有天下，文軌大同，江外山東，人物殷湊。其間高門素族，非復一家；郡正州曹，世掌其任。凡爲國史者，宜各撰〈氏族志〉，列於〈百官〉之下。

氏族在魏晉時期勢力浸盛，終成門閥，六朝隋唐猶有餘韻，這是當時社會獨具之格。《魏書》有〈官氏志〉，已啟其端。知幾生當唐時，出身又是氏族，個人也編著《姓族系錄》二〇〇卷、《劉氏家乘》十五卷、《劉氏譜考》三卷，在在都顯示他提倡〈氏族志〉之背景，這對研究當時社會組織結構、流動與氏族之活動等，都是寶貴的資料。

---

❶ 如Mark Elvin & G. W. Skinner eds., *The Chinese City Between Two Worlds*（Stanford, 1974）and G.W. Skinner ed., *The City in Late Imperial China*（Stanford, 1977）兩書，唯該兩書的研究範圍，已不止於都邑，尚及於一般較大之城市、府縣甚至農村的結構。

（三）〈方物志〉——

金石、草木、縞紵、絲枲之流，鳥獸、蟲魚、齒革、羽毛之類，或百蠻攸稅，或萬國是供。亦有圖形九牧之鼎，列狀四荒之經，觀之者擅其博聞，學之者騁其多識。……異物歸於計吏，奇名顯於職方。凡爲國史者，宜各撰〈方物志〉，列於〈食貨〉之首。

由上述引文可知劉知幾希望以方物志來明各地物產、貿易及供稅諸事。

要而言之，知幾別創三志的構思，其立意在記載當時社會及經濟的變遷。〈都邑志〉顯示城邑的發達，人口、交通及經濟的改變，與都邑成為一地區的核心狀況；〈氏族志〉在唐初不重華夷之嚴別，以及魏晉以後胡漢之雜居情況之下，〈氏族志〉既可以品藻士庶，甄別華夷，又可以反映氏族在社會結構及社會流動諸事上的重要性；而〈方物志〉更說明了漢唐間，自張騫出使西域之後，與四方的交通日益頻繁，尤其唐初版圖之大，軍功之盛，又為漢以來諸朝所不及，四方貢獻自較前為更多，而原有正史之體例則難盡予括容，故知幾主張在體例上倡導〈方物志〉。[1]

---

[1] 呂思勉，《史通評》以爲〈方物志〉難以成立的理由是方物太多，書不勝書，見頁二十一。

由上面的說明，可知知幾三新志的設置構想，完全是基於一種演化、發展且進步的歷史意識。

㈢機祥入史的批判

另一強烈顯示知幾的歷史意識，是他對災異入史的看法。他曾特別闢出專章來討論古來史籍記載災祥徵應的當否問題。其言除在〈書志〉、〈書事〉等篇外，主要是在《漢書·五行志錯誤》和〈雜駁〉兩篇。知幾以歸納法整理出班氏〈五行志〉蕪累之處，定為四科，凡二十目。舉凡《漢書》所犯之遺脫、複沓、淆訛、糅雜之類的錯誤，都為知幾精識挑出，尤其是其中對於災異的解釋，犯了附會鑿解與類例不全的毛病，都難逃其嚴厲批駁。對於知幾之指陳此病，自來諸家不甚以為非。崑圃黃叔琳曾謂「〈五行志〉自走拙路」❶，浦二田更以為所糾者可為法言。浦氏還說「後生口滑，嗤點前賢，假有掩斯篇，第令擬立條目，蚤恐不見水端旋其面目者矣。敢此斯語，箴警囂嗷者」❷，可見知幾所論之精審與浦氏護衛之深切。

而〈五行志雜駁〉一篇，則是針對《漢書》所記春秋時事之違誤而發的，有糾年分之訛的，有糾前後事違的，亦有糾體例書法的等等，一般而言，學者亦多採信知幾所說，鮮有反

❶《史通釋評·漢書五行志錯誤》，頁六五二，黃氏語。

❷《史通釋評·漢書五行志錯誤》，浦起龍之按語，頁六六一。

對❶。即因如此，不必在此再條舉知幾的各項詰難與指陳訛誤，參該原文，即可洞悉。此處擬究明知幾這兩篇前後的立言準則，以便了解彼何以有此構想？

事實在《史通》內篇，知幾早就明示其基本立場：

> 夫災祥之作，以表吉凶。此理昭昭，不易誣也。然則麒麟鬥而日月蝕，鯨鯢死而慧星出，河變應於千年，山崩由於朽壤。又語曰：「太歲在酉，乞漿得酒；太歲在巳，販妻鬻子。」則知吉凶遞代，如盈縮循環，此乃關諸天道，不復繫乎人事。且周王決疑，龜焦著折，宋皇誓衆，竿壞幡亡，梟止涼師之營，鵩集賈生之舍。斯皆妖災著象，而福祿來鍾，愚智不能知，晦明莫之測也。然而古之國史，聞異則書，未必皆審其休咎，詳其美惡也。……
>
> 且史之記載，難以周悉。近者宋氏，年唯五紀，地止江、淮，書滿百篇，號爲繁富。作者猶廣之以〈拾遺〉，加之以〈語錄〉，況彼《春秋》之所記也，二百四十年行事，夷夏之國盡書，而《經傳集解》卷才三十。則知其言所略，蓋亦多矣。而漢代

❶ 錢大昕，《潛研堂文集》（台灣商務印書館，民國五十七年）卷十二，答問九，頁一六六，亦就〈五行志錯誤〉之恆寒條批評劉氏之誤。呂思勉，《史通評》亦於本篇評之中批評劉氏坐武斷之病。唯就大體而言，劉氏所指出之錯誤與駁難，學者大多無異辭。

> 儒者，羅災眚於二百年外。討符會於三十卷中，安知事有不應於人，應而人失其事？何得苟有變而知其兆者哉？若乃採前文而改易其說，謂王札子之作亂，在彼成年；夏徵舒之構逆，當夫昭代；楚嚴作霸，荊國始僭稱王；……斯皆不憑章句，直取胸懷，或以前爲後，以虛爲實。移的就箭，曲取相諧；掩耳盜鐘，自云無覺。詎知後生可畏，來者難誣者邪！又品藻群流，題目庶類，謂莒爲大國，菽爲強草，鶖著青色，負蠜非中國之蟲，鸜鵒爲夷狄之鳥。如斯詭妄，不可殫論。而班固就加纂次，曾靡銓擇，因以五行編而爲志，不亦惑乎？且每有敘一災，推一怪，董、京之說，前後相反；向、歆之解，父子不同。遂乃雙載其文，兩存厥理，言無準的，事益煩費，豈所謂撮其機要，收彼菁華者哉？❶

這些話無異是外篇〈五行志錯誤〉與〈雜駁〉兩篇的「題辭」，它提供了劉知幾對於災祥徵應在史籍上應作如何安排的理論根據。而所當注意者是他在這些話中不斷地提示災祥的徵應，須合於人事的變化才可，否則即喪失其價值，而沒有記載的必要。譬如：

> 既不預於人事，輒編之於策書，故曰刊之國史，施於何代不可也。

❶《史通釋評·書志》，頁七八—八二。

此乃關諸天道，不復繫於人事。討符會於三十卷中，安知事有不應於人，應而人失其事？何得苟有變而必知其兆者哉？❶

知幾以為如果天象之兆，不能在人事上「取驗將來，言必有中，語無虛發」❷，則應從「志」中去除才是。這個觀點，已從董仲舒、伏勝、乃至劉向、歆父子以來，陰陽五行浸入史籍寫作，沿為固定形式之流向，獲得一個重大的解放。知幾更開廓其說，在〈採撰〉篇廣中其義。

他從「上古」史籍多能作採摭雅言，彙成一家，故能取信一時，傳諸不朽說起，再下數「中世」及「近古」之圖籍雜撰益多，人情好怪，不少不當入史之材料，也摻入史體。他很明確地舉證太初以後迄於李唐的史籍，就犯了以下的錯誤。其言曰：

至如禹生啟石，伊產空桑，海客乘槎以登漢，姮娥竊藥以奔月。而稽康高士傳，好聚七國寓言，玄晏帝王紀，多採六經圖讖。引書之誤，其萌於此矣。

---

❶《史通釋評·書志》，頁八〇。

❷同前註。

他並且明揭圖讖、寓言、傳說三者入史之未當。

> 至范曄增損東漢一代，自謂無慚良直，而王喬鳧履，出於《風俗通》，左慈羊鳴，傳於《抱朴子》。朱紫不別，穢莫大焉。

後漢的方術奇事，以及沈約的故造奇說，魏收的污蠛詭妄❶，在劉知幾看來都是一項嚴重的誤失，他說：

> 晉世雜書，諒非一族，若《語林》、《世說》、《幽明錄》、《搜神記》之徒，其所載或恢諧小辯，或神鬼怪物。其事非聖，揚雄所不觀；其言亂神，宣尼所不語。

然而晉世史書，卻多採以入史，知幾病其所擇不精。更有甚者，有些史書之記事，其穿鑿附會，喜出異同，譬如「堯有八眉，夔唯一足；烏白馬角，救燕丹而免禍，犬吠雞鳴，逐劉安以高蹈」等一類不合情理，跡近荒謬之事，卻也充斥於史乘之中。

知幾提出這些話，很顯然為前面所說的〈五行志錯誤〉與〈雜駁〉，作了原則性的補充

❶《史通釋評·採撰》，范曄條下，頁一三八。

，同時也把〈書志〉篇論五行說混摻在「志」之不是處，提昇到整部史籍記載神奇傳說不是的層次上，一層高於一層。不過，在史料的取捨與採述的角度上，知幾標出傳說寓言圖讖等旁雜之言，不得入史的觀點，實在是一項富於革命性的卓識。

知幾的這項觀點，引來諸多名家的檢討與批判，似可逆料，諸如王應麟、錢大昕、錢大昭、杭世駿、章宗源諸人❶，都曾對知幾所言之一、二小事，取而榷論之，然所言顧及整體者則極少；故於知幾所言架構上未曾有何異議。甚至近人陳寅恪，亦就范蔚宗之〈方術傳〉，引致知幾之譏評，認為極其恰當❷。其對劉知幾提出系統整體的批評者，要到晚近才

❶ 參王應麟，《困學紀聞》（臺灣商務印書館，景印四庫全書本，民國七十二年）第八五四冊，卷十三，頁三九三—四〇七；錢大昕，《潛研堂文集》卷十二，答問九，頁一六六—八；杭世駿，《諸史然疑》（臺灣商務印書館，民國七十二年），四庫全書本第二五四冊，晉書條，頁一〇四三下—四四上；章宗源，《隋書經籍志考證》，收在《二十五史補編》（臺灣開明書店，民國四十八年，臺一版），卷十三，頁五〇二一—五〇三七。

❷ 陳寅恪〈天師道與濱海地域之關係〉，云：「蔚宗之爲《後漢書》，體大思精，信稱良史，獨〈方術〉一傳，附載不經之談，竟與《搜神》、《列仙傳》無別，故在全書中最爲不類，遂來劉子玄之譏評。亦有疑其非范氏原文，而爲後人附益者。其實讀史者苟明乎蔚宗與天師道之關係，則知此傳本文全出蔚宗之手，不必致疑也。」文刊《中央研究院史語所集刊》第三本第四分（民國二十二年），頁四三九—四六六。

有，例如傅振倫、侯外廬、翦伯贊、白壽彝、任繼愈、盧南喬諸氏❶，均以整體性的眼光，來衡量劉氏的這項觀點。此外，日本學者大濱皓對於劉知幾此項觀點，亦認為甚具卓越❷。

綜合以上諸家對劉氏災祥入史觀點的闡釋與認定，已足使劉氏這項進步的歷史觀念得到應得的發揚。只是以史學思想的發展角度來看劉知幾此項觀念的產生，是與他的其他史學思想有相當的依存關係，而近人的分析與評論，著眼點則各有不同，如傅振倫是根據知幾所言，由字面作整體分析，而翦伯贊、白壽彝等則採行唯物史觀的模式加以發揮，大濱氏則注重運命與歷史演進過程的結合，正因為如此，故其結論亦各有不同。

鄭樵的史學進步觀則可從《通志》中的史學批評中看出來。大致可分為下述兩方面：

一、關於人類的進化：

❶ 傅振倫，《劉知幾年譜》；侯外廬，〈論劉知幾的學術思想〉，《歷史研究》，一九六一年第二期；翦伯贊，〈論劉知幾的史學〉，《中山文化季刊》二：二，一九四五年九月；白壽彝，〈劉知幾的史學〉，《北京師範大學學報》，一九五九年第五期；任繼愈，〈劉知幾的進步的歷史觀〉，《文史哲》，一九六四年第一期；楊翼驤，〈劉知幾與史通〉，《歷史教學》，一九六三年第七、八期；盧南喬，〈劉知幾的史學思想和他對於傳統正統史學的鬥爭〉，《文史哲》，一九六一年第一期。

❷ 大濱皓，《中國、歷史、運命》第四章，頁二四八—二六七。

鄭樵對人類的產生有其個人獨特的見解，認為人是從動物中分化而來，他說：

人與蟲魚禽獸同物，同物者，同爲動物也。人爲萬物之靈，所以異於蟲魚禽獸者：蟲魚禽獸動而俯；人，動而仰；獸有四肢而衡行，人有四肢而從行❶。

也就是說人的直立行走是造成人與動物的一大區別。至於人類最初社會的變化，鄭樵綜合了先秦文獻材料，描述說：

臣謹按三皇伏羲但稱氏，神農始稱帝，堯舜始稱國。自上古至夏商皆稱名，至周始稱謚，而稱氏者，三皇以來未嘗廢也。年代則稱紀。

厥初生民，穴居野處，聖人教之結巢以避虫豸之害，而食草木之實，故號有巢氏，亦曰大巢氏，亦謂之始君，言君臣之道於是乎始也。有天下百餘代。民知巢居未知熟食，燧人氏出焉，觀星辰而察五木，知空有火，麗木則明，故鑽木取火，教民以烹飪之利，號燧人氏。以夫燧者，火之所生也。時無文字，未有甲曆紀年。始作結繩

❶《通志略·六書略第五》〈論便從〉，頁一七〇—一七一。

之政而立傳教之臺。始爲日中之市而興交易之道。亦謂之遂皇。或言遂皇持斗機運轉之法，以施政教，此亦欽若昊天以授民時之義。❶

《通志》這段敘述，把人類社會看做是從穴居野處開始而不斷進化的過程。比起《史記》所確定的人類歷史開端的時代，還向前推進了一大步，同時指出其階段性的變化。這反應在姓氏學上是稱氏、稱帝、稱國、稱名、稱謚的不同，氏族的演變，又產生了以血緣關係為基礎的宗法制度的古代社會組織基本結構之變遷❷。最後鄭樵指出文字、文化及交易是歷史進展到一定的階段之後才會產生的。

吳懷祺把《通志》開卷的上段話與《周易．系辭》做了比較，以為少了神道設教的說明。與《韓非子．五蠹》和柳宗元的《貞符》相比較，是增多了文字的產生等內容。與司馬光《稽古錄》作比較，司馬光也寫了伏羲氏，但他重視的是伏羲「以木德繼天而王」，說明皇權天授的由來❸。而鄭樵對這些不典之言、不雅之訓大都不書，說明了鄭樵在一定程度上接受了先秦思想家的歷史進化觀點。

❶ 《通志．三皇本紀》按語，頁三二。

❷ 尹達主編，《中國史學發展史》（臺北：天山出版社翻印本），上冊，頁一九四。

❸ 吳懷祺，〈《通志》的史學批評〉，《史學史研究》一九八八年第四期，頁二五。

鄭樵也受到杜佑的影響，強調典制的「損益因革」，這是他對客觀歷史過程又一重要的觀點。他引杜佑的議論，說：

> 人之常情，非今是古，不詳古今之異制。……詳觀三代制度，或沿或革，貴在適時，並無虛事。豈今百王之末，畢循往古之儀？❶

說明古今典制有沿革，後世不能完全按照古代制度行事。這觀點與本節開頭所述劉知幾的見解可說是一致的。他後來在〈氏族略〉〈器服略〉〈謚略〉等篇也都注意寫出制度變化的事實，鄭樵所謂「世有變改，異制殊狀，今略舉沿革」是也❷。

二、〈二十略〉的提出

一般學者都認為《通志》一書乏善可陳，精要都在〈二十略〉而已。這種說法，愈來愈受質疑，但〈二十略〉是研究鄭樵史學的最重要著作，這是宋代以降學者的共識。鄭樵認為修史當中，〈書志〉最為重要，他說：

---

❶《通志略．禮略第三》「公侯大夫士婚禮」按語，頁二九二；杜佑議論見校點本，《通典》（北京：中華書局，一九八八）卷五十八，公侯大夫士婚禮，頁一六四四—五七。

❷《通志略．器服略第二》按語，頁三三二。

江淹有言：「修史之難，無出於〈志〉」。誠以〈志〉者，憲章之所繫，非老於典故者不能爲也。不比紀傳。〈紀〉則以年包事，〈傳〉則以事繫人，儒學之士皆能爲之，惟有〈志〉難，其次莫如〈表〉。❶

鄭樵於〈書志〉用力最多。但他改舊〈志〉為〈略〉，精於結撰，並擴大發展為〈二十略〉。〈二十略〉之來源，可詳顧頡剛的〈通志二十略取材表〉❷，大致可以歸類為三：第一類是承襲知幾的說法，主要在於上述的三新志。〈二十略〉中〈氏族〉〈都邑〉〈昆蟲草木〉三略即由知幾延伸而來；第二類為〈地理〉〈禮〉〈器服〉〈職官〉〈選舉〉〈刑法〉〈食貨〉諸略則參考杜佑的《通典》而成。唯杜氏之學，可謂淵源於劉門❸。故可知受劉知幾直接間接的影響幾乎最多；第三類是其餘諸略，則大抵是鄭樵注重實學的結果。鄭樵對〈二十略〉頗為自負，曾謂：

❶《通志略．總序》，頁三。

❷顧頡剛，〈鄭樵著述考〉，《國學季刊》一：二，頁三六〇—三六一。

❸拙撰，《劉知幾史通之研究》，頁一五二。《東坡志林》：「《通典》雖杜佑所集，然其源出於劉秩」，秩爲知幾子。《舊唐書》亦指出社佑得劉秩《政典》始成《通典》，頁三九八二。

> 凡〈二十略〉，百代之憲章，學者之能事，盡於此矣。其五略，漢唐諸儒所得而聞，其十五略則自出胸臆，漢唐諸儒所不能而聞也。❶

他說〈禮〉〈職官〉〈選舉〉〈刑法〉〈食貨〉五略，皆本前史之志，但〈氏族〉等十五略，則出自著。鄭樵確把舊志的範疇發揚擴大，用「會通」方式，集合學術和文化各方面，使《通志》的內容豐富多彩。故歷來都被認為是一種創新，不僅引導後學更全面地去理解歷史各專門領域學問的源流、發展情形，更且反映出鄭樵勇於突破革新的撰述態度。

〈二十略〉的名稱、內容，本文不擬在此贅述。本文只就鄭樵撰述〈二十略〉的用心以明其進步、發展、演化的觀點。《通志》的〈氏族略〉研究古今姓氏學的發展。鄭樵指出姓氏學有兩項基本原理，一是「因生賜姓，胙土命氏」，二是「男之稱氏，所以別貴賤，女之稱姓，所以別婚姻」。昧於姓氏之學，則必導致錯誤的記載，故首先釐清姓氏之源流，即是「澄本正源」❷。由此才可進而研究中國社會組織和族姓的沿革。〈六書略〉、〈七音略〉把文字音韻作為史學研究對象，含有很深的用意，他說：「經術之不明，由小學之不振；小

---

❶《通志略．總序》，頁三。

❷《通志略．氏族略序》，頁四。

學之不振，由六書之無傳。聖人之道，惟藉六經。六經之作，惟藉文言，文言之本，在於六書」❶。又說：「六書明則六經如指諸掌」❷這就是說通文字才能「明六經」知「聖人之道」。亦即「要明書，不可以不識文字音韻」❸之理。《通志》作〈七音略〉則要使「學者盡傳其學，然後能周宣宣尼之書」❹。他在〈七音序〉上說：「漢人課籀隸，始為字書以通文字之學；江左競風騷，始為韻書，以通聲音之學，然漢儒識文字而不識子母，則失制字之音；江左之儒，識四聲而不識七音，則失立韻之源」六書七音，都是鄭樵的一家之學。鄭樵生在不重小學的宋代，獨能注意及此，實是揚雄《方言》以後的空谷足音。

鄭樵撰〈諡略〉的意圖，是在說《春秋》行褒貶理論是後儒加進的謬說，其言曰：

> 嗚呼，《春秋》紀實事而褒貶之說行，諡法別昭穆而美刺之說行。當其時已紛紜矣，後之人何獨不然？臣恐褒貶之說不已，則《春秋》或幾乎息矣。於是作《春秋考》、《春秋傳》。又恐美刺之說不已，則周公之意其亡矣。夫於是作《諡法》。❺

❶《通志略·六書略序》，頁一一二。
❷《通志略·六書略第四》〈假借第六〉，頁一五九。
❸《通志略·圖譜略》〈明用〉，頁七三〇。
❹《通志略·七音略序》，頁一七三。
❺《通志略·諡略序》，頁三一三。

在〈器服略〉中則強調了解古代禮制內容、研究實物的重要性，亦即明制器尚象之原。在〈樂略〉中，鄭樵發明「樂以詩為本，詩以聲為用」之原理，從詩的本源上談詩，「仲尼編《詩》為燕享祀之時用以歌，而非用以說義也」，「不幸腐儒之說起，齊魯韓毛四家各為序訓，而以說相高，漢朝又立學官，以義理相授，遂使聲歌之音，湮沒無聞」❶。〈昆蟲草木略〉是鄭樵在劉知幾的〈方物志〉基礎上拓展而出來的，也是其他史書所無而為鄭樵所獨創的。此略的用意，正如鄭樵自己所說：

> 古人之言所以難明者，非爲書之理意難明也，實爲書之事物難明也。❷

又說：

> 物之難明，爲其名之難明；名之難明，爲五方之名既已不同，而古今之言，亦自差別，是以此書尤詳其名。❸

---

❶《通志略．樂序》〈樂府總序〉，頁三四五。

❷《通志略．藝文略》，頁五六六。

❸《通志略．昆蟲草木略序》，頁七八六。

所以鄭樵主張學者「必廣覽動植，洞見幽潛，通鳥獸之情狀，察草木之精神，然後參之載籍，明其品彙」❶，如此始為有體有用知天知人之學。

〈校讎略〉、〈圖譜略〉、〈金石略〉也是鄭樵的新作。〈校讎〉講類例明學術。〈圖譜〉則指出圖譜對於理解各種學術典制的重要性。他說：「天下之事不務行而務說，不用圖譜可也。若欲成天下之事業，未有無圖譜而可行於世者」❷又說「圖譜之學不傳，則實學盡化為虛文」❸就是說只有從事物原來的意義上去理解經籍的記載，才可使知識成為有用。〈金石〉說明金石可增加對古代典制認識的材料，不能輕易放過。同時在接觸與保存金石實物中可以受到「觀晉人字畫，可見晉人之風猷；觀唐人書蹤，可見唐人之典則」❹。更說：「方冊者，古人之言語；款識者，古人之面貌。以後學跂慕古人之心，使得親見其面而聞其言，何患不與之俱化乎！」❺

❶ 《通志略．總序》，頁五。

❷ 《通志略．圖譜略》〈索象〉，頁七二九。

❸ 《通志略．原學》，頁七三〇。

❹ 《通志略．金石略序》，頁七三四。

❺ 同前註。

〈天文略〉〈災祥略〉從類目上看，不算新創。但實際上卻具有進步思想。鄭樵寫〈天文〉的目的，正如在批判精神一節中所言者，是「正欲學者識垂象以授民時之意」而杜絕天人相關的「占侯之說」❶。〈災祥〉則說明災異說是一種欺天妖學。較之劉知幾譏評班固〈五行志〉，可謂更進一步❷。

鄭樵在〈寄方禮部書〉中，談判他學術研究的旨意。一是解除後儒加在《六經》上面的種種蔽障；二是說明只有研究實際事物，才能認識《六經》的真義；三是研究文字學、音韻學，才可以弄清儒家經籍本來的思想❸。正好可以替上面所述〈二十略〉的旨意作一概括❹。

由上可知鄭樵透過考察人類的進展演化，姓氏的起源、分合，職官的設置、演變，甚至學術的源流等，表現了某種歷史進步觀的思想❺。

---

❶《通志略．天文略序》，頁一九七。

❷《通志略．災祥略序》，頁七五五。並參蘇淵雷，〈劉知幾、鄭樵、章學誠的史學成就及其異同（上）〉，《上海師範大學學報》一九七九第四期，頁八九。

❸《夾漈遺稿．寄方禮部書》，頁五一六—五一九。

❹吳懷祺，〈《通志》的史學批評〉，《史學史研究》一九八八年第四期，頁二三—二四。

❺尹達主編，《中國史學發展史》上冊，頁一九六。

章學誠的進步史觀亦可分為兩方面以觀察之：

一、遠略近詳的書法觀念

章學誠與劉知幾一樣，都主張著史當詳近略遠。其言曰：

> 史部之書，詳近略遠，諸家類然，不獨在方志也。太史公書詳於漢制。……秦楚之際，下逮天漢，百餘年間，人將一唯遷書是憑。遷於此而不詳，後世何由考其事耶？❶

又云：

> 夫通古之史，所書事跡，多取簡編故實。非如當代記載，得于耳目聞見，虛實可以互參。而既爲著作，自命專家，則列傳去取，必有別識心裁，成其家言；而不能盡類以收，同於排纂，亦其勢也。❷

「詳近」蓋得於耳聞目見，虛實可以互參，這是古史所不能，學誠點出是「勢」使然，此「

❶《文史通義》外篇三，〈記與戴東原論修志〉，頁四九九。

❷《文史通義》外篇二，〈亳州志人物表例議上〉，葉瑛校注本，頁八〇一。

勢」即含有演化發展的含意在內。

二、人類社會的進化觀點：

章學誠從《荀子·王制》的「人生不能無群，群而無分則爭」體悟到人類原始社會的發展說：

> 人之生也，自有其道，人不自知，故未有形。三人居室，則必朝暮啟閉其門户，饔飧取給於樵汲，既非一身，則必有分任者矣。或各司其事，或番易其班，所謂不得不然之勢也，而均平秩序之義出矣。❶

指出初民社會開始分工的情形，又從分工進一步描述逐漸進化的過程，說：

> 至於什伍千百，部別班分，亦必各長其什伍而積至於千百，則人衆而賴於幹濟，必推才之傑者理其繁，勢紛而須於率俾，必推德之懋者司其化，是亦不得不然之勢也，而作君、作師、畫野、分州、井田、封建、學校之意著矣。故道者，非聖人智力之所能爲，皆其事勢自然，漸形漸著，不得已而出之，故曰天也。❷

❶《文史通義》內篇二，〈原道上〉，頁三五。

❷《文史通義》內篇二，〈原道上〉，頁三五。

發展到後來，「法積美備，至唐虞而盡善焉」，「至成周而無憾焉」❶。學誠指出的是社會逐步進化為文明時代，這是必然之「勢」。學誠在文中指出「皆其事勢自然，漸形漸著，不得已而出之，故曰天也」即是「道」。這裡，他把自然規律之「天」與人類社會發展規律之「勢」、「道」結合起來。再從「道」的闡發，以為聖人體道，如周公創制、孔子垂教與「暑葛寒裘」一樣，是「時會使然」。這個「時會使然」，使他得出「道在眾人」的思想，他說：

> 道無所爲而自然，聖人有所見而不得不然。……聖人有所見，故不得不然；衆人無所見，則不知其然而然。孰爲近道？曰不知其然而然，即道也。不得不然者，聖人所以合乎道，非可即以爲道也。聖人求道，道無可見，即衆人之不知其然而然，聖人所藉以見道也。❷

聖人借眾人的「不知其然而然」而見「道」，當然道即在眾人。所以學誠提出：

> 學於聖人，斯爲賢人；學於賢人，斯爲君子；學於衆人，斯爲聖人。非衆可學也，求

---

❶《文史通義》內篇二，〈原道上〉，頁三六。

❷ 同上註。

道必於一陰一陽之跡也。❶

學誠不認為眾人掌握「道」，而是眾人的行動顯露「一陰一陽之跡」，也就是眾人之道，正是歷史發展所呈現的事實。因而聖人可以借之以見道。反過來說，則「道」雖在眾人的行動中體現，但眾人只是「不知其然而然」。章氏此說，確是卓越見解。

由上所述看來，章學誠的道頗具有歷史發展進化的性質是相當明白的。戴密微（P. Demieville）認為其所謂之道存於歷史事實之中；倪文森（D.S. Nivison）謂其「道」是在歷史中不斷呈現發展的；余英時也持相同的看法，並兼容上兩氏之說❷，都頗能道著真處。

❶ 同上註。

❷ 參Paul Demieville, "Chang Hsueh-Ch'eng and His Historiography." in W. G. Beasley and E. G. Pulleyblank, eds., *Historians of China and Japan*（Oxford: 1961, 臺北：虹橋，翻印本，一九八二）p. 180。David S. Nivison, *The Life and Thought of Chang Hsueh-Cheng*（*1738-1801*）p.141.余英時則以爲章氏之道在消極方面是要破「道在六經」之說，積極方面則在說三代以下之道必求諸史的用意，「道」是一種「活的現在」，存在於歷史之中，且具有不斷發展的過程。見余氏，《論戴震與章學誠——清代中期學術思想史研究》（臺北：華世出版社，民國六十九年，臺影二版），頁四九—五〇。

學誠從前述的社會是進化的觀點，再展延出社會應有變革之說，他以曆法為例說明：

> 如治曆者盡人功以求合於天行而已矣，初不自爲意必也。其前人所略而後人詳之，前人所無而後人創之，前人所習而後人更之。[1]

又如：

> 非堯舜之聖，過乎義軒；文武之神，勝於禹湯也。後聖法前聖，非法前聖也，法其道之漸形而漸著者也。三皇無爲而自化，五帝開物而成務。三王立制而垂法，後人見爲治化不同有如是爾，當日聖人創制，一似暑之必須爲葛，寒之必須爲裘，而非有所容心，以謂吾必如是而後可以異於前人，吾必如是而後可以齊名前聖也。[2]

學誠力主古今進化之說，以為一切制度，無非為應付需要而起，何炳松以為此見甚卓[3]。由此以論，故不必泥古崇古，後人應當超越前人，這點與知幾所見無異，他曾說：

[1] 《文史通義．天喻》，頁一八九。

[2] 《文史通義．原道上》，頁三六。

[3] 何炳松，〈讀章學誠《文史通義》札記〉，原刊《史地叢刊》一：三，一九二二年二月。又收在《何炳松論文集》（北京：商務印書館，一九九〇），頁三〇。

古治詳天道而簡於人事，後世詳人事而簡於天道，時勢使然，聖人有所不能強也。❶

又

天時人事，今古不可強同。非人智力所能爲也。❷

又

然三《易》各有所本，……由所本而觀之，不特三王不相襲，三皇五帝亦不相沿矣。❸

章學誠甚至認為聖人也要根據形勢變化來改變自己，這種變革的思想，隱然將泥古之習打破。既然今古不同，他主張學古亦應知今，他說：

所謂好古者，非謂古之勝乎今也。正以今不殊古，而於因革異同求其折衷也。古之糟粕可以爲今之精華，非貴糟粕而直以爲精華也；因糟粕之存而可以想見精華之所出也。❹

❶《文史通義．方志立三書議》葉瑛校注本，頁五七三。
❷《文史通義．博約下》（內篇二），頁五二。
❸《文史通義．易教上》（內篇一），頁一。
❹《文史通義．說林》（內篇四），頁一二二。

甚至竟謂後人史識有勝古人者，曰：

> 天下耳目無窮，一人聰明有限。……窮經之業，後或勝前。豈作志之才，一成不易耶？❶
>
> 《文選》、《文苑》諸家意在文藻，不徵實事也。《文鑑》始有意於政治，《文類》乃有意於故事，是後人相習久而所見長於古人也。❷

雖此變革思想頗為大膽，但若因而即謂學誠厚今薄古❸；則也未必。可以肯定的是可用以說明學誠的觀點，在當時的學者之中確實是相當傑出進步的，也都能越傳統說法絆羈。

---

❶ 《文史通義．和州志前志列傳序例》，頁四二〇。

❷ 《文史通義．方志立三書議》，頁三九二。

❸ 劉漢屏，〈章學誠〉，《中國史學家評傳》中冊，頁一〇五二。

小結

以上所論的通識、批判、懷疑、進步四項精神都是劉鄭章三氏所共有，並賴之以成其一家之言、獨斷之學。文中雖析分為四，表面上似均為獨立的，但在三位史家的理念裡，或全部或其中大部分都是互相融合在一起的。舉例言之，三位史家在運用通識觀念的同時，可能亦擁有其餘的三項理念，亦即其批判精神也常與懷疑精神或通識觀念相配合❶。故在「三書」的內容分析上，常顯現其任何一項重要的史學主張中，每含有其四項精神中的全部或大部分。

然而就個別的分析而言，通識觀念是史家通貫史事認知上的首要條件，劉鄭章三氏在這一點認識上，都淵源自孔子《春秋》與史遷的《史記》，而最後則各自標舉出不同的名稱曰通識曰會通曰明道，但就其實際的義理內涵而論，大體上是毫無二致的。劉知幾的通識最後

---

❶ 浦立本亦云：Rationalistic criticism of received tradition on the one hand and speculative philosophy on the other reached a high point in these centuries and it is no accident that they also produced some of the most mature works historical scholarship. see *Historians of China and Japan* edited by W. G. Beasley and E. G.Pullleyblank, "Introduction" pp. 6-7.

目標在「上窮王道，下掞人倫，總括萬殊，殫其體統」；鄭樵則在「會理得道」；章學誠則說「史以明道」，都認同於春秋一家之學與司馬遷「究天人之際，通古今之變」的觀念。唯三人生長於三個不相貫聯的時代裡，故其思想，亦各自具有異質成分，使三人終究寫成三種中國歷史理論著作。並自傲的相信，那是「一家之言」，「獨斷絕學」。

此外，通識觀念使劉鄭章三人均具有高瞻遠矚的眼光，那確是最為難能可貴的，蓋以此為基礎，方能突破傳統的局限，而開創新的境地。

就批判的精神言，三人所著均具有此一特色，而且內容豐富，無以軒輊，只是因所處時代及環境不同，故各自有所側重。由於三人生長於三個前後缺少相聯貫的時代，故在性質上，三人之間也有沿襲傳承之處。祇是這種承先啟後的傳承，因三人均具有懷疑及批判的精神，故其同中仍有相異的成份。大體上，就這種批判精神的形成而論，均是對外在政治社會環境以及史事內在的聯繫等等有感而發，先破後立，而後建立其史學的系統化與普遍化。

懷疑精神則是史家的可貴資產，三位史家在態度上都強調批判與尊疑。其中尤以劉知幾為最，鄭章皆不如之。章學誠在尊孔之餘，幾乎不能疑，顯見其所受儒家思想藩籬的限制較大，與劉氏在〈疑古〉〈惑經〉上針對孔子提出五虛美十二未諭以質訐之，相差甚鉅❶，故

❶《文史通義．原道上》，頁三八—三九。可以見其疑古精神不如劉知幾。然劉知幾雖提出〈疑古〉〈惑經〉兩文，卻不能據以為劉氏不尊孔，劉氏尊孔之言論比非孔更多，可參莊萬壽，〈劉知幾實錄史學與孔子思想的關係之研究〉，《中國學術年刊》第十期，頁二五五—二七〇。

就懷疑精神的強度而言，章氏弱於劉氏，劉氏比起鄭章兩氏可謂氣勢勇銳。但就目的而言，則三家完全相同，都在於企圖建立史論的法式和標準。章氏甚至還別提〈闕訪傳〉以求史事史冊的備全。

進步的歷史觀點，則可說是史書的靈魂，對三位史家或其代表作「三書」而言，都有指導與帶頭的作用。在通識、批判、懷疑三項精神之後，進步史觀使三位史氏都能發前人所未明，並從而建立其史學史上的決定性見解及地位，而成其不朽之作。文中摘三氏在當代及史學史上的新創論見加以說明此項觀點，同時對互相傳承處亦略有著墨，更予證明「三書」合併研究的可行性。

當然，這四項精神的顯像，仍在我國傳統史學的領域內，並非近代的新史學。但其中有一些內涵旨意，仍是千古不渝，輝耀永恆的。就此一點而言，則後學是不應苛責三位史氏的。

「三書」史學思想的層面既如上述，則此思想的落實到實際層面的論析，則有待下述兩章闡明之，以成其三氏史學完整的體系。

第三章　「三書」之史學理論及其比較

「三書」基本上都是史學理論的專著，尤其《史通》與《文史通義》更是無可置疑。《史通》總結唐代以前的史學，發而成論，為我國史學單獨成冊全面評史的第一本史論專著，在史學發展史上，意義重大。《四庫全書總目》以《史通》為史評類的第一本書，道理即在於此。《文史通義》更繼《史通》之後，又總結唐後千餘年之史學，而範圍更加擴大，除述史學源流外，每及文化史學術史之領域，尤為《史通》所未逮。而《通志》雖非史論專著，但由前章已知亦深具史學精意，可與前述兩書並輝烈於史學史上。故在探索「三書」之史學思想後，更進一步勾勒其思想、精神之意像（Image），顯現於實際撰作之中的理論，無疑是一件相當有意義且必要的工作。本章即以「通史說」「經世說」「三長說」「史文說」分別探討「三書」之中有關史學理論的重要內容。

第一節　通史說

從三氏史學思想中的通識觀念出發，大致可以「通史說」為其極致。文中首先以鄭樵的主張開始析論，理由有二：㈠基本上三氏的通史說內容差異甚大。鄭樵可以說是三氏之中最早正式主張通史的，章學誠僅是發揚光大其說而已，至於劉知幾一般學者根本就斷定他是非通史論者；㈡在「三書」三氏當中，鄭樵乃居於「中介」地位，有承上啟下的關鍵作用。故下述改以鄭氏的通史說為首論，不以時代先後為序。

由「通識觀念」一節已悉鄭樵對歷史發展趨勢的了解主要在其會通思想，他說過：

自書契以來，立言者雖多，惟仲尼以天縱之聖，故總詩書禮樂而會於一手，然後能同天下之文；貫二帝三王而通爲一家，然後能極古今之變。……司馬氏世司典籍，工於制作，故能上稽仲尼之意，會《詩》、《書》、《左傳》、《國語》、《世本》、《戰國策》、《楚漢春秋》之言，通黃帝堯舜至於秦漢之世，勒成一書。……自《春秋》之後，惟《史記》擅制作之規模，不幸班固非其人，遂失會通之旨。司馬氏之門戶自此衰矣。❶

又：

孔子曰：「殷因於夏禮，所損益可知也；周因於殷禮，所損益可知也。」此言相因也。自班固以斷代爲史，無復相因之義，雖有仲尼之聖，亦莫知其損益。會通之道，

❶《通志略·總序》，頁一。並參藤井清〈鄭樵〉，《史學研究》第六集，廣島史學研究會，一九五一，頁七三—七六。內藤湖南，《支那史學史》第九章第七節〈鄭樵〉，頁一八六—一九二。

> 自此失矣。❶

鄭樵對古來《春秋》《史記》的史學傳統，斷送在班固寫《漢書》之後感到非常痛心，因此他對班固《漢書》其人其書有不少批評，除了上面引文外，尚有：

> 且謂漢紹堯運，自當繼堯，非遷作《史記》廁於秦項，此則無稽之談也，由其斷漢爲書，是致周秦不相因，古今成間隔。❷

又：

> 孟堅初無獨斷之學，惟依緣他人，以成門户。紀志傳則追司馬之蹤。……由班固修書之無功耳。〈古今人物表〉又不足言也。❸

歸結而言，鄭樵不滿於班固的最重要原因之一，在於班固「斷漢為書，是致周秦不相因，古

❶《通志略·總序》，頁二。

❷同前註，頁一。

❸《通志略·校讎略》，頁七二八。

今成間隔」，古今之損益遂無由知之，即使有天縱之聖亦不可得；之二，《漢書》講「漢承堯運」之類的神意史觀，鄭樵斥為無稽之談；之三，班固的〈古今人表〉把古今人物分成九等，失去了司馬遷作史表觀盛衰的宗旨；之四，班固無獨斷之學❶。其實斷代史有何弊端呢?依鄭樵的會通之義，斷代史有「失會通之旨」之弊。其弊有三：

一、重複

鄭樵解釋說：

> 語其同也，則紀而復紀，一帝而有數紀。傳而復傳，一人而有數傳。天文者，千古不易之象，而世世作〈天文志〉。〈洪範〉〈五行〉者，一家之書，而世世序〈五行傳〉。❷

重複繁冗，為史文大忌。劉知幾曾云：「一代之史，上下相交，若已見它記，則無宜重述」❸，自是不二法則，而斷代史則有此一弊。〈天文志〉〈五行志〉歷代皆有，也幾乎相同，

---

❶ 吳懷祺，〈《通志》的史學批評〉，《史學史研究》一九八八：四，頁二〇。

❷ 《通志略．總序》，頁二。

❸ 《史通釋評．斷限》，頁一一六。

劉知幾以為不用重記❶，鄭樵似也同意。

二、隔絕

語其異也，則前王不列於後王，後事不接於前事。郡縣各爲區域，而昧遷革之源。禮樂自爲更張，遂成殊俗之政。如此之類，豈勝斷綆？❷

斷代史記事前後隔絕，不能連接前後時代或人物，易使事件之因果關係或制度之沿革變成模糊不清。

三、不一致

曹魏指吳蜀爲寇，北朝指東晉爲僭。南謂北爲索虜，北謂南爲島夷。《齊史》稱梁軍爲義軍，謀人之國，可以爲義乎？《隋書》稱唐兵爲義兵，伐人之君，可以爲義乎？❸

---

❶ 《史通釋評．書志》，頁七四—八二。

❷ 《通志．總序》，頁二。

❸ 同前註。

於分裂時代，斷代史此弊最為明顯，「異則相攻，同則相與」❶，因而記事往往缺乏一貫性，導致是非不公。最嚴重則致史實失真。此則在海峽兩岸的當代史更是活生生的例證，不必多舉即可明瞭。

以上三則可見斷代史之弊。斷代為書，是以一朝一代為斷限來撰寫，失去「相因」之義，在鄭樵的觀念裡是無法「會通」，所以無從了解整個歷史發展的脈絡，也看不出前後因果的關聯，故鄭樵以為斷代史則失前後銜接會通之義，故繁複迭出，傷風敗義，❷即是此理。所以他立意著作通史，恢復古有傳統，以矯正《漢書》斷代無復相因之失。言謂：

> 諸史家各成一代之書，而無通體。樵欲自今天子中興，上達秦漢之前，著為一書曰通史，尋紀法制。嗚呼！三館四庫之中，不可謂無書也；然現有法制可為歷代有國家者之紀綱規模，實未見其作。❸

---

❶ 張舜徽，《史學三書平議》（北京：中華書局，一九八三），〈通志總序平議〉，頁一五四。

❷ 《通志略·總序》，頁二有云：「自班固以斷代為史，無復相因之義……傷風敗義，莫大乎此。」，另可見陳光崇，《中國史學史論叢》（遼寧：人民出版社，一九八四），頁二四八。

❸ 《夾漈遺稿·寄方禮部書》，頁五一九。

他的通史，自然是「不可不據仲尼、司馬遷會通之法」以為修書之本❶。由此可知他的會通思想使他成就了其通史鉅作《通志》，易言之，亦即會通思想的落實，由《通志》來貫徹與兑現。章學誠曾經為此而言：

鄭樵生千載之後，慨然有見於古人著述之源，而知作者之旨，不徒以詞采為文，考據為學也。於是遂欲匡正史遷，益以博雅，貶損班固，譏其因襲，而獨取三千年來遺文故册，運以別識心裁，蓋承通史家風，而自為經緯，成一家言者也。❷

學誠極力推崇《通志》，謂為「別識心裁，成一家之言」。此中鄭樵尚「匡正史遷，益以博雅」。在鄭樵眼中，《史記》乃六經之後最重要的著作，是「百代而下史官不能易其法，學者不能捨其書」，但因為歷史客觀條件的限制，司馬遷修史時所能見到的書尚不夠多（以宋代的標準），因此有博不足的遺憾；且司馬遷著《史記》時，在語言風格上也未作統一，又間雜有俚語，故又有雅不足的缺陷，而《通志》皆欲匡補之。另者班固在武帝以前的歷史也

❶《夾漈遺稿·上宰相書》，頁五二一上。
❷《文史通義·申鄭》，頁一三六。

只知因襲史遷舊作，昭帝至平帝的記載則取資於賈逵、劉歆，故樵貶損並譏刺之。

其實，學誠之所以推崇鄭樵的通史說是有其背景的。除了學誠亦主「通史說」兩人看法相同外，最重要在於鄭樵倡導通史，排斥斷代，並在《通志》評論歷代史家史事，招致後世攻擊，如南宋陳振孫謂其「博物洽聞，然頗迂僻」「雖自成一家，而其師心自是」，馬端臨說他「譏詆前人，高自稱許」，清代學者錢大昕、王鳴盛、戴震、周中孚對鄭樵在書中的評見也很反感，故謂之「樵獨以博洽著稱，傲睨一世，縱論秦漢以來著述家，鮮有當其意者」。甚至說「大言欺人」「賊經害道」❶。尤其戴震對鄭樵的批評，更是學誠所大不以為然的，故而奮起為樵辯護，他說：

> 學者少見多怪，不究其發凡起例，絶識曠論，所以斟酌群言，爲史學要刪；而徒摘其援據之疏略，裁翦之未定者，紛紛攻擊，勢若不共戴天。……夫鄭氏所振在鴻綱，而末學吹求，則在小節。……自遷固而後，史家既無別識心裁，所求者徒在其事其文，惟鄭樵稍有志乎求義。❷

❶ 陳振孫，《直齋書錄解題》卷二；馬端臨，《文獻通考》卷二〇一；戴震，《戴震文集》卷九〈與任孝廉植書〉；丁丙，《善本書室藏書志》卷三十。並參吳懷祺，前引文，頁二〇。

❷ 《文史通義·申鄭》，頁一三六—一三七。

又自述：

> 癸巳（一七七三）在杭州，聞戴徵君震，與吳處士穎芳談次，痛詆鄭君《通志》，其言絕可怪笑，以謂不足深辨，置弗論也。其後學者，頗有訾謷，因假某君敘說，辨明著述源流，自謂習俗浮議，頗有摧陷廓清之功。然其文上溯馬班，下辨《通考》，皆史家要旨，不盡爲《通志》發也。❶

連戴震這樣一流的學者，也痛詆鄭樵《通志》，其餘流品可能隨聲附和，形成一致性的見解，也就不問可知了。學誠力闢浮議，以為「《通志》精要，在乎義例，蓋一家之言，諸子之學識，而寓於諸史之規矩，原不以考據見長也，後人議其疏陋，非也」❷。

---

❶ 《文史通義·答客問上》，頁一三七，章氏雖然很多地方反對戴震，但事實上受戴氏影響很深。學誠以爲時人達儒當中唯戴氏可以「深悉古人大體，進窺天地之純」，見〈答邵二雲書〉，頁三二〇。另可參劉節，《中國史學史稿》（河南：中州書畫社，一九八二）十九、〈章學誠的史學〉，頁三七七—三八一。

❷ 《文史通義·釋通》，頁一三一自注。

當然，鄭樵撰就《通志》最終的目的仍然在於其一貫的原則。他要「貫二帝三王而通為一家」、要「上通於堯舜，旁通於秦、魯」、要「上通於黃帝，旁通於列國」，也就是要歷史有縱向（貫通）與橫向（旁通）的聯繫，最後「會通」天下之書，達到司馬遷所說的「通古今之變」「極古今之變」的極致。換言之，也就是要符合其所提「周知遠近，洞察古今」的修史原則，成就《通志》。鄭樵反對「古今成間隔」的史書，他主張修通史來反映歷史的流變與全貌。這也是他一生最大的職志。施丁在其《中國史學簡史》論鄭樵的會通僅作歷史文獻的彙輯工作，比司馬遷「通古今之變」的思想仍有差距❶，在本文上述的分析理解下，似甚有商榷的餘地。本節以為其會通已不止於歷史文獻的彙纂，而有更高層次的理想；比起司馬遷的通古今之變，至少在觀念上亦已相差無幾。

至於學誠本人的「通史說」內容是什麼則遠比他在〈申鄭〉〈釋通〉諸篇支持鄭樵的通史說更值得重視。他的通史說可以說是斷代史成為正統史學後的一種反動。在斷代紀傳體正史已居史撰主流的時代裡，學誠還力倡通史說，可謂是陳陳相因的傳統裡提出一種革新的氣象。學誠站在通史家的立場，在〈答客問上〉中說：

---

❶ 施丁，《中國史學簡史》（河南：中州古籍出版社，一九八七），第十章第二節〈鄭樵著《通志》〉，頁一三七。

> 以夫子「義則竊取之」之旨觀之，固將綱紀天人，推明大道，所以通古今之變而成一家言者，必有詳人所略，異人之所同，重人之所輕，而忽人之所謹，……有以獨斷於一心，及其書成也，自然可以參天地而泣鬼神，契前修而俟後聖，此家學之所以可貴也。

此以司馬遷之「通古今之變，而成一家之言」來聲援鄭樵的會通通史說。學誠揚馬而申鄭，不僅讓後世學者正視鄭樵家學，更替通史的地位與價值予以重新肯定。學誠以為古代以來之經史，「雖不標通，而體實存通義」，他說：

> 若夫堯舜之《典》，統名《夏書》，《國語》《國策》，不從《周記》，太史公百三十篇，自名一子，班固〈五行〉〈地理〉，上溯夏周。古人一家之言，文成法立，離合銓配，惟理是視，固未嘗別爲標題，分其部次也。❶

而梁武帝之《通史》是史籍標「通」的濫觴，以後「以典故為紀綱」的杜佑《通典》，「以詞章存文獻」的裴潾《太和通選》與「正編年之的」的司馬光《通鑑》都標目通字，可說「

---

❶《文史通義·釋通》，頁一三一。

史部之通，於斯為極盛」❶，而樵「生千載之後，慨然有見於古人著述之源」並「知作者之旨」❷，故「運以別識心裁，承通史家風」成就一家之言，所以是值得其推崇的。為何？學誠進一步指出通史的優點，說：

通史之修，其便有六：一曰免重複，二曰均類例，三曰便銓配，四曰平是非，五曰去牴牾，六曰詳鄰事。其長有二：一曰具剪裁，二曰立家法。❸

以敘事而論，通史可以綜合群史，刪繁就簡，系統有條，可為學者提供方便；以內容論，通史包羅萬有，貫通古今，也便於「辨章學術，考鏡源流」。六便之中，特別重要的是「免重複」，通史與斷代史最大的分野處即在此則，免重複之後才能談到其餘項目，而最後達到「綱紀天人，推明大道」，把歷史當作一條不斷的長流來看待。學誠對通史的看法，至此才算完整。他的通史說主要可以說因鄭樵而有，受鄭樵的影響居多，所以他推崇之，而說：

---

❶《文史通義·釋通》，頁一三二。但其中《太和通選》本非通史，僅是章氏以掌故入史之主張的一種體現而已，參陳光崇，〈章學誠的史學〉，前揭書，頁三〇九。

❷《文史通義·申鄭》，頁一三七。

❸《文史通義·釋通》，頁一三三。

鄭樵《通志》，卓識名理，獨見別裁。古人不能任其先聲，後代不能出其規範，雖事實無殊舊錄，而辨名正物，諸子之意，寓於史裁，終爲不朽之業矣！❶

可謂至譽。然而學誠與鄭樵又有一點，是兩人截然不同的，一般學者不甚知之。學誠固承鄭樵餘緒，亦主通史說；然其主通史之餘，並不反對斷代史，這點必須進一步釐清。學誠除了說明修通史有六便二長，卻同時也說通史體例亦有三弊：

一曰無短長，二曰仍原題，三曰忘標目。❷

這一點與劉知幾的看法相當，知幾曾說：

尋《史記》疆宇遼闊，年月遐長，而分以紀傳，散以書表，每論家國一政，而胡、越相懸，敘君臣一時，而參商是隔。此其爲體之失者也。兼其所載，多聚舊記，時採雜言，使覽之者事罕異聞，而語饒重出。此撰錄之煩者也。況《通史》以降，蕪累尤深

❶《文史通義·釋通》，頁一三四。

❷《文史通義·中鄭》頁一三七。

，遂使學者寧習本書，而怠窺新錄。❶

以《史記》作為紀傳體通史而論其缺失，顯然其體例有時代過長，修撰不易與檢索不便等缺點，學誠的主張與之雷同。可見學誠此論，亦深邃於史體史例之後而發的。之後，我們再看劉知幾如何看待斷代史？以《漢書》為例，知幾又說：

如《漢書》者，究西都之首末，窮劉氏之廢興，包舉一代，撰成一書。言皆精練，事甚該密，故學者尋討，易爲其功，自爾迄今，無改斯道。❷

斷代史自此取得正統地位，歷代因之，「無改斯道」。後世學者大致以此而論，斷定知幾崇斷代反通史。然則，針對此者，學誠對知幾低估通史曾有所表示，說：

劉知幾六家分史，未爲篤論。《史記》一家，自是通史。劉氏以事罕異聞，語多重出譏之，非也。至李氏《南北史》，乃是集史，並非通史。通史各出義例，變通亙古以

❶《史通釋評·六家》，頁一九。

❷《史通釋評·六家》，頁二二。

來，合爲一家記載，後世如鄭樵《通志》之類足以當之。……蓋通史各溯古初，必須判別家學，自爲義例。❶

否定知幾，為司馬遷和鄭樵張目。但他否定知幾，並不否定班固的《漢書》。他在《文史通義·書教下》亦肯定《漢書》「本撰述而非記注，則於近方近智之中，仍有圓且神者以為之裁制，是以能成家而可以傳世行遠也」❷；《漢書》之後諸史即失卻班史之意，而以紀表志傳，同於科舉之程式，官府之簿書，遂失古人著書之宗旨。學誠不反對班固，柴德賡以為是他比鄭樵高明的地方❸。

劉知幾尚有譏班固表志斷限不清之語，說他「表志所錄，乃盡犧年，舉一反三，豈宜若是？」又說：「如班書〈地理志〉，首全寫〈禹貢〉一篇，降為後書，持續前史。蓋以水濟水，床上施床，徒有其煩，竟無其用，豈非惑乎？」❹，但學誠卻以為「〈地理〉始〈禹貢

---

❶ 《章氏遺書·丙辰劄記》，頁八七六下。

❷ 《文史通義·書教下》，頁一三。

❸ 柴德賡，〈試論章學誠的學術思想〉，收入《史學叢考》（北京：中華書局，一九八二），頁三〇三。

❹ 《史通釋評·斷限》，頁一一七。

〉，〈五行〉合春秋，補司馬遷之闕略，不必以漢為斷也」，這也是「雖不標通，而體實存通」❶的意旨。而且表志所錄，與人物紀傳不同，它仍是要因仍前代的，所以雖稱斷代，也要具有相通之義。學誠還例舉許多書：

> 標通而限以朝代者也，李氏《南北史》，薛歐《五代史》，斷代而仍行通法者也。其餘紀傳故事之流，補輯纂錄之策，紛然雜起，雖不能一律以繩，要皆仿蕭梁《通史》之義而取便耳目，史部流別不可不知也。❷

學誠此見，饒有意義。雖非通史，但仍可具通意。這是鄭樵所未見，而為學誠所獨發為論的。這點也是學誠高明過于劉、鄭兩人之處。以此而論，則知幾主張斷代史亦可具有通意，是亦可斷定。其實劉知幾取其書命名《史通》時，本即有效法司馬遷撰述《史記》通史之意，這點在上章第一節已經闡述明白，於此又可為一證。劉知幾雖未撰成《史記》以下迄於唐初的通史，但最後改變方向寫成以評判古書古事為主的《史通》，其目標仍在彰顯「上窮王道，下掞人倫，總括萬殊，包吞千有」之「通」意。

---

❶ 《文史通義·釋通》，頁一三一。

❷ 《文史通義·釋通》，頁一三二。

其實以今日之史學角度來看，斷代已可具通意，如蕭一山以有清一代之史撰成《清代通史》，即可能附同此意。設以一般學者所論，按古代成例，則蕭書斷清代何可得謂「通史」？然蕭書固研有清一代二百六十餘年歷史之名著也。

前述以鄭樵通史說為主，再及章學誠由申鄭揚馬而論通史，最後與劉知幾之斷代說相比論，可悉結果並不如表面浮看三氏有關通史說之結論一樣，實際其中仍有很深的內涵，足以闡發。文中最後提出劉知幾斷代史論亦具通意，只是鄭樵當時未能審悉而已，此點雖不敢說是本文的獨見，但或當是所論獨詳耳。

在劉、鄭、章三氏史學理論當中，固有通史說之爭，但不管內容究竟是何，其極致的目標都在追求司馬遷所立下的「欲以究天人之際，通古今之變，成一家之言」的宏旨，這句名言至今猶有追求的價值，不管是透過通史或斷代史的編年體或紀傳體，乃至本末體或今之章節體的任何方式，都是依然如此的。從現代史學觀點來看，通史、斷代史仍可相互為用，不能偏執一方。斷代史可保存大量史料，通史則可貫穿會通斷代諸史，各有職司，不能替代，史學界宜其諸體並行發展，始能綻放異彩。

第二節　經世說

我國史學經世的傳統古老而悠久，內容甚為豐富，要求實用並極具深意，已有不少名家大作談論及此❶，本書自應避免再作贅言，於此只擬直截以劉鄭章三氏「經世說」入手討論。

大致三氏史學的經世作用，主要可由㈠以史為鑒；㈡闡揚教化；㈢通古今明變化三方面加以考察，以下即分別述之。

對劉氏而言，知幾沿襲古來「前事之不忘，後事之師」「多識前古，貽鑒將來」之遺意，也說：

使後之學者，坐披囊篋，而神交萬古，不出戶庭；而窮覽千載，見賢而思齊，見不賢而內自省。❷

又：

史之為務，申以勸誡，樹之風聲。其有賊臣逆子，淫君亂主，茍直書其事，不掩其瑕

---

❶ 可參施丁，〈中國史學經世思想的傳統〉，《史學史研究》一九九一：四，頁三五—四六及七一；胡逢祥，〈史學的經世作用和科學性〉，《探索與爭鳴》一九九二：二，頁八—一六；暴鴻昌，〈清代史學經世致用思潮的演變〉，《中國社科院研究生院學報》一九九一：一，頁三一—三八；張灝，〈宋明以來儒家經世思想試釋〉，《近世中國經世思想研討會論文集》，臺北，中研院近史所，民國七十三年，頁三—一九。

❷ 《史通釋評．史官建置》，頁三四九。

，則穢跡彰於一朝，惡名被於千載。❶

其意蓋謂後世來者，藉讀史書可以知千載萬古之事，而見賢思齊，見不賢則戒。甚至由此亦可以明興廢窮達之理，有云：

> 夫以興廢時也，窮達命也，而自秦至晉，年踰五百，其書隱沒，不行於世。既而梅氏寫獻，杜候訓釋，然後見重一時，擅名千古。

以上顯然可見知幾都以史書史學為論，說明研究歷史的目的，本在於經世致用，於人道有益。除此之外，他更以為史學應具有鑒誡教化的作用。他說：

> 蓋烈士徇名，壯夫重氣，寧爲蘭摧玉折，不作瓦礫長存。若南、董之仗氣直書，不避強禦，韋、崔之肆情奮筆，無所阿容。雖周身之防有所不足，而遺芳餘烈，人到於今稱之。❷

❶ 《史通釋評·直書》，頁二二七。

❷ 同上註書，頁二二九。

又說：

若乃《春秋》成而逆子懼，南史至而賊臣書，其記事載言也則如彼，其勸善懲惡也又如此。由斯而言，則史之爲用，其利甚博，乃生人之急務，爲國家之要道。有國有家者，其可缺之哉！❶

史學既以經世為務，則內容則重在勸善懲惡上，唯有如此，始能樹立教化的典範。《史通·曲筆》篇說：

蓋史之爲用也，記功司過，彰善癉惡，得失一朝，榮辱千載。苟違斯法，豈曰能官。但古來唯聞以直筆見誅，不聞以曲詞獲罪。是以隱侯《宋書》多妄，蕭武知而勿尤；伯起《魏史》不平，齊宣覽而無譴。故令史臣得愛憎由己，高下在心，進不憚於公憲，退無愧於私室，欲求實錄，不亦難乎？嗚呼！此亦有國家者所宜懲革也。

知幾深斥魏收之《魏書》為穢史，《宋書》亦多妄，即在於兩書不能記功過、明鑑戒與直書

❶《史通釋評·史官建置》，頁三四九—三五〇。

實錄，反致輕事塵點，曲筆偽錄。因而知幾提出欲明教化，首需直筆論。直筆而書，始有益人倫教化，也才能達到「勸戒」的作用。否則，史家即未盡史職，〈申左〉篇說：

> 至於實錄，付之丘明，用使善惡畢彰，真僞盡露。向使孔經獨用，《左傳》不作，則當代行事，安得而詳者哉？蓋語曰：仲尼修《春秋》，逆臣賊子懼。又曰：《春秋》之義也，欲蓋而彰，求名而亡，善人勸焉，淫人懼焉。尋《左傳》所錄，無愧斯言。此則傳之與經，其猶一體，廢一不可，相須而成，如謂不然，則何者稱爲勸戒者哉？

他推許《左傳》為實錄，便因左丘明繼承了孔子「春秋之義」，使得「善惡畢彰，真偽盡露」。可見其直筆論所強調的從實而書，真偽盡露，本身即具善惡畢彰的功用，進而有勸戒的目的。知幾此說與《國語．楚語》記載申叔時論教太子，主張「教之春秋，而為之聳善而抑惡焉」及孔子因見「世衰道微，邪說暴行有作」而修《春秋》是一致的。後世歐陽修、朱熹等人編史，亦悉力摹擬《春秋》筆法，至章學誠《文史通義》亦猶一再要求「史書之書，其所以有裨風教者」，「綱常賴以扶持，世教賴以撐柱」，都可說著眼於闡揚人倫教化，有益世道人心所致。

知幾還在〈自敘〉篇表示《史通》：「雖以史為主，而餘波所及，上窮王道，下掞人倫，總括萬殊，包吞千有。」其所要表達的涵義，「有與奪焉，有褒貶焉，有鑑誡焉，有諷刺焉。」知幾從歷史的研究出發，最後提昇到「王道人倫」的層次，〈載文〉篇有云：

> 夫觀乎人文，以化成天下；觀乎國風，以察興亡。是知文之爲用，遠矣大矣。若乃宣、僖善政，其美載於周詩；懷、襄不道，其惡存乎楚賦。讀者不以吉甫、奚斯爲諂，屈平、宋玉爲謗者，何也？蓋不虛美，不隱惡故也。是則文之將史，其流一焉，固可以方駕南、董，俱稱良直矣。❶

雖知幾由文及史而成其史論，然其中「化成天下」，「以察興亡」，亦頗有通古今明變化之效，與司馬遷之「究天人之際，通古今之變」，鄭樵之「會通之義」「極古今之變」，章學誠之「綱紀天人，推明大道」都具有相同的意義，都是要由歷史或史學的發展，來明其「變通弛張之故」，亦即由考察世變，而取為世用。這一點應是傳統史學之中理論層次較高的一種經世思想，古代史家能真正做到此點的恐怕不多❷。

---

❶ 《史通釋評．載文》，頁一四七。

❷ 胡逢祥，〈史學的經世作用和科學性〉，頁九。

鄭樵的經世思想表現在直筆論，他主張讓史實說話，史家的責任即是直書，他說：

> 史冊以詳文該事，善惡已彰，無待美刺。讀蕭、曹之行事，豈不知其忠良？見莽、卓之所爲，豈不知其凶逆？❶

不必任情褒貶，只須如實反映史實。這是劉知幾直筆論的繼承和發揚。他認為要客觀記載史事亦不容易，首先即需做到「平心直道」，他說：

> 著書之家，不得有偏徇而私生好惡，所當平心直道，於我何厚，於人何薄哉？❷

並自解：

> 心平者，然後可以語道。氣和者，然後可以論人。論人之道，不可偏循。❸

---

❶《通志略·總序》，頁三。

❷《通志略·氏族略第三》〈按語〉，頁四九。

❸《通志·宦者傳》（卷一七九），頁二八六五。

文中有兩層意思：一、反對私心好惡；二、不能厚我薄人，才能客觀真實記載，在《通志·總序》說「不為智而增，不為愚而減」，就是這個意思。章學誠受到影響，也說史書取材，注重徵實，蓋史家文字必有所本，不可任意更張。《文史通義·書教下》云：

> 史爲記事之書，事萬變而不齊，史文屈曲而適如其事，則必因事命篇，不爲常例所拘；而後起訖自如，無一言之或遺而或溢也。

直書實錄是史學經世的首要條件，前已論及，茲理易明。

鄭樵對當時流行的欺天欺人的妖妄之學，也甚不以為然，他主張研究「實學」，其所謂「實學」是指用實事求是的態度而求得的真實可靠學問，具體地說是指經過實踐而真正認識天文地理、草木蟲魚、鳥獸田里、車輿器服等等客觀實物的知識。他認為要求得實學，不能僅靠書本，因為「五方之名，既已不同，而古今之言，亦自差別」❶，故學者必須走出書房，深入實際，「廣覽動植，洞見幽潛，通鳥獸之情狀，察草木之精神，然後參之載籍，明其品彙」❷。他自述其經驗時說：

---

❶《通志略·昆蟲草木略序》，頁七八六。

❷《通志略·總序》，頁五。

> 臣結茅夾漈山中，與田夫野老往來，與夜鶴曉猿雜處，不問飛潛動植，皆欲究其情性。已得鳥獸草木之真，然後傳《詩》；已得詩人之興，然後釋《爾雅》。❶

鄭樵亦重視自然科學知識的學習，自謂其得益於丹元子之《步天歌》：

> 一日得《步天歌》而誦之，時素秋無月，清天如水，長誦一句，凝目一星，不三數夜，一天星斗，盡在胸中矣。❷

如此才能「深知天」而不談災祥，其他在地理、草木、金石、器用都是援用此理，可以窺其治學必切合於實用。

在經世思想之下，鄭樵亦反對空談義理，他說：

> 後人學術難明者，大概有二：一者義理之學，二者辭章之學。義理之學尚攻擊，辭章之學務雕搜。……要之，辭章雖富，如朝霞晚照，徒焜耀人耳目；義理雖富，如空谷

---

❶《通志略．昆蟲草木略序》，頁七八六。

❷《通志略．天文略序》，頁一九七。

尋聲，靡所底止，二者殊途而同歸，是皆從事於語言之末，而非實學也。❶辭章、義理之學以形式、虛無為宗，置實學於不問，故鄭樵反對之，並進而主張史學著作應當講究實用，而「欲有法制可為歷代有國家之紀綱規模」。

鄭樵亦以實用實行的角度，提倡史書重視圖譜之學。他說：「天下之事，不務行而務說，不用圖譜可也，若欲成天下之事業，未有無圖譜而可行於世者」❷，又說「秦人雖棄儒學，亦未嘗棄圖書，誠以為國之具，不可一日無也」❸。其次，學者欲明治學行事之理，亦須重視圖譜之學，有云：

古之學者，爲學有要，置圖於左，置書於右，索象於圖，索理於書，故人亦易學，學亦易爲功，舉而措之，如執左契。後之學者，離圖即書，尚辭務說，故人難爲說，學亦難爲功，雖平日胸中有千章萬卷，及置之行事之間，則茫茫然不知所向。❹

❶《通志略·圖譜略·原學》，頁七二九。
❷《通志略·圖譜略·索象》，頁七二九。
❸同前註。
❹同前註。

鄭樵復以為天文地理、宮室器用、車旂衣裳、壇兆都邑、城築田里、會計法制、班爵古今名物等十六類學問，亦需有圖，他說：「圖譜之學不傳，則實學盡化為虛文矣」❶。由上我們可以擴大地說其〈二十略〉都講究實學，對生民休戚都有幫助。

復次，鄭樵對國家分合、民族矛盾及社會經濟都十分關懷，其言見都集中在《夾漈遺稿》之中，本書置之於第五章第二節中論之，敬請參閱，茲處不贅，由之皆可審知鄭樵之經世觀。

至清乾嘉之世，章學誠亦大談「史學所以經世」，對古代史學經世的傳統作了明確的肯定和總結。他在《文史通義．浙東學術》中說：

> 史學所以經世，固非空言著述也。且如《六經》，同出於孔子，先儒以爲其功莫大於《春秋》，正以切合當時人事耳。後之言著述者，舍今而求古，舍人事而言性天，則吾不得而知之矣。學者不知斯義，不足言史學也。

明確表達「史學經世」的觀點。他又在此語之下自注：「整輯排比，謂之史纂；參互搜討，謂之史考；皆非史學」為其所謂之史學作進一步解釋，其意蓋在凡稱「史學」，必然「經世

---

❶《通志略．圖譜略．原學》，頁七二九。

」。除此之外，上句話尚須做下列二方面的理解。

一、文中所談「舍今而求古，舍人事而言性天」是「不足言史學」，乃有其時代性，反映當時乾嘉學風有所謂「漢學」與「宋學」之分，「漢學」務實學，以考據為主；「宋學」尚性理，以議論為主。議論一偏，有空談性理不切人事之弊；考據一偏，有脫離實際煩瑣考証之弊。兩者各立門戶，各是其是；又互相詆毀，揭露對方。實際則皆未繼承古來經世致用的傳統。學誠面對當時盛行的考據學風，指出其偏弊為「古人之考索，將以有所為也，旁通曲証，比事引義，所以求折中也；今則無所為而競言考索」❶即對考事不引義表示遺憾。又說：「近日學者風氣，徵實太多，發揮太少，有如桑蠶食葉而不能抽絲」❷，此為學誠對考據雖有實學而無實用之批評。另者，他亦反對性理之學，以為是「惟騰空言而不切於人事」，指出「朱陸異同，干戈門戶，千古桎梏之府，亦千古荊棘之林也；究其所以紛綸，則惟騰空言而不切於人事」。又說：「彼不事所事，而但空言德性，空言問學，則黃茅白葦，極面目雷同，不得不殊門戶以為自見地耳，故惟陋儒則爭門戶也」❸。學誠的批評可謂嚴肅而且中肯。因而學誠才針對兩者提出上句話「史學所以經世，固非空言著述也。……」批評

❶《文史通義·博雜》，頁一九四。

❷《文史通義·與汪龍莊書》，頁三二八。

❸以上所引均見《文史通義·浙東學術》，頁五二—五四。

了漢宋兩學的不知史學，並進一步指出考據博古，也為了通今；言性天義理，也為了人事，史學是「所以經世」的。基於這個史學理論，故學誠強調博古與通今的會通之旨，這是要達到經世致用的基本要求之一❶，學誠深明古今之聯繫，故他反對「博古」而「昧於知時」。他一向強調「禮時為大」，說「學者昧於知時，動矜博古，譬如考西陵之蠶桑，講神農之樹藝，以謂可禦饑寒而不須衣食也」❷。他也在〈原學上〉說：「求其前言往行，所以處夫窮變通久者，而多識之，而後有以自得所謂成象者，而善其效法也」❸。學古是為了效法，效法是為了今用。「故效法者，必見於行事」，這點已包括以史為鑒的涵意而更為推廣了。

不過，學誠並不完全否定歷史考據，亦無意打倒考據家，他聲稱：「且未嘗不知諸通人所得亦自不易，不敢以時趨之中不無偽托，而並其真有得者亦忽之也」❹，又說：「考索之家亦不易易，大而《禮》辨郊社，細若《雅》注蟲魚，是亦專門之業，不可忽也」❺，所以因其弊而救其偏，提出經世說。換言之，他以為博古是需要的，但不能為博古而博古，一定

❶ 施丁，《中國史學經世思想的傳統》，頁四五—四六。
❷ 《文史通義·史釋》，頁一五二。
❸ 《文史通義·原學》，頁四五。
❹ 《文史通義·家書二》，頁三六六。
❺ 《文史通義·答沈楓墀論學》，頁三三八。

要考慮切於實用。故而針對當時之學者「但誦先聖遺言，而不達時王之制度，是以文為鞶帨絺繡之玩，而為門奇射覆之資，不復計其實用」的狀況，強調「有體必有用」，並指出：

君子茍志於學，則必求當代典章，以切於人倫日用。必求官司掌故，而通於經術精微，則學爲實事而文非空言，所謂有體必有用也。不知當代而言好古，不通掌故而言經術，則鞶帨之文，射覆之學，雖極精能，其無當於實用也，審矣！❶

以上實際將「學為實用」「學術經世」的奧蘊講得非常清楚。這種博古通今的思想，除對漢宋兩學的批評，也可為好古敏求者的藥石。

二、文中還發揮了「六經皆史」之說。六經皆史可以分為兩方面來解釋，一解為史料，本書置於第四章第一節詳細論之；一則解為經世意義，則置於此處敍之。合此兩義，始能掌握章氏六經皆史的涵意。學誠在《文史通義》一開頭便說：「六經皆史也。古人不著書，古人未嘗離事而言理，六經皆先王政典」❷又說：

❶《文史通義·史釋》，頁一五一——一五二。

❷《文史通義·易教上》，頁一。

> 六經不言經，三傳不言傳。……古人所謂經，乃三代盛時典章法度，見於政教行事之實。❶
>
> 若夫六經，皆先王得位行道，經緯世宙之跡，而非托於空言。故以夫子之聖，猶且述而不作。❷
>
> 異學稱經以抗六藝，愚也。儒者僭經以擬六藝，妄也。六經初不爲尊稱，義取經綸爲世法耳。❸

六經皆史，學誠自解為「先王政典」，具史料之意濃厚。但這些政典是用來「經緯世宙」的。六經被稱為經，也並非「尊稱」，不過是「義取經綸為世法耳」。由此可以推知六經皆史的另一個更深層次的意義即在於「經世」。學誠從此點出發，提出史學所以經世的主張，因而有〈浙東學術〉篇的申論發揮。而最後做到集浙東史學之大成❹。

學誠在許多篇章如〈易教上〉〈經解上〉〈經解下〉〈史釋〉等申述經世致用的看法，

---

❶《文史通義．經解上》，頁二八。

❷《文史通義．易教上》，頁二—三。

❸《文史通義．經解下》，頁三一。

❹倉修良，〈章學誠與浙東史學〉，《中國史研究》一九八一：一，頁一一九。

其所論著大多有關於當時學術之發展及社會風尚利弊得失。他說：

> 學業將以經世，當視世所忽者而施挽救焉。❶

因此，他認為做學問不能趕風頭趨時好。他自己不受當時流行的乾嘉學術影響，堅持走經世致用之路即是最佳說明。他要求：

> 文章經世之業，立言亦期有補於世，否則古人著述已厭其多，豈容更益簡編，撐床疊架爲哉？❷

又說：

> 人生不饑，則五穀可以不藝也；天下無疾，則藥石可以不聚也。學問所以經世，而文章期於明道，非爲人士樹名地也。❸

---

❶《文史通義·答沈楓墀論學》，頁三三八。

❷《文史通義·與史餘村》，頁三二二。

❸《文史通義·說林》，頁一二四。

他在〈說林〉一文，亦反覆舉例論述，意旨都在表明學術研究須與當前社會需要密切結合，不可脫離社會現實閉門造車。他自己也是此項主張的實踐者，他除不空言著述外，亦積極關切社會政治之事，亦即人雖在廟堂之外，卻憂心廟堂內之事，曾云：

> 近年以來，內患莫甚於蒙蔽，外患莫大於教匪。事雖二致，理實相因，今蒙蔽既決於崇朝，則教匪宜除於不日，而強半年來，未見鑿然可以解宵旰憂者。❶

又：

> 夫此時要務，莫重於教匪，而致寇之端，全由吏治，吏治之壞，由於倉庫虧空，請求設法彌補，設法之弊，實與寇匪相爲呼吸。聖天子方勵精圖治，此事朝野通知，而來見有人陳奏，必有慮及國計，恐難於集義也。言路諸臣，不免疑阻，別非閣下居朝夕啟沃之地，殆難以筆墨罄也。小子不揣，擬爲論時務書，反復三千餘言，無門可獻，敢以備采納也。❷

學誠上時務書及宰相書時，年已六二，猶不忘世事，冀當局採納其建議，遂其經世說的理想

---

❶《章氏遺書・上執政論時務書》，頁七三二—七三六上。
❷《章氏遺書・上韓城相公書》，頁七三六下。

。可見終其一生，其志不渝。其經世說尚表現在民族思想上，《章氏遺書》中有許多是表彰明季忠烈的篇章，如〈徐漢官學士傳〉、〈章烙庵遺書目錄序〉等。不過若據此說學誠亦有故國之思的民族思想，則恐未盡然。蓋學誠思想仍有其保守性，亦主擁護時王，故筆者以為學誠寫這些文章，無寧說是出自於史家的直筆精神較為恰當。直筆論是史學之所以經世的先決條件，否則，史學豈有價值可言，更何談經世之作用！

再者，方志的編修，亦有學誠經世致用思想的落實，因為他認為志為地方之史，仍具經世作用。他說：

> 史志之書，有裨風教者，原因傳述忠孝節義，凜凜烈烈，有聲有色，使百世而下，怯者勇生，貪者廉立，《史記》好俠，多寫刺客畸流，猶足令人輕生增氣，況天地間大節大義，綱常賴以扶持，世教賴以撐柱者乎！❶

他以為方志對社會能起教育作用。而達到維護社會秩序與綱常倫理的目的，因而他對人物之善惡賢奸特別重視。他說：

---

❶《文史通義·方志略例三》〈答甄秀才論修志第一書〉，頁四七九。

> 邑志尤重人物，取舍貴辨真僞。凡舊志人物列傳，例應有改無削；新志人物，一憑本家子孫，列狀投櫃，核實無虛，送館立傳，此俱無可議者。但所送行狀，務有可記之實，詳悉開列，以備采擇，方准收錄。如開送名宦，必詳曾任何職，實興何利，實除何弊，實於何事，有益國計民生，乃爲合例。如但云清廉勤慎，慈惠嚴明，全無實徵，但作計薦考語體者，概不收受。……否則行皆曾史，學皆程朱，文皆馬班，品皆夷惠，魚魚鹿鹿，何辨其真僞哉！❶

學誠強調方志應「徵信」，與一般史著的要求無二。透過人物言行反映歷史，亦予人物歷史之評判，使善惡賢奸皆載入史冊，傳諸萬世，供後人審判鑒戒。而且以方志可為朝廷修國史提供豐富而可靠的資料，，他引〈州縣請立志科議〉所云加以說明：

> 傳狀誌述，一人之史也，家乘譜牒，一家之史也，部府縣志，一國之史也，綜紀一朝，天下之史也。比人而後有家，比家而後有國，比國而後有天下。惟分者極其詳，然後合者能擇善而無憾也。譜牒散而難稽，傳誌私而多諛，朝廷修史，必將於方志取其裁。而方志之中，則統部取於諸府，諸府取於州縣，亦自下而上之道也。然則州縣

❶ 《方志略例三．修志十議》，頁四八八。

志書，下爲譜牒傳志持平，上爲部府徵信，實朝史之要删也。

又說：

方州雖小，其所承奉而施布者，吏、户、禮、兵、刑、工，無所不備，是則所謂具體而微矣。國史於是取裁，方將如春秋之藉資於百國寶書也。又何可忽歟？❶

可見章學誠強調地方之史—方志可以為「國史之要刪也」，倉修良以為亦足以反映其經世致用思想❷，此見無誤。

第三節　三長說

對於史家的才具，劉知幾首次系統地提出才學識「三長說」，又稱「史才論」，或稱「史才三長論」，為劉知幾及後世學者持為評論史家高低的準則之一。「三長說」的提出，

❶ 《文史通義．方志立三書議》，頁三九〇—三九一。

❷ 倉修良，〈章學誠和方志學〉，《中國史學史論集》，頁五八九。

原不在《史通》專篇之中，而是知幾在回答當時禮部尚書鄭惟忠所問：「自古以來，文士多而史才少，何也？」後為《舊唐書》及《唐會要》所收羅，因所言關乎史學理論，故屢為後世學者所援引發論，原文是：

「史才須三長，世無其人，故史才少也。三長謂才也，學也，識也。夫有學而無才，亦猶有良田百頃，黃金滿籯，而使愚者營生，終不能致於貨殖者矣。如有才而無學，亦猶思兼匠名，巧若公輸，而家無楩柟斧斤，終不果成其宮室者矣。猶須好是正直，善惡必書，使驕主賊臣所以知懼，此則為虎傅翼，善無可知，所向無敵者矣。脫苟非其才，不可叨居史任，自敻古已來，能應斯目者，罕見其人。」時人以為知言。❶

才學識的涵意如何？知幾本人並「未加以解釋」❷，因而本文擬就兩方面來闡說之：一方面就其所留下的傳世代表作《史通》來逐一追尋，以探求三長論的合理解釋；另方面則就回答鄭惟忠本身來說。先說前者，〈覈才〉篇有云：

❶《舊唐書·劉子玄本傳》（臺北：鼎文書局，一九七九），頁三一七二。又可參《冊府元龜》（台灣中華書局，民國五十六年）卷五五九。

❷梁啟超，《中國歷史研究法附補篇》（臺北：中華書局，民國六十二年，臺三版），頁一三。

> 夫史才之難，其難甚矣。《晉令》云：「國史之任，委之著作，每著作郎初至，必撰名臣傳一人。」斯蓋察其所由，苟非其才，則不可叨居史任。

這裡只談到史才，應專指史家敘述才能一長。

又〈雜說下〉亦云：

> 夫自古學者，談稱多矣。精於《公羊》者，尤憎《左氏》，習於太史者，偏嫉孟堅。夫能以彼所長而攻此所短，持此之是而述彼之非，兼善者鮮矣。觀世之學者，或耽玩一經，或專精一史。談《春秋》者，則不知宗周既隕，而人有六雄；論《史》《漢》者，則不悟劉氏云亡，而地分三國。亦猶武陵隱士，滅跡桃源，當此晉年，猶謂暴秦之地也。假有學窮千載，書總五車，見良直而不覺其善，逢牴牾而不知其失，葛洪所謂藏書之箱篋，《五經》之主人。而夫子有云：雖多亦安用爲？其斯之謂也。

此則提及「學」與「識」的關係。知幾文中善以喻說理，指明史家窮於一隅而蔽三隅，所見當有限或徒具學問如「藏書之箱篋，五經之主人」卻無識以辨良直善惡，導致失實牴牾，則亦非良史。此處之學與識，當指史家豐富的知識和分辨真偽的判斷力。劉知幾針對此則，又說：

子曰：「吾猶及史之闕文。」是知史文有闕，其來尚矣，自非博雅君子，何以補其遺逸者哉？蓋珍裘以衆腋成溫，廣廈以群材合構。自古探穴藏山之士，懷鉛握槧之客，何嘗不徵求異說，採摭群言，然後能成一家，傳諸不朽。觀夫丘明受經立傳，廣包諸國，蓋當時有《周志》、《晉乘》、《鄭書》、《楚杌》等篇，遂乃聚而編之，混成一錄。向使專憑魯策，獨詢孔氏，何以能殫見洽聞，若斯之博也？……自太初已後，又雜引劉氏《新序》、《說苑》、《七略》之辭。此並當代雅言，事無邪僻，故能取信一時，擅名千載。❶

謂史家收集史料宜廣，「徵求異說，採摭群言」必賴其「學」博。而所徵採者，又必皆「當代雅言，事無邪僻」，方能「取信一時，擅名千載」。因此，取材不能只為標新立異，街談巷議，道聽塗說，難免乖濫損實。雖或可採，但必須嚴格甄別，此時即需要「識」。《史通·雜述》將雜史分為十類之後，也強調史家的鑒別能力：

然則芻蕘之言，明王必擇；葑菲之體，詩人不棄。故學者有博聞舊事，多識其物，若不窺別錄，不討異書，專治周、孔之章句，直守遷、固之紀傳，亦何能自致於此乎？

---

❶《史通釋評·採撰》，頁一三七。

「且夫子有云：「多聞，擇其善者而從之」「知之次也」苟如是，則書有非聖，言多不經，學者博聞，蓋在擇之而已。❶

「博聞舊事，多識其物」「窺別錄，討異書」都是「學」的功夫；「善擇」指鑒別史料真僞的能力，則是「識」的功夫，這點尚可與本書第四章第一節〈史料文獻學〉所論列的合看，當能更加詳明。以上所約舉的，可以看出知幾在《史通》中揭示才學識的說法，大抵可以看出「有才無識」「有學無識」都不足成為良史以蹈實錄之義。故知史家三長論中，以備識最難，但又以得識最要。

至於為何文士反多不能撰史呢？知幾答鄭惟忠的話只就三長立說，並未直接就文士為何不適合修史來作答，因此這點仍有加以補充說明的必要。知幾在《史通》曾說：

歷觀古之作者，若蔡邕、劉峻、徐陵、劉炫之徒，各自謂長於著書，達於史體，然觀侏儒一節，而他事可知。案伯喈於朔方上書，謂宜廣班氏〈天文志〉。夫〈天文〉之於《漢史》，實附贅之尤甚者也。必欲申以掎摭，但當鋤而去之，安可仍其過失，而益其蕪累?亦奚異觀河傾之患，而不過以隄防，方欲疏而導之，用速懷襄之害。述史

❶《史通釋評·雜述》，頁三一九。

如此，將非練達者歟？孝標持論談理，誠爲絶倫。而〈自敍〉一篇，過爲煩碎；〈山栖〉一志，直論文章。諒難以偶跡遷、固，比肩陳、范者也。孝穆在齊，有志梁史，及還江左，書竟不成。嗟乎！以徐公文體，而施諸史傳，亦猶灞上兒戲，異乎真將軍，幸而量力不爲，可謂自卜者審矣。光伯以洪儒碩學，而迍邅不遇。觀其銳情自敍，欲以垂示將來，而言皆淺俗，理無要害。豈所謂「誦《詩》三百，雖多，亦奚以爲」者乎！❶

他舉出蔡邕、劉峻、徐陵、劉炫等文章名家，不知剪裁蕪累，鋤去附贅，結果使其史述「言皆淺俗，理無要害」不足垂示將來。這裡已指出文士的敍述能力如前舉諸家之善者，若不能達於史體，知所剪裁，則仍不能勝任史職。然知所剪裁，實即史識的運用。知幾更進一步加以闡明：

但自世重文藻，詞宗麗淫，於是沮誦失路，靈均當軸。每西省虛職，東觀佇才，凡所拜授，必推文士。遂使握管懷鉛，多無銓綜之識；連章累牘，罕逢微婉之言。而舉俗共以爲能，當時莫之敢侮。假令其間有術同彪、嶠，才若班、荀，懷獨見之明，負不刊之業，而皆取窘於流俗，見嗤於朋黨。遂乃哺糟歠醨，俯同妄作，披褐懷玉，無由

---

❶ 《史通釋評·覈才》，頁二八九—二九〇。

自陳。此管仲所謂「用君子而以小人參之，害霸之道」者也。❶

原來在撰述技巧方面文士盡管多能，但在識見方面卻無「銓綜之識」，因而無法掌握修史要領，變成「連章累牘，罕逢微婉之言」。所以可知撰述要練達得宜，切合史實，仍須賴銓綜之識，惟文士鮮能臻此，故知幾嘆文士多而史才少。

經過以上的補輯工作，或可對知幾的三長說有稍詳的認識了。再就後項劉知幾回答鄭惟忠的內容本身來言，知幾在舉出「三長謂才也、學也、識也」之後，又舉出「有學無才」以比喻的方式說明強調「才」，再以同樣手法論「有才無學」以強調「學」，之後則接下「猶須好是正直，善惡必書……自敻古以來，能應斯目者，罕見其人」以強調史識。雖或有人對後一句持不同的看法，但按照知幾開端所言「三長謂才也、學也、識也」的邏輯順序，「猶須……」的這句話，正當就「識」而言，而最後結尾時所說的「自敻古以來，能應斯目者，罕見其人」正好緊扣鄭惟忠提出「自古已來，文士多而史才少，何也？」的問題❷。

❶ 同上註引文，頁二九〇—二九一。

❷ 姜勝利，〈劉、章「史識」論及其相互關係〉，《史學史研究》，一九八三：三，頁五六。宋家復，《章學誠的歷史構想與比較研究》（台灣大學歷史所碩士論文，民國八十一年，未刊），亦主張：「與其將史德視爲對劉知幾史家三長的另一個添補，毋寧說它乃是章學誠思想系統中作爲斷定『史義』能力之史識的一個成雙並立涵蘊項（Correlative）來得更恰當。」見頁六十二。宋君考慮角度新穎。

根據前述，「猶須好是正直，善惡必書，使驕主賊臣所以知懼」應該是劉知幾對「史識」的正面敘述。結合前項補輯《史通》中有關三長說的論述，可以知道劉知幾除有善惡必書的直書態度之外，尚要達到「使驕主賊臣所以知懼」，兩者俱體現了他一再揭示的「懲惡勸善」垂訓鑒戒的思想❶。要而言之，從前後兩方面的引述，可以窺知劉知幾的三長論中，以史識論最要，其史識論又含有兩方面涵意：㈠在於對史實的分析和評價，即鑒識歷史的觀點；㈡是反映歷史事實的原則和立場，即撰史的態度——直筆論。兩者的結合，即能於直錄撰史之餘，達到「彰善癉惡」的目的，此目的對「國家之要道，生人之急務」有相當的益處。

知幾寓史德於史識之中，尚見於《史通·辨職》篇中：

> 史之爲務，厥途有三焉，何則？彰善貶惡，不避強禦，若晉之董狐，齊之南史，此其上也。編次勒成，鬱爲不朽，若魯之丘明，漢之子長，此其次也。高才博學，名重一時，若周之史佚，楚之倚相，此其下也。

❶ 詳可參鈴木啟造，〈《史通》の勸善懲惡論〉，歷史にすける民衆と文化—酒井忠夫先生古稀祝賀記念論集—》（東京：國書刊行會，一九六二）頁二三七—二五一。

知幾分古代著名史家為三等，其所依據正是三長說，而最上等的，則必須具備「彰善貶惡，不避強禦」的道德品質，才能落筆真實。但他始終未另立「史德」一說。之後，一直歷經千餘年，始由章學誠另加史德一項，正式以專文單篇的形態發論，而鄭樵則無類此「三長說」。

章學誠之前，大約有元代揭傒斯（1274-1344）提倡修史應該起用有學問文章知史事，且心術良正之人❶，是史德說的濫觴以及明代胡應麟以為「三長說」有所不足，而認為應該加上「公心」和「直筆」：

劉知幾以馬、班爲善善，南董爲惡惡，細矣。才學識三長足盡史乎？未也，有公心焉，直筆焉。❷

再則即是章學誠的《文史通義·史德》篇所說的：

❶《元史·揭傒斯傳》（臺北：鼎文書局，民國七十九年）卷一八一，頁四一八六。

❷胡應麟，《少室山房筆叢》（臺灣商務印書館，景印文淵閣四庫全書第八八六冊，民國七十二年重刊）卷五，史書佔畢一，頁二二〇。

才、學、識三者，得一不易，而兼三尤難，千古多文人而少良史，職是故也。昔者劉氏子玄，蓋以是說謂足盡其理矣。雖然，史所貴者義也，而所具者事也，所憑者文也。孟子曰：「其事則齊桓、晉文，其文則史，義則夫子自謂竊取之矣。」非識無以斷其義，非才無以善其文，非學無以練其事，三者固各有所近也，其中因有似之而非者。記誦以爲學也，辭采以爲才也，擊斷以爲識也，非良史之才、學、識也。雖劉氏之所謂才、學、識，猶未足以盡其理也。夫劉氏以謂有學無識，如愚估操金，不能貿化。推此說以證劉氏之指，不過欲於記誦之間，知所決擇，以成文理耳。故曰：古人史取成家，退處士而進奸雄，排死節而飾主闕，亦曰一家之道然也。此猶文士之識，非史識也。能具史識者，必知史德。德者何？謂著書者之心術也。夫穢史者所以自穢，謗書者所以自謗，素行爲人所羞，文辭何足取重。魏收之矯誣，沈約之陰惡，讀其書者，先不信其人，其患未至於甚也。所患夫心術者，謂其有君子之心，而所養未底於粹也。夫有君子之心，而所養未粹，大賢以下，所不能免也。此而猶患於心術，自非夫子之《春秋》不足當也。以此責人，不亦難乎？是亦不然也。蓋欲爲良史者，當慎辨於天人之際，盡其天而不益以人也。盡其天而不益以人，雖未能至，苟允知之，亦足以稱著述者之心術矣。而文史之儒，競言才、學、識，而不知辨心術以議史德，烏乎可哉？❶

❶ 葉瑛校注本《文史通義》，頁二一九—二二〇。

在這一大段文字中，可分為下列幾項加以說明：㈠知幾的三長論，學誠認同之，並以為要具備其中的二長或一長，已十分不容易，而「兼三尤難」。這是實情，知幾不肯以三長輕許前人，學誠亦吝於以此褒人，可知古來良史甚少。㈡史家之識與文士之識不同，文士之識僅需「於記誦之間知所決擇」，學誠此見固然正確，但卻是由誤會知幾史識而來。姜勝利已指出學誠在前引〈史德〉篇裡把「愚賈操金，不解貿化」當作是劉氏對「有學無識」的比喻，其實核對一下劉氏回答鄭惟忠的原文，即可發現該句是知幾對「有學無才」的比喻，學誠誤將「才」當作「識」，因而錯誤地推斷出知幾所謂的「識」是「欲於記誦之間知所決擇，以成文理」，其實這並非知幾所指史識的涵意。學誠為了說明其史識論與知幾有所區別而大加強調史識當以史德為重要內容，這點卻正與劉論宗旨無二。所以姜文指出章氏意在糾正和補充劉氏史識論，實際上正是對劉氏史識論的繼承和發展。姜文指出劉、章兩人史識論的相互關係，是其文的一大優點，可謂見解精闢❶；㈢學誠解釋才、學、識的意義，與劉知幾並不完全相同，但卻關係極深。他以為才、學、識三長的真義，並非辭采、記誦、擊斷之謂，而是發揮史學三大要素「事」「文」「義」的修養工夫。學誠因而得以深化三長論。不過他把三長論中的才學識與孔子的作史之道「事」「文」「義」一一對應之並展衍其說，曰：「義理存乎識，辭章存乎才，徵實存乎學」❷；又：「夫事即後世考據學之所尚也，文即詞章家之

❶ 參姜勝利，前引文，頁五九。

❷ 《文史通義·說林》，頁一二二。

所重也，然夫子所取，不在此而在彼，則史家著述之道，豈可不求義意所歸乎？」❶由此可以得知學誠的三長論大致可以寫成「才／文／詞章」、「學／事／考據」、「識／義／義理」這樣一個簡明的系統，畢竟才學識是對史家素質的要求，而事文義一體化則是對史學作品的具體要求，兩者關係極深。張其昀先生則製作一表，如左：

孔子	劉知幾	章學誠	張其昀	西洋史家
事	學	考據（骨）	史之考證	Analytical Operations
義	識	義理（精神）	史之義例	Synthetical Operations
文	才	詞章（膚）	史之述作	Expositions

更能簡要地掌握三長說❷，由此系統又可知道：Ⓐ乃沿襲劉氏三長論而來，但更完整且宏大；Ⓑ三者之中，以義最為重要，所謂「譬之人身，事者其骨，文者其膚，義者其精神也，斷之以義而書始成」❸，「學之貴於考徵者，將以明其義理爾」❹皆是也。但三者必須相輔

❶《文史通義·申鄭》，頁一三七。

❷張其昀，〈劉知幾與章實齋之史學〉，收於《中國史學史論文選集》第二冊，頁七七七，唯其中Analytical Operation是西方哲學中分析哲學的一環，基本是認識論和知 識論的領域，當與考據無關。

❸《文史通義·方志立三書議》，頁三九一。

❹《文史通義·說林》，頁一二二。

相成，廢一不可，但往往三長難兼，常相為病❶；©由前面章氏所擴充的三長系統中的對應關係來言，章氏並未將史德另立一說以成「四長論」。除〈史德〉篇外，〈雜説〉〈説林〉〈申鄭〉等篇中，每提到史家條件外，也只將才學識並稱，不曾言及史德，特別是後於〈史德〉篇撰著甚久的〈文德〉篇，仍然只稱三長，可以知道學誠本無意多加一長，但不言〈史德〉，並非不重視之，而是學誠以為已包括在「史識」之中了。因而可知梁任公、吳天任、許凌雲諸學者所指稱學誠有四長説，似乎未必正確，倒是姜勝利的觀點是本文所贊同的。

其實胡應麟的「公心」「直筆」加起來，即是章氏所謂之「史德」。章氏論史德時，謂為「著書之心術」，又説：「欲為良史者，當慎辨於天人之際，盡其天而不益以人也」。這是與劉氏同論史識寓有史德説，但論法不同之處。錢穆先生曾對「盡其天而不益以人」提出説明❷：

❶〈説林〉有云：「主義理者拙於辭章，能文辭者疏於徵實，三者交譏而未有已也。」見頁一二二。

❷梁啟超，《中國歷史研究法》，補篇，第二章〈史家的四長〉云：「劉子元説史家應有三長，即史才、史學、史識。章學誠添上一個史德，並爲四長。實齋此種補充甚是。要想做一個史家，必須具備此四種資格」，見頁一三。吳天任，《章實齋的史學》，頁二二。食修良，〈史德史識辨〉，《中華文史論叢》一九七九年第三輯，頁九五—九八。許凌雲，《讀史入門》修訂本（北京出版社，一九八九），頁三一九。至於姜勝利的觀點則參前引文，頁五七—五八。王明妮在其碩士論文《史通修史觀述評》（輔大中文所，民國七十一年，未刊）第二章〈論史通修史的基本修養—史德〉，直接標出劉知幾的史德説以含蓋史識，似乎忽略歷史時間與人物兩種因素的考慮，可參拙文，〈近三年來有關劉知幾的研究成果評介〉，《史學評論》第十二期（一九八六、九），頁二二〇—二二一。而彭雅玲，《史通的歷史敍述理論》（政治大學中文所碩士論文，民國七十九年），頁一八七，亦採姜文觀點。

拿現在話講：只是要客觀地把事實真相寫出，這即是「天」了，但不要把自己人的方面加進去，這事極不容易。❶

了解此話之前，實應先了解「慎辨於天人之際」。由前述知學誠亦以為史德寓於史識之中，而「識」是用以「斷義」的，亦即「非識無以斷其義」。他又說：「史之義出於天」以今語釋之即「史義」存在於客觀史事之中。這是史識史德所要達到的目標。但如何將客觀史事真實地反映在人之主觀當中呢？此則需要處理「天」與「人」之間的關係，故「盡其天而不益以人」即是處理好這種關係的重要原則。只是此事不容易，須具有三長論者始能達之。此即所謂的辨心術的史德觀。簡單言之，其邏輯關係即史識用以斷義，史識包含（含「等於」之意）史德，故「辨心術」即是「斷義」不可缺少的一項基本前提和態度。在論證之間，正是學誠深化或展衍知幾的史德說。兩者相較之下，知幾的史德說似單純許多，他未提及天人之際。至於著書者之心術如何影響其所撰述之史？〈史德〉篇又說：

> 史之義出於天，而史之文不能不藉人力以成之，人有陰陽之患，而史文即忤於大道之公，其所感召者微也。……史之賴於文也，猶衣之需乎采，食之需乎味也。采之不

❶ 錢穆，《中國史學名著》第二冊，頁三二九。又可參甲凱，〈史法與史意〉，《輔大人文學報》第六期（民國六十六年六月），頁十四。

能無華樸，味之不能無濃淡，勢也。華樸爭而不能無邪色，濃淡爭而不能無奇味。邪色害目，奇味爽口，起於華樸濃淡之爭也。文辭有工拙，而族史方且以是爲競焉，是舍本而逐末矣。以此爲文，未有見其至者；以此爲史豈可與聞古人之大體乎？❶

撰史的義例是客觀存在的，而撰述的過程中必然要通過主觀的抉擇，此時「著書者的心術」即是關鍵，能否符合「大道之公」即是問題，也是目標。學誠也認識到史家在認識或撰寫歷史時不可能不會遇到一些主客觀的矛盾，按照他的話即「天與人參」的現象，那就要設法解決天人一致的問題，為此，他反對「違理以自用」「汨情以自恣」等主觀偏激行為，而強調態度平正，「氣合於理」「情本於性」❷，從而力求「盡其天而不益於人」，就可達到天人一致的公正大道了。

當然撰史必憑藉以文，若只在華樸濃淡之上爭論不已，實只捨本逐末的作為，以此修史，必不能得古人大體。然則要如何才是呢？學誠又說：

程子嘗謂有〈關雎〉、〈麟趾〉之意，而後可以行〈周官〉之法度。吾則以謂通六義

---

❶《文史通義·史德》，頁一四八—九。

❷《文史通義·史德》，頁一四八。

> 比興之旨，而後可以講春王正月之書，蓋言心術貴於養也。❶

其意蓋在以《詩經》思無邪之意通六義比興，最能得性情之正，從此一方向培養心術，才能講春王正月（《春秋》）之史書。從〈史德〉篇這裡，再接〈答客問〉篇：

> 然則《春秋》經世之意，必有文字所不可得而詳，繩墨之所不可得而準。《春秋》之義，昭乎筆削。以夫子「義則竊取」之旨觀之，固將綱紀天人，推明大道。所以通古今之變，而成一家之言者，必有詳人之所略，異人之所同，重人之所輕，而忽人之所謹。繩墨之所不可得而拘，類例之所不可得而泥。而後微茫杪忽之際，有以獨斷於一心。及其書之成也，自然可以參天地而質鬼神，契前修而俟後聖。

則學誠所謂的「史義」盡明，他的三長說筆者以為已推展至最高峰而古今史家已罕有其匹了。

而後梁任公認為學誠的史德說，只講到史家的心術，還不夠圓滿，因而又補充了「忠實」一項，說：

---

❶《文史通義·史德》，頁一四九。

章實齋所謂史德，乃是對於過去毫不偏私，善惡褒貶，務求公正。……但尚不足以盡史德的含義，我以爲史家第一件道德，莫過於忠實。如何才算忠實，即「對於所敍述的史蹟，純採客觀的態度，不絲毫參以自己意見」便是。……總而言之，史家道德應如鑑空衡平，是什麼照出來就是什麼，有多重稱出來就有多重，把自己主觀意思剷除淨盡。把自己性格養成像鏡子和天平。❶

任公此說，名詞雖新，涵義仍舊，大抵不出劉知幾〈惑經〉以明鏡照物比喻史家執簡敍述客觀的態度，筆者以為仍未邁出學誠宏論的範疇之外而居於其上，實際仍在其內。

近又有許倬雲〈說史德〉，提出「勇敢」「冷靜」「誠實」三者即學誠的「慎心術」說❷，實際亦是現代白話新解，仍非踰越其史德說之新作。

綜上所論，知幾議史家應備條件的三長說，係其個人經由實際讀史研史修史的體驗之後，對前人經驗的總結而提出的理論，胡氏、章氏、梁氏等後人對三長說不斷補充說明，適可強調三長與實際修史的關係，其中以章氏尤多發明，將三長說之中的史識史德關係，闡論無遺，而窮於天人之際，蓋為三長說之極致。

至於鄭樵因無相關言論，故未具論。然以三長說論之，章學誠有謂：「鄭樵有史識而未

---

❶ 梁啟超，前揭書，頁一四一一六。

❷ 許倬雲，〈說史德〉，《求古編》（臺北：聯經出版事業公司，民國七十一年），頁五八七—五九〇。

有史學」❶，可見三長論中鄭樵具備最重要的史識一長，自堪稱良史也。而鄭樵亦以良史稱述劉知幾、司馬遷❷，學誠亦云「劉知幾得史法而不得史意，此予《文史通義》之所為作也」❸，由此可見「三書」作者皆是三長論中人也。

第四節　史文說

史文論即歷史撰述時有關外在文體的表達形式理論。針對此者，筆者曾撰〈劉知幾的時間觀念及其歷史撰述論〉，刊於《大陸雜誌》七五：一（民國七十六年七月）；後彭雅玲碩士論文《史通的歷史敍述理論》（民國七十九年六月）第四章第二節亦專論其史文論。彭文以其中文系所背景以「文質論」「修辭論」分析劉氏之史文論，落筆踏實，頗有可觀，值得參讀。以上兩文取徑與著重點雖不盡相同，但都致力於發揚抒論劉氏有關之史文說則一。茲處似可不必再贅述。故本節改置重點於鄭樵、章學誠兩氏之史文論，唯需比較時再舉出劉氏相關的主張。

---

❶《文史通義·和州志志隅自序》，頁三九八。

❷《通志略，氏族序》，頁一。

❷《文史通義·和州志志隅自序》，頁三九八。

章學誠與劉鄭兩氏都重歷史文筆，他曾說：

> 史所載者事也，事必藉文而傳，故良史莫不工文。❶

這裏的「文」即指作史之文，並非詞章之文。又說：

> 蓋論史而至文辭，末也。然就文論文，則一切文士見解，不可與論史文。譬之品泉鑑石，非不精妙，然不可與測海嶽也。❷

學誠以為文士之文即詞章之文，著重情感、創造、幻想，所以學誠更進一步推衍出「文士撰文，惟恐不自己出；史家之文，惟恐出之於己，其大本先不同矣。史體述而不造，史文而出於己，是為言之無徵，無徵且不信於後也」的說法❸。秉上節「三長說」所談及的「文」「事」「義」來言，修撰歷史，不僅要直書史事，義理昭然，亦要求工於文筆，反映史實。

❶ 《文史通義·史德》，頁一四八。

❷ 《文史通義·與陳觀民工部論史學》，頁五一四—五。

❸ 同前註。

故古來《左》《國》《史》《漢》都符合「良史莫不工文」而為一代文宗。但浸至中古以下，才藝之士，多舞文弄墨「溺於文辭以為觀美之具焉」，不顧史事之正確與否，故學誠認為：

以此爲文，未有見其至者；以此爲史，豈可與聞古人大體乎！❶

又

夫立言之要，在於有物。古人著爲文章，皆本於中之所見，初非好爲炳炳烺烺，如錦工綉女之矜采色已也。❷

可見他以為文士之文大多溺於文辭，違背史實，故不宜為史。鄭樵也有類似的看法，他在〈上宰相書〉中說：

修書自是一家，作文自是一家。修書之人必能文，能文之人，未必能修書。若之何後世皆以文人修書？

❶《文史通義·史德》，頁一四九。
❷《文史通義·文理》，頁六三。

又說：

史者，官籍也。書者，儒生之所作也。自司馬以來，凡作史者，皆是書，不是史。❶

鄭樵認為修史者應該兼備文才與史才。然而文士若無史才，則以不豫修史為妥。此則，鄭樵頗有自薦當局的意思，他曾自許地說：「若樵直史苑，則地下無冤人」。

知幾對於此則，亦曾說過：

史之爲務，必藉於文，自五經已降，三史而往，以文敍事，可得言焉。而今之所作，有異於言。其立言也，或虛加練飾，輕事雕彩，或體兼賦頌，詞類純優，文非文，史非史，譬夫烏孫造室，雜以漢儀，而刻鵠不成，反類於鶩者。❷

又

大唐修《晉書》，作者皆當代詞人，遠棄史、班，近宗徐、庾。夫以飾彼輕薄之句，而編爲史籍之文，無異加粉黛於壯夫，服綺紈於高士者矣。❸

❶ 見前引《夾祭遺稿．上宰相書》，頁五二〇下；後引見同書〈寄方禮部書〉，頁五一九上。

❷《史通釋評．敍事》，頁二一一。

❸《史通釋評．論贊》，頁一〇〇。

知幾對「私徇筆端，苟衒文彩，嘉辭美句，寄諸簡冊」以為「豈知史書之大體，載削之指歸？」❶；對「元瑜孔璋之才，而處丘明子長之任」也認為「文之與史，何相亂之甚乎」❷。知幾在〈載文〉〈覈才〉〈雜說〉〈論贊〉等篇，一直主張史學應脫離文學獨立，反對選用文士修史。在知幾生世當時，可謂先進的見解。

學誠也有相同的說法：

> 史筆與文士異趨，文士務去陳言；而史筆點竄塗改，全貴陶鑄群言，不可私矜一家機巧也。❸

〈答問〉篇又說：

> 文人之文與著述之文，不可同日語也。著述必有立於文辭之先者，假文辭以達之而已……故以文人之見解而議著述之文辭，如以錦工玉工議廟堂之禮典也。

---

❶《史通釋評・論贊》，頁九九—一〇〇。

❷《史通釋評・雜說下》，頁六三七。

❸《文史通義・跋湖北通志檢存稿》，頁五一九。

可見史筆貴乎「陶鑄成文」，此點非一般文士可以企及，故〈言公上〉說：「詞采以為才，非良史之才」，也是此意。至〈書姑蘇志後〉更明言：「文人不可與修志」，亦即文人不應修史。學誠此論，與知幾曾說：

> 但自世重文藻，詞宗麗淫，於是沮誦失路，靈均當軸。每西省虛職，東觀佇才，凡所拜授，必推文士。亦使握管懷鉛，多無銓綜之識；連章累牘，罕逢微婉之言，而舉俗共以爲能，當時莫之敢侮。❶

實有承襲與相通之處。從前面「史所載者事也，事必藉文而傳」與知幾之「史之為務，必藉於文」如出一轍外，馴致後來知幾深論文士不應修史之理在於文士無銓綜之識，學誠則言史筆貴乎陶鑄成文，文士難能。兩者實際無甚差別，因為欲「陶鑄成文」，設無「銓綜之識」，焉可得之！吾人由古之馬班史文，以漢朝前史而論，雖都有所本，但各能陶鑄銓綜，故仍有各人面目❷，皆能輝映亙古而不可相替，即知斯理。

雖然作史之業，不能責之文學之士，劉鄭章三氏都持相同看法，但因三氏時代相差甚久

❶《史通釋評・覈才》，頁二九〇—二九一。

❷吳天任，《章實齋的史學》，頁一八三。

，知幾力主史學應與文學劃清界限，則是鄭樵與學誠所未詳論。知幾此說乃由其歷史時間的分段法，將中國史學分成「上古」（劉氏指先秦時期）、「中古」（兩漢時期）、「近古」（魏晉時期）、「近世」（指南北朝至隋唐初期）及「當代」（指初唐與盛唐）五個時期，此是知幾運用其銳利眼光著識而得，他透過各個時期的文風演變，因性質互異，而歸納出「近古」以後的史作「訛謬雷同，妄飾蕪累」，文風仰尚柔靡浮豔、華美綺麗，故力主文史分途，文士不宜修史。知幾在〈載文〉〈覈才〉〈論贊〉〈雜說下〉都一再申述此說，是《史通》有關史文論重要的篇章❶。鄭樵、學誠因劉氏已提出，當然不必再費筆墨。所以何炳松在〈讀章學誠《文史通義》札記〉說：「章氏力主史學應離文學而獨立，廓清數千年來文史合一之弊」❷，所言就筆者初步了解似應在劉知幾時已然。章說僅承劉說，談不上廓清數千年之弊。倒是章學誠提出文人不應修史的理由，除前舉文士必尚詞采，妨害史義之外，一般文人大都不注重「令史案牘」，也是重要原因之一❸。在〈州縣請立志科議〉中他曾說：

❶ 請參拙著，《劉知幾史通之研究》，頁八六—九一。

❷ 何炳松，《何炳松論文集》，頁三二。

❸ 甲凱，《史學通論》（臺北：學生書局，民國七十四年），頁四八三。

令史案牘，文學之儒，不屑道也；而經綸政教，未有舍是而別出者也。後世專以史事責之文學，而官司掌故，不爲史氏備其法制焉。斯則三代以後離質言文，史事所以難言也。

史學不能獨立，則無進步可言，故文人不應修史。這是學誠從事修志三十年的獨造心得，值得提出一述。不過，從歷史角度觀察，與劉氏倡文士不宜修史，文史宜加分途一樣，其修志所得提出文士忽略令史案牘，都各有其背景，因而兩氏雖同主文士應擯除在修史之外，但其倡議，不盡相同；套章氏常用之語，是亦其理勢變通使然也。

如上所述，則可更進一步探求三氏對歷史文筆的要求是什麼？章學誠說：

夫史爲記事之書，事萬變而不齊，史文屈曲而適如其事，則必因事命篇，不爲常例所拘，而後能起訖自如，無一言之或遺而或溢也。❶

史書是記史事的，史事變化無窮，歷史文筆就要按照史事之變化而變化，適當地反映其事。以史事為準，不被人為的常例所拘，即能運用自如，做到「史文屈曲而適如其事」，恰如其

❶《文史通義·書教下》，頁一五。

分。試舉他替同時朋友所作〈庚辛亡友列傳〉，即是上說的明證。他曾述敘事之法共二十三種，說：

> 序論辭命之文，其教易盡；敘事之文，其變無窮。故今古文人，其才不盡於諸體，而盡於敘事也。蓋其爲法，則有以順敘者，以逆敘者，以類敘者，以次敘者，以牽連而敘者，斷續敘者，錯綜敘者，假議論以敘者，夾議論而敘者；先敘後斷，先斷後敘，且敘且斷，以敘作斷；預提於前，補綴於後，兩事合一，一事兩分；對敘、插敘、暗敘、顛倒敘、迴環敘。離合變化，奇正相生。如孫吳用兵，如扁鵲用藥，神妙不測，幾於化工。❶

吳天任謂之雖屬教人敘事之法，其實也是學誠作史敘事極盡離合變化之妙❷。梁任公因而稱讚他的史文技術說：

> 論純文學，章氏不成功；論美術文，章氏亦不成功；但對於作史的技術，了解精透，

---

❶ 《章氏遺書補遺·論課蒙學文法》，頁一三五八下。

❷ 吳天任，前揭書，頁一八四。

運用圓熟，這又是章氏的特長了。[1]學誠的特長技術，換言之，即在善於「聯絡鎔鑄」，所以能做到「活潑飛動」[2]。

學誠看到當時「作者所有言論與其撰著，頗有不安人心」，寫了一篇〈古文十弊〉，表達自己對撰史記事行文的看法，他說：

> 敘事之文，作者之言也。爲文爲質，唯其所欲，期如其事而已矣。記言之文，則非作者之言也。爲文爲質，期於適如其人之言，非作者所能自主也。

又云：

> 言辭不必經生，記述貴於宛肖。而世有作者，於斯多不致思。是之「謂優伶演劇」。……而記傳之筆，從而效之，又文人之通弊也。（中略）人苟不解文辭……但須據事直書，不可無故妄加雕飾。妄加雕飾，謂之「剜肉爲瘡」。

---

[1] 梁啟超，《中國歷史研究法附補篇》，頁二四。

[2] 同前頁註[2]。

甚具卓識，尤以有些論說的舉證頗為精彩但又不失其實。如有一位名士敍其母節孝，文云「乃祖衰年病廢臥床，溲便無時，家無次丁，乃母不避穢褻，躬親薰濯」之後，又述「乃祖於時蹙然不安，乃母肅然對曰：『婦年五十，今事八十老翁，何嫌何疑！』」學誠卻認為其母既明大義，當不致於有該話，這應是此名士自生嫌疑，特添注以斡旋其事乃是「剜肉為瘡」之弊。學誠也因此指出史文應當「但須據事直書，不可妄加雕飾」。

又一例為某名士為人撰誌，其人蓋有朋友氣誼，誌文乃仿韓昌黎之志柳宗元，一步一趨，惟恐其或失也。如此一來，志之內容幾乎完全抄襲昌黎志柳州之文而來，與其所要記載之對象事實不符。學誠因而指出：有「削趾適履」之弊，所以他主張：「文欲如其事，未聞事欲如其文者也」。

類似的例子猶多，不復舉之。要而言之，可知章氏於作史之法，言之綦詳。關於史文一端，尤具卓識。但其最主要之貢獻則在要求史文求其適如其人與事而已❶。易言之，即如前文所說：「史文屈曲而適如其事」恰如其分。章氏此論，比起劉知幾主張的據實而書的實錄史學來論，意思相當，但筆者以為知幾之直筆論，對於「中古」以下魏晉六朝的史學遺風，有其針盲起廢的藥石作用及嚴肅性，可為後世史學在史文論方面的法式和基準。而學誠所提出的史文論除明顯可以看出受知幾影響的痕跡外，似乎多出一層活潑性及變異性。

---

❶ 何炳松，前揭書，頁四〇—四一。

知幾的史文論，因已有彭文與拙文已述及，故於此僅摘要略述以與章氏言論相比照，知幾有關主張大抵以為史文敘事應符合三要件：㈠尚簡：即須「省字省句，文約事豐」。其所謂「國史之美者，以敘事為工，而敘事之工者，以簡要為主」即是❶，其意在「詞寡者出一言而已周，才蕪者資數句而方浹」❷。知幾指出史文繁瑣乃在四弊：多記祥瑞、多載朝會、多歌功頌德、多敘官爵，袪之即可趨於簡明。㈡用晦：即指敘事時語句簡短而含義深刻，言近指遠、詞盡而義不盡，使讀者望表知裡，捫毛辨骨，覩一事於句中，反三隅於字外，使史文玩味無窮。知幾所謂「夫能略小存大，舉重明輕，一言而巨細咸該，片語而洪纖靡漏，此皆用晦之道也」❸。㈢為史載文：主以事實為根據，言之有物，反對華而不實。知幾憎恨「體兼賦頌，詞類俳優」，故主辭淺而義深，戒妄飾。知幾雖述此三要件，但三者並非平行，知幾之意蓋以簡要為主，簡與晦之時義較大，故主次輕重，皎然在目❹。以上史文敘事

---

❶《史通釋評．敘事》，頁一九九。張振珮遺著，〈《史通》內篇札記〉，《歷史文獻研究》（北京新一輯），頁一二，有云：尚簡不能無「要」字，有此字紀評方能得旨。

❷同前註。

❸《史通釋評．敘事》，頁二〇四；又吳文治，〈劉知幾《史通》的史傳文學理論〉，《江漢論壇》一九八二：二，頁六二。

❹張振珮遺著，張新民整理，前揭文，頁一二。

之法，要點大致在史重實錄「當辨而不華，質而不俚，其文直，其事核」，至於文學則「綺揚綉合，雕章縟彩」，雖「等公幹之有逸，如子雲之含章，類長卿之飛藻」的文采，也只有害於歷史的真實性。

史文論尚須談及語言技巧問題，知幾主張必須崇實求真，有發展的觀點。如《春秋》三傳的語言不同於《尚書》；「兩漢之詞」不同於《戰國策》，因「歲時之不同」語言也會變化和發展，因而知幾主張「隨時之義」，反對用古語代替今詞，反對盲目模倣因習古人。他說：

> 後來作者，通無遠識，記其當世口語，罕能從實而書，方復追效昔人，示其稽古。是以好丘明者，則偏摹《左傳》，愛子長者，則全學史公。用使周、秦言辭，見於魏晉之代，楚、漢應對，行乎宋、齊之日。而偽修混沌，失彼天然，今古以之不純，真偽由其相亂。❶

雖知幾反對盲目摹倣古人，但並非一概反對向古人學習、摹擬。他甚至認為摹擬有時還很重要，因而在〈摹擬〉篇他進一步分摹擬為「貌同心異」與「貌異心同」，知幾認為後則才是

---

❶《史通釋評・言語》，頁一七八。

上選❶。學誠也不反對因襲摹擬，他說：「史書因襲相沿，無妨並見，專門之業，別具心裁，不嫌貌似也。」❷但仿古必取其精神，而不取其形貌。學誠又說：

> 使綴今之事，而強屬以古人之體，譬之尸祝傳告，其神情必不肖也。使襲古之體，而但易以一方之事，譬之臨池摹書，其位置必不便也。古今之作著，編年紀傳，不同體而同工，語無相襲，蘄自成一家言耳。❸

其說與知幾實大同之中仍有小異。

由於知幾主張「隨時」「從時」之義，即史文須載與時代有關之人事物，所寫主要隨社會事勢之變而變，如此才能把握時代之精神與當世之色彩，忠實地以時文時語，以不因習重創造的方式表達出來❹。亦因如此，他在《史通·載文》曾指出魏晉以來史書不正之風，其

---

❶《文史通義·摹擬》，頁二六二。

❷《文史通義·釋通》，頁一三三。

❸引自何炳松，前揭書，頁一〇四所輯。原作《章氏遺書》卷一七，〈前志傳〉。

❹宮廷章，〈劉知幾史通之文學概論〉，《師大月刊》（北平，一九三三）第二期，頁六八。宗廷虎，〈劉知幾的修辭觀〉，《揚州師院學報：社科版》，一九八八：二，頁五五。

弊有五端：虛設、厚顏、假手、自戾、一概。此五種語言文字，都不可謂之「歷史語言」，為史家所忌。知幾之意，蓋在史家行文用語，除表示史才之高低，技藝之巧拙外，其遠意尚涉及「隨時之義」的實錄史學，合乎「文直事核」，最終則垂警訓戒，有益人世，成其不朽之三的事業。

至於學誠在史文論方面尚主張㈠引用成文，以與事實有關者為主，不尚文辭。氏說：「史志引用成文，期明事實，非尚文辭。其於事實有關，即胥吏文移，亦所採錄，況上此者乎？苟於事實無關，雖班揚述作，亦所不取，況下此者乎？」❶，其旨在說明史文特點，排斥文史合一之弊，甲凱以為即今日視之仍為至理之言❷。唯學誠在〈乙卯劄記〉〈說林〉諸篇，又補充說明史重成文，卻必須標出所自，以明來歷。㈡他主張文德論，以為臨文須主敬，要歸誠而有物，言必大公，故不可門戶朋黨，聲氣相激；不可徇名忘實，直緣風氣。求端於道，期於適如其事與言而已❸。此兩點皆為劉、鄭兩氏所未遑論的。

❶《文史通義．修志十議》，頁四九〇。

❷ 甲凱，《史學通論》，頁四七五。

❸《文史通義．文德》，頁六一；又可參王義良，〈章實齋的文德論〉，《中華文化月刊》一六：五，頁四四。又同氏，《章實齋以史統文的文論研究》（高雄：復文圖書出版社，民國八十四年），頁二四四—二五八。

小　結

史學理論的建構，是史學史的重要任務之一，史學理論的發展不能脫離對史學史的探討，本章即依循此方向針對史學史上重要著作的「三書」史學理論進行探索，分四項內容陳述並比較之。

「通史説」由三氏史學思想中的通識、會通、明道觀念出發，鄭樵發展成繼《史記》之後仍然現存的一部紀傳體通史，實現其通貫二帝三王而為一家之思想，而欲極古今之變。鄭樵非詬班固斷代失去相因之義，而陳其弊有三，曰：重複、隔絕、不一致，雖其惡詈班固有失風度且欠公允，其《通志》亦成書倉促，未必周備，但章學誠以其「別識心裁，成一家之言」，仍存史學精意而予以高評。學誠申鄭揚馬，亦贊成通史有六便二長，可達「綱紀天人，推明大道」，但並不貶低斷代為史，仍承認班固《漢書》亦屬圓而神的「撰述」之業。這是比鄭樵高明之處。同時他以為古書表志大多因仍前代，雖稱斷代，實具通意，故知雖非通史，仍有通意。此點更超越劉、鄭兩氏。知幾雖不主通史，但由其注重「通識」，欲仿效司馬遷著《史記》，命其書名為《史通》，亦可證其目標仍在「上窮王道，下掞人倫，總括萬殊，包吞千有」之通意。故表面上鄭主通史，劉主斷代，章則申鄭抑劉，亦主通史，但實際其心目中史裁優選猶有本末一體，並肯定斷代史仍可具備通意，並不完全如劉氏以斷代繩諸《漢書》以後諸史，欲為法式；亦不若鄭氏只知斷代不可「會通」，不知通史亦有三弊。

「經世說」述知幾以《史通》為底蘊，暢論其直筆論，可致：㈠以史為鑒，或法或戒；㈡闡揚教化，以為倫理道德教育之資材；㈢最後則達通古今明變化，以供當世之用與推測未來。鄭樵亦以直筆論表現其經世思想。除此之外，與劉章不同的是他刻意注重實學，如天文地理、宮室器用、金石圖譜等等，莫不引為經世濟用之本，尤其生世遭逢國家分合、外族入侵之大變，其所主張，皆與生民休戚有關，此點又是劉章兩氏所未逮。學誠亦以史為鑒，但他強調博古與通今的會通之旨，則似比前兩氏更深一層。除此外，其最大貢獻恐是提倡「六經皆史」為「經緯世宙」之意，六經乃是「義取經綸為世法耳」，涵意至廣，為其千古名論。而其關心政治社會，亦不讓劉鄭兩氏專美。至於以修撰方志來達到經世目的，則因時代因素，惟章氏獨有其論。由上又可知史學經世往往因時代不同而內容也有所不同。

「三長說」的才、學、識是古來評判史家高低的標準。知幾首倡之，其中以得「識」最要，但亦以備「識」最難，故三長皆具者古來不多。後來鄭樵並未續倡此說，僅稱譽史遷與知幾為二良史而已。至章學誠則加入史德一項，以伸補其說。文中考究章氏此說，並非不滿於知幾之三長論而加上該說成為四長論，章氏乃就史識應以史德為重要內容而闡說之，並建立與知幾內容不同的三長說，尤以章氏以三長結合事、文、義及義理、辭章、徵實，賦與新內涵，而使「三書」自唐代劉知幾以來的史家技藝（historian craft）理論體系更精深用宏。

至於「史文說」因筆者舊文曾涉及之且又有新人新得，故僅就文士何以不可修史，舉證知幾所倡道理在於文士無「銓綜之識」，而學誠則以為史筆貴乎「陶鑄成文」，非一般文士所可企及。筆者認為兩者之間實際無大差別，蓋欲陶鑄成文，若無銓綜之識，亦達不到史文該項目的。鄭樵則主張修史者應兼備文才與史才。若僅具備其中之一，則以不豫修史為妥。其所論似不如劉章深入。但文士不宜修史，尤其在文史已分途之後，則是三氏一致的認識。另外，劉氏在諸多篇章力主史學應脫離文學而獨立，可謂劉氏總結唐代以前史學的獨到心得。學誠則強調應注重文士不屑道之的「令史案牘」，因其中包含經綸政治。兩氏此項主張不同，蓋係理勢有所變通之故。至於史家如何操觚？劉氏主直書實錄，學誠則主「史文屈曲而適如其事」，似在文筆上章氏較有可變化性，在使用語言問題上，知幾追求「隨時」「從時」之義，反對因習摹倣，但摹擬古人若「貌異心同」則可，「貌同心異」則不甚高明。學誠對此則不嫌貌似，但仍求心同，亦即仿古仍取古人精神，似與知幾有同中小異。另外學誠尚主張引用成文，以與事實有關者為主。又提倡文德說，則是劉、鄭兩氏所無，為學誠史文論獨有的特色。

第四章　「三書」之史學方法論及其比較

「三書」史學理論涉及方法論層面的，全歸類在本章析論，一來可與上章專述史學理論有別，明瞭三位史家史學思想的開廓性，二來藉此章的分析比較，也可歸納出三家史氏的史學方法論（historiographical methodology），從而更能掌握「三書」的史學理論之整體性及其實踐層面的方法論深度。

本章所涉及的範圍，是有關「三書」的歷史寫作原則，並就三氏之方法論體系略作比較，所以僅是狹義的比較史學而非廣義的比較史學，這點是必須先予說明的❶。文中以史料文獻學、歷史編纂學、校讎目錄學這些屬於史學方法論範圍的內容項目來審視劉、鄭、章三氏關於史學方法論的見解與主張，最後再摻以章學誠的絕學——方志學觀其史法，使本章主旨所在更趨完備。

杜維運曾說過：「不談史學方法，史學史無法臻於理想的境界」❷。本書所處理的「三書」究屬於史學史領域中三位重要史家的大作，不論析其史學方法論體系，則無周備可言。

---

❶ 張廣智，〈關於深化西方史學研究的斷想〉，《社會科學》一九九二：三，頁四九。作者以中西史學發論，筆者以爲亦可用於中國史學不同朝代或不同史家的比較，故引用之。

❷ 杜維運，〈史學史與史學方法〉，《聽濤集》（臺北：弘文館出版社，民國七十四年），頁三二。

第一節 史料文獻學

當代史學史家白壽彝在其《中國史學史》第一冊裡指出：

> 史料學，我認爲，可以包含理論的部分、歷史的部分、分類的部分和實用的部分。理論的部分，主要是研究史料跟史學領域其他部分的關係、史料本身的特點、史料學應當承擔的任務。歷史的部分，是要研究史料學發展的過程及其規律。分類的部分，是要研究史料的各種分類的方法，目的在增進對各種史料性質的理解並因而便於收藏和檢尋。應用部分，如版本、校勘、輯逸、辨僞之類。近年所謂史料學，大致屬於第四部分之內容爲多。❶

意思是史料學的體系應含有史料學理論、史料學史、史料分類史和史料應用史。白壽彝的說法可以說為史料學建構一個理論的框架，不但反映了歷史實際，且打開研究工作者的眼界。本節即以白氏所提供的思路，專摭第四部分史料應用學來陳述「史學三書」有關的史料方法

❶ 白壽彝，《中國史學史》（上海：人民出版社，一九八六）第一冊，頁二〇。

論，此即白氏所謂近年來的史料學。

唯在未析述之先，有一觀念必須首先弄清楚的是史料意義的界定：在於人類欲了解過去，須憑藉人類社會客觀歷史進程所遺留下的痕跡。此痕跡即是史料。這個史料定義含有地下出土實物及對以往客觀歷史認識的記錄，對後者而言，即指圖籍文獻，也就是「寫的歷史」。這個「寫的歷史」有時可以理解為「史料」，有時則可理解為「史學」。史料與史學乃相對而言，兩者之間既有區別，又有聯繫❶，但不可說為「史學即是史料學」❷。明乎此，以下所論始不致產生糾葛。因為劉知幾最重視的史料即是正史，古代正史既可當史料看，當然也可當史學看，應無可置疑，只是一般並未釐清此項觀念。本節延續上章第三節所

❶ 許凌雲，〈劉知幾的史料學思想〉，《史學史研究》一九九〇年第二期，頁二一。

❷ 此話見於傅斯年，〈歷史語言研究所工作之旨趣〉，《傅斯年選集》（臺北：文星，民國五十六年），第三冊，頁四七五—四八七。又收在杜維運等編《中國史學史論文選集》第二冊（臺北：華世出版社，民國六十五年），頁九六九。對該話批評的意見甚多，近者可參周朝民，〈傅斯年的「史學便是史料學」觀點評析〉，《中國文化月刊》第一五三期，頁五八—七一。又王爾敏，《史學方法》（臺北：東華書局，民國六十六年），頁一四二—一四四指出其謬有三點。榮孟源，《史料和歷史科學》（北京：人民出版社，一九八七）頁一一—一四，亦評其錯誤。又可參李泉，〈史學便是史料學淵源得失論——傅斯年史學思想論稿之一〉，《聊城師範學院學報：哲社版》一九九一：三，頁七八—八八；楊海軍，〈傅斯年與史料學派〉，同上學報一九九一：四，頁七四—八〇。

論的〈三長説〉為基礎，專看應用的史料學。

誠如前言，劉知幾大致最重視正史的史料價值，其次是偏記小説之類的十流，最後才是子家近史的《呂氏春秋》《抱朴子》《玄晏子》等一類的書❶。由於劉氏持這項看法，因而在《史通》全書之中評論正史的篇章舉目可見；雜述則次之，子家近史則又次之。依史書的年代先後次序，劉氏在「上古」的先秦階段❷，舉專解《春秋》經的三傳來申述其主張：

> 如《穀梁》《公羊》者，生於異國，長自後來。語地則與魯產相違，論時則與宣尼不接，安得以傳聞之説與親見者爭先乎？
>
> 《左氏》述臧哀伯諫桓納鼎，周內史美其讜言，王子朝告於諸侯，閔馬父嘉其辨説。凡如此類，其數實多。斯蓋當時發言，形於翰墨，立名不朽，播于他邦。而丘明仍其本語，就加編次。……觀二傳所載，有異於此，其錄人言也，語乃齟齬，文皆瑣碎，夫如是者何哉？蓋彼得史官之簡書，此傳流俗之口説，故使隆促各異，豐儉不

---

❶《史通釋評．雜述》，頁三一五—三一九。

❷對劉知幾的歷史時間分段法，請參拙撰，〈試論劉知幾的時間觀念及其歷史撰述論〉，《大陸雜誌》七五：一，頁三〇—三七。

同。

尋《左氏》載諸大夫詞令，行人應答，其文典而美，其語博而奧，述遠古則委曲如存，徵近代則循環而覆，必料其功用厚薄，指意深淺，諒非經營草創出自一時，琢磨潤色獨成一手。斯蓋當時國史已有成文，丘明但編而次之，配經稱傳而行也。如二傳者，記言記事，失彼精華，尋源討本，取諸胸臆。夫自我作故，無所準繩，故理甚迂僻，言多鄙野，比諸《左氏》，不可同年。❶

劉知幾在這裡把史料分為親見與傳聞、原始文件與傳說、原始記錄與後來追釋等不同的類別，其分法頗似今日所謂的「第一手資料」和「第二手資料」、「原料」與「次料」或「直接史料」與「間接史料」。此則，以往的史家從未全面集中地談過。知幾以其對史學（historiography）獨特的關注，指出史料運用的區分並分析其價值，可謂是史學史上一項很好的發展。

接著對「中古」階段的《史記》《漢書》《三國志》《後漢書》等史書所採用的史料，也有所評析。針對《史記》，有云：「昔讀太史公書，每怪其所採多是《周書》《國語》

---

❶《史通釋評・申左》，頁五〇六—五〇七。

《世本》《戰國策》之流」；又有「而太史公述〈儒林〉則不取游、夏之文學，著〈循吏〉則不言冉季之政事，至於〈貨殖〉為傳，獨以子貢居先。掩惡揚善，既忘此義，成人之美，不其闕如？」❶；對《漢書》而言，則有：「至班固《漢書》，則全同太史，自太初已後，又雜引劉氏《新序》《說苑》《七略》之辭」❷並對書內之〈天文〉、〈藝文〉所取錄者，發出尖銳之批評❸；對陳壽《三國志》，則言：「……陳壽借米而方傳，此又記言之奸賊，載筆之凶人」❹；對范曄之《後漢書》，云：「爰洎范曄，始革其流，遺棄文才，矜衒文采

❶《史通釋評·雜説上》，頁五六四—七一。大抵劉知幾評司馬遷或孔子之書者，後世學者大多持維護孔馬之立場而譏駁知幾。

❷《史通釋評》〈採撰〉，頁一三七。

❸《史通釋評》〈漢書五行志錯誤〉，頁六四一—六六四。另〈書志〉，頁七二—八二，亦可知劉氏對史料的態度。

❹《史通釋評．曲筆》，頁二三二—二四〇。王鳴盛、朱彝尊、杭世駿皆辨其誣。另，彭仲鐸，〈史通增釋〉曾對陳壽記諸葛亮之事有所考解。羅常培、程千帆皆以爲彭考精確不移，亦可輔資瞭解陳壽《三國志》記事之真確性。唯彭文今不可見，所引可見羅常培之序，見《圖書季刊》新五：四。詳見程千帆，《史通箋記》，頁一三四—一三七。

，後來所作，他皆若斯」。❶又：「至范曄增損東漢一代，自謂無慚良直，而王喬鳧履，出於《風俗通》；左慈羊鳴，傳至《抱朴子》，朱紫不分，穢莫大焉」❷。雖然知幾對「中古」階段史書之取材，略有微言，但總評則說是：「當代雅言，事無邪僻，故能取信一時，擅名千載」❸，尚不致過惡。劉氏一方面對後世史家愈後愈喜採述正史以外之材料載入史書一事有所批評，另方面也逐漸接受這個趨勢。

然而，到他所謂的「近古」時期，史家越發大量起用雜書，知幾的看法與態度就有更明顯的差異了。在「看法」方面，劉氏接受史籍記述方式的轉變這項事實，他說：

> 由是史官所修，載事爲博，爰自近古，此道不行。史官編錄，唯自詢採，而左、右二史，闕注起居，衣冠百家，罕通行狀，求風俗於州郡，視聽不該，討沿革於臺閣，簿籍難見。❹

是說可憑為實錄的起居注、行狀、風俗、簿籍愈到後世愈少用於撰次，反是一些偏記小說在

❶《史通釋評·序例》，頁一〇六。
❷《史通釋評·採撰》，頁一三八。
❸同前註引文，頁一三七。
❹《史通釋評·忤時》，頁七〇一。

此期通行，這是承繼上面中古階段以後的風氣而擴大之的一種結果❶。在劉氏對史料運用的觀念裡，總不以其為美，但前世史家既多取為史料，他衹得把這些雜書，再加以析分為十流：

一曰偏記，二曰小錄，三曰逸事，四曰瑣言，五曰郡書，六曰家史，七曰別傳，八曰雜記，九曰地理書，十曰都邑簿。❷

偏記小錄，史料價值較高，「最為實錄」。因為「偏記」乃當世之人「權記當時，不終一代」之當代小史。如陸賈《楚漢春秋》，記楚漢之際的歷史，雖非全史，但記近事，作者耳聞目睹，有真情實感，故有較高史料價值，為司馬遷《史記》所資取。「小錄」是作者「獨舉所知，編為短部」的人物傳。如戴逵《竹林名士》、王粲《漢末英雄》，對了解這些人物的行事和對人物當代的史實都有幫助。「逸事」則「皆前史所遺，後人所記，求諸異說，為益實多」，作為拾遺之書，可補史遺，用資參考，故其史料價值亦不可低估。至於「瑣言」，所載乃「街談巷議」「小説巵言」，皆當時辯對，流俗嘲虐，如劉義慶《世説》裴榮

❶《史通釋評．雜述》，頁三一五，有「是知偏記小說，自成一家。而能與正史參行，其所由來尚矣。」

❷〈雜述〉，頁三一五。

期《語林》等，亦可提供史料，不止知幾所談「俾夫樞機者藉為舌端，談話者將為口實」而已，還有「郡書」，乃鄉人學者編而記之，往往「矜其鄉賢，美其邦族」，有溢美不實之處。其中如常璩之《華陽國志》等評審該博之作，也能「傳諸不朽，見美來裔」，又有以顯揚父母、誇其氏族、炫耀高門的「家史」之作，「事惟三族，言止一門」，亦有史料價值。「別傳」多「博采前史，聚而成書」，新言、別說，蓋不過十一，其書系錄「賢士貞女」之「百行殊途」的美德善跡，如劉向《列女傳》等即是。「雜記」乃搜采怪異之書，如干寶《搜神》，則史料價值不大。至於地理書、都邑簿者，實有很高的史料價值。「地理書」多志一方「物產殊宜，風俗異化」，但良莠不齊，其中有「言皆雅正，事無偏黨」者，亦有「競美其居，談過其實」者，也有以委巷傳聞為故實者。最後「都邑簿」言記「帝王桑梓」「經始之制」，如潘岳《關中》、陸機《洛陽》等，對都邑之宮闕、陵廟、街廛、郭邑的營造，能「辨其規模，明其制度」。以上均見《史通．雜述》。

除此之外，他還把「《呂氏》、《淮南》、《玄晏》、《抱朴》，凡此諸子，多以敘事為宗，舉而論之，抑亦史之雜也」也列為史料。這就是前述之正史、雜述之餘的第三種子家近史者。至此，可知劉知幾對史料的搜集看法極為廣泛。

知幾對史料的搜集，向來主張「博采」，即廣泛搜集資料。他說：

> 蓋珍裘以集腋成温，廣廈以群材合構，自古以探穴藏山之士，懷鉛握槧之客，何嘗不

> 徵求異説，采摭群言，然後能成一家，傳諸不朽。❶

所以博學多聞，綜覽群書，廣采眾説，是「能成一家，傳諸不朽」的重要條件，前面所舉《左傳》《史》《漢》，無一不首重博采。後面的十流雜家，雖其間「得失紛糅，善惡相兼」，「言皆瑣碎，事必叢殘」❷，終究「難以接先塵於《五傳》，並輝列於《三史》」，但仍具價值。

雖然知幾在看法上隨著後世史籍增多，史家撰述與取材的態度也有所轉變，以及雖然其所得結論總是後史不如前史，但是知幾還是接受這項史學發展的趨勢與結果。他說：

> 然則芻蕘之言，明王必擇，葑菲之體，詩人不棄，故學者有博聞舊事，多識其物，若不窺別錄，不討異書，專治周、孔之章句，直守遷固之紀傳，亦何能自致於此乎？且夫子有云：「多聞，擇其善者而從之」「知之次也」，苟如是，則書有非聖，學者博聞，蓋在擇之而已。❸

---

❶《史通釋評·採撰》，頁一三七。

❷《史通釋評·雜述》，頁三一八—三一九。

❸同前註。

這是間接承認別錄異書等十流的史料性質與可用性。唯於取捨之間，當有所「擇」罷了。博采並不是「務多為美，聚博為功」，仍須「別加研覈」以「練其得失，明其真偽」❶，因為史料不僅需要豐富，無疑真偽的問題更加重要。無論正史或雜品，都有史料真偽的問題，史家此時必須鑒別真偽，慎重取捨，然而何者可信可用？何者可疑可棄？往往又不是截然可辨，此時即需對史料加以區分並進行評估，然後再取用載入史籍。換言之，以劉知幾的話來說，此時必須運用其史才三長論中的史識，加以區別虛實真偽而「擇善」以記。如然，則其正確性與可讀性自然較高。

知幾也強調史料的辨偽工作，他說：

> 郡國之記，譜諜之書，務欲矜其州里，誇其氏族。讀之者安可不練其得失、明其真偽者乎？❷

更有採街談巷議、道聽途説之詞如「曾參殺人」「不疑盜嫂」者流，「皆得之於行路，傳之於眾口」言之者彼此有殊，書之者是非無定。「而後來穿鑿，喜出異同，不憑國史，別訊流

❶《史通釋評·採撰》，頁一三九。

❷《史通釋評·採撰》，頁一三九。

俗」如此傳聞失實的紀錄甚為乖濫。知幾因此得出結論：

故作者惡道聽塗説之違理，街談巷議之損實。……異辭疑事，學者宜善思之。❶

然則，如何辨別真偽呢？則須先區分史料的性質。他認為《史》《漢》在選擇史料時，不僅博徵，而且皆「當代雅言，事無邪僻」，所以能夠「取信一時，擅名千載」是值得學習的。次須確定真偽的原則，即「違理」、「損實」者當棄之不采，但欲做到此點也非易事，須要求史家具備高度「史識」方可，誠如知幾所言：「夫人識有不燭，神有不明，則真偽莫分，邪正靡別」也❷。

此外，史書記載是否符合自然規律之「理」，是否合乎當時社會實際情況，以及史書所記本身是否自相矛盾，都是必須考察的，劉知幾也都談到了❸。所以知幾提出警告：「書彼竹帛，事非容易，凡為國史，可不慎諸！」❹乃深具意義。

❶ 同前註，頁一四〇。

❷ 《史通釋評．暗惑》，頁六八一。

❸ 許凌雲，〈劉知幾的史料學思想〉，《史學史研究》，一九九〇：二，頁二八—二九。

❹ 《史通釋評．暗惑》，頁六九八。

總前所述，可知劉知幾史料學的見解，是相當完備的，像劉氏這樣全面論述史料的主張，可以說古之未有而發前人所未發。不過，詳審其言論，則仍未盡善，至少還有下列三點，可以一述：

（一）對史料的真實性與其分類，知幾論析雖明，但對史料的訂正與考證，則未有詳細的論述。因而《史通》之內極少數知幾所根據立言的資料，其本身即不甚正確，知幾未加以過濾即用以立說，以致引起後世學者特別是清朝學者的辯駁❶。

（二）真史料與偽史料的價值，固是前者高於後者，然而唐朝以前已存在有許多虛偽史料，若能詳加考訂，則虛偽史料中仍可有當作真切的史料使用，因為偽史料有時也反映出一種歷史情況。知幾但取實錄真料，似未鑒及於此❷。

（三）知幾沒有注意到史料與史家的關係。劉知幾多就史料是否符合歷史情況著眼，而

---

❶ 呂思勉，〈廣疑古〉，《史通評》（臺北：商務印書館，民國六十年，臺二版），頁九〇—一〇三；又《史通釋評·疑古》云：「《論語》專述言辭，《家語》兼陳事業……」，見頁四五三—四五四。《家語》之偽，清范家相《孔子家語證偽》（鑄學齋本）及孫志祖《孔子家語疏證》（式訓堂叢書本），考證甚詳。引見程千帆，《史通箋記》，頁二六二。又焦竑，《焦氏筆乘》（上海古籍出版社，一九八六），頁九六—九七。

❷ 白壽彝，〈劉知幾的史學〉，《中國史學史論集》（上海：人民出版社，一九七九），頁一〇〇。

未瞭解史家個人的見解，也能左右史料的真實性❶。事實上史料的價值，不僅會隨時代而變，也會隨史家而變。史家能善用史料，則史料的價值即出❷。歷史的建構，正需史家與史料兩者之間不斷交互溝通而後始成，兩者缺一不可❸。換言之，劉知幾對主體——史料——客體之間的辯證關係，尚乏完整的了解。

儘管知幾的史料學有以上三點缺失，但它對史料價值系統的建立，可說發揚了過去史學的優良傳統。實際上，以上三點與其說是糾其缺失，毋寧說是補罅其說的。史料是歷史學最重要的部分之一，以前曾有「沒有史料，沒有歷史」❹的說法，雖有忽略史家的重要性，但史料與歷史之間的密切關係卻因此而凸顯。史料的選擇與運用，正是史家三長所必須交會的第一個焦點。

鄭樵對史料學主張，基本上比較不明顯，與劉、章兩氏相差甚多，但大致可以從第二章

---

❶ 同前頁註❷。

❷ 杜維運，《史學方法論》（臺北：華世出版社，民國六十八年），第九章〈史料析論〉，頁一四三—一四四。

❸ 王任光譯，卡爾（Edward H. Carr）原著《歷史論集》（*What is History, 1961*）臺北：幼獅書店，民國五九年，頁二三。

❹ 引自杜維運，《史學方法論》，頁一三一。

第一節通識觀念之中，鄭樵的會通思想整理出來。他曾經說：

> 天下之理不可以不會，古今之道不可以不通，會通之義大矣哉。仲尼之爲書也，凡典、謨、訓、誥、誓命之書散在天下，仲尼會其書而爲一，舉而推之，上通於堯、舜，旁通於秦、魯，使天下無遺書，世代無絕緒，然後爲成書。司馬遷之爲書也，當漢世挾書之律初除，書籍之在天下者，不過《書》、《春秋》、《世本》、《戰國策》數書耳。遷會其書而爲一書，舉而推之，上通乎黃帝，旁通乎列國，使天下無遺書，百代無絕緒，然後爲一書。史家據一代之史，不能通前代之史，本一書而修，不能會天下之書而修，故後代與前代之事不相因依。又諸家之書，散落人間，靡所底定，安得爲成書乎？❶

這是鄭樵總結孔子與司馬遷修史的經驗而作的概括，也就是他說過的「修書之本，不可不據仲尼、司馬遷會通之法」❷。他的意思是修史書必須先要「會天下書」，亦即是史料搜求與處理的問題，他主張史家須博綜所有文獻，不止要遍覽三館四庫的藏書，而且要注意搜集散

❶《夾漈遺稿．上宰相書》，頁五二一。

❷《夾漈遺稿．上宰相書》，頁五二一上。

落民間的書籍。最後是「盡見天下之書，方可以無遺恨」。

鄭樵本人修書時，就是這種主張的實踐者，他是「搜盡東南遺書，搜盡古今圖籍，又盡上代之鼎彝與四海之銘碣，遺篇缺簡，各有彝倫，大篆梵書亦為釐正」❶又說自己是「三十年著書，十年搜訪圖書，竹頭木屑之積亦云多矣，將欲一旦而用之可也」❷這是大原則的問題，鄭樵說得很清楚。但大原則之下，就沒有與劉、章兩氏專文專篇申述其更進一步見解的文字了。因而只能在隱晦中從他所留下的代表作《通志》去爬梳了。在〈列傳〉中可找出若干例子來說明之。大抵鄭樵在補正歷代正史列傳缺略的部分，是以史料的編排，參同校對，再擇善以從。如：《史》《漢》同記西漢人氏之傳記，鄭樵以內容充實、資料豐富的傳文為主，以賈誼、晁錯為例，鄭樵取《漢書》為多，因《漢書》的資料比《史記》豐富充實。但若兩書記載互有衝突，則鄭樵選擇《史記》為準。又如樵寫〈蕭何傳〉，不取《漢書》而採錄《史記．蕭相國世家》。同理，當他採述南北朝各史時，以李延壽的《南史》與《北史》互校，然後擇善而從，補正闕略。又在《通志．文苑傳》裡，鄭樵綴錄《北史》記載的王褒、庾信、顏之推兄弟諸人的傳文，來補全《周書》的漏缺。又《隋書》未撰載的部分，則鄭樵亦根據《北史》的資料，次第增編❸。

❶《夾漈遺稿．獻皇帝書》，頁五一四下。

❷同前頁❷引書，頁五二二上。

❸廈門大學鄭樵研究小組，〈鄭樵史學初探〉，《中國史學史論集》，頁三三一。

在鄭樵考證梁朝呂僧珍紀年錯誤時，是以姚思廉的《梁書》本傳、李延壽的《南史》及沈約的《宋史》，互相校對，然後指明其錯誤所在❶。由此可見，鄭樵修列傳時，仍有劉知幾的「博采」、「擇善」兩大原則，並非盲目鈔襲。以上所述，大致沒有超出劉知幾的範圍之外。但鄭樵在《二十略》的〈金石〉和〈校讎〉兩略在史料學乃至下述編纂學上都有很大的貢獻。〈金石略〉上說：

> 方冊者，古人之言語。款識者，古人之面貌。以後學跂慕古人之心，使得親見其面而聞其言。何患不與之俱化乎？所以仲尼之徒三千，皆爲賢哲，而後世曠世不聞若人之一二者，何哉？良由不得親見聞於仲尼耳。蓋閑習禮度，不若式瞻容儀。諷誦遺言，不若親承音旨。今之方冊所傳者。已經數千萬傳之後。其去親承之道遠矣。惟有金石所以垂不朽。今列而爲略。庶幾式瞻之道猶存焉。且觀晉人字畫，可見晉人之風猷；觀唐人書蹤，可見唐人之典則。此道後學安得而舍諸。三代而上，惟勒鼎彝，秦人始大其制而用石鼓。始皇欲詳其文而用豐碑。自秦迄今，惟用石刻，散佚無紀，可爲太息。❷

❶ 廈門大學鄭樵研究小組，〈鄭樵史學初探〉，《中國史學史論集》，頁三三一。

❷ 《通志略·金石序》，頁七三四。

以金石款識保存史料，確比其他圖籍更能持久。而鄭樵特以〈略〉的形式發論，也算是一大建樹。另在〈校讎略〉上，對於如何搜輯史料、儲備史料、校勘史料等方面也提出許多可貴的方法和意見。對於如何搜集史料，他列舉二十一個題目，既詳細論述了求書的途徑，又對搜集而來的史籍如何作分類和編排的方法加以介紹❶。《通志》在史料文獻方面可祖述者唯此兩略而已。

至於章學誠的史料學主張，則相當豐富且自成體系。他的主張比劉、鄭兩氏更為開廓，是章氏整個史學思想體系中的重要部分。首先，他提出「六經皆史」的觀念。此說涵蓋至廣，略云：

> 六經皆史也。古人不著書，古人未嘗離事而言理，六經皆先王之政典也。或曰：《詩》、《書》、《禮》、《樂》、《春秋》，則既聞命矣。《易》以道陰陽，願聞所以爲政典，而與史同科之義焉。曰：聞諸夫子之言矣。「夫《易》開物成務，冒天下之道。」「知來藏往，吉凶與民同患。」其道蓋包政教典章之所不及矣。象天法

---

❶《通志略·校讎略》，頁七二一—七二八。二十一個題目都詳列於其中，茲不贅述。可參倉修良，〈鄭樵和《通志》〉，《杭州大學學報》一九八〇年第四期，頁一〇四；顧志華，〈鄭樵《校讎略》在歷史文獻學上的價值〉，《華中師院學報》一九八四：一，頁七〇。

地，「是與神物，以前民用。」其教蓋出政教典章之先矣。❶

「六經皆史」的說法，言者以為宋代以降即已有之，並非章氏新創❷，誠然沒錯。但縱覽《史通》，似也不難發現劉知幾已經把經書當作史書甚至史料來看待，開「六經皆史」說的先河了。知幾認為《尚書》是記言之史，說：

> 《書》之所主，本於號令，所以宣王道之正義，發話言於臣下，故其所載者典、謨

---

❶ 葉瑛校注，《文史通義校注》（北京：中華書局，一九八三）卷一，內篇一，〈易教上〉，頁一。

❷ 六經皆史的說法，至宋陳傅良明確提出，見徐得之《左氏國紀序》，自宋以降，劉恕、王陽明、王世貞、胡應麟、顧炎武、馬驌皆曾論之，近人錢鍾書《談藝錄》（增訂本）亦曾詳述，見頁二六一—二六五。又可見喬衍琯，《文史通義：史筆與文心》（臺北：時報文化事業公司，民國七十二年），頁五三。另參小島祐馬，〈李卓吾と「六經皆史」〉，《支那學》第十二卷（日本：弘文堂，一九四六—一九四七）《花甲閒話》，頁一六九—一七六，亦涉及章學誠之六經皆史說。唯李氏之說於章氏生時恐不易見到其書，影響可能不大；余英時以爲章氏以清代陸王的正傳自命，則王陽明「五經皆史」論，必對章氏有所啟發，惟王氏以經學理學言史，其立場與章氏亦不盡同，故其間關係恐係章氏私淑浙東學派的傳說而作出的回應。可見余英時《論戴震與章學誠》，頁四五—四七。

、訓、誥、誓、命之文。至如〈堯〉〈舜〉二典直序人事，〈禹貢〉一篇唯言地理，〈洪範〉總述災祥，〈顧命〉都陳喪禮，茲亦爲例不純者也。❶

他認為《春秋》為記事之史，是孔子述魯史以寓褒貶，如：

> 逮仲尼之修《春秋》也，乃觀周禮之舊法，遵魯史之遺文，據行事，仍人道，就敗以明罰，因興以立功，假日月而定曆數，藉朝聘而正禮樂，微婉其說，志晦其文，爲不刊之言，著將來之法。❷

他也認為《易》、《詩》、《禮》亦屬史籍，在《史通·自敘》曾說：

> 昔仲尼以睿聖明哲，天縱多能，睹史籍之繁文，懼覽者之不一，刪《詩》爲三百篇，約史記以修《春秋》，贊《易》道以黜八索，述《職方》以除九丘，討論墳、典，斷自唐、虞，以迄於周。

❶《史通釋評·六家》，頁二。

❷《史通釋評·六家》，頁七。

即把孔子所整理的經書全部視為史籍。這種觀點在當時新人耳目，對後世也產生了深遠的影響❶。學誠後來提出「六經皆史」說，應當也受到其影響無誤，只是學誠的說法另有新義，而在清代學術史上佔有一席重要地位。

錢穆曾闡明「六經皆史」的意義，大略說：

> 六經只是古代在政治一切實際作爲上所遺下的一些東西，並不是幾部空言義理的書。我們也可以改說：六經都是「官書」。也可說：六經都是當時衙門裡的檔案。或說是當時各衙門官吏的必讀書。這幾句話，也就是《漢書·藝文志》所謂的「王官之學」。〈六藝略〉是王官之學，也即可稱是貴族之學。這些學問，後來慢慢兒流到民間，才有諸子百家。❷

---

❶ 可參孫欽善，〈劉知幾在古文獻學上的成就〉，《文獻》一九八八：四，頁二二二—二二三。當然這種觀點在後世引起反彈，自不乏其人。本文要點則在劉、章兩人之間對六經取得一種傳承的看法。孫欽善的看法，筆者十分認同。當然傅振倫，〈章學誠在史學上的貢獻〉，原載《史學月刊》一九六四：九，又收於《中國史學史論文集》（上海：人民出版社，一九七九），頁五五二，恐是較早論及此點的一篇文章。

❷ 錢穆，《中國史學名著》（臺北：三民書局，民國六十三年，再版）第二冊，頁三一三—三一四。

錢氏認為六經皆先王政典，並具有「通經致用，施之政事」的涵義❶，故六經不同於後世所謂的史籍，而是指「官學」，即「古代政府掌管各衙門文件檔案者」。而錢門高弟余英時，則以錢氏說法為基礎逐步分析學誠的「六經皆史」說，其要點是：

一、首先要打破六經載道的見解。

二、六經中所可見者，祇是三代官師未分那一階段中道的進程，三代以後的道，則不可能向六經中去尋找。

三、六經已不足以盡道，而經學家從事考證訓詁復不足以通經，則去道之遠，可以想見。

四、六經既不足以盡道，遂進而有「文史不在道外」之說。

五、六經既只是古史，則最多只能透露一些道在古代發展的消息。至於「事變之出於後者，六經不能言」，三代以下之道，便只有求之於三代以後之史了。把「六經皆史」說的涵義推展至極，便會得到「貴時王制度」的結論，因為時代愈近，便愈可以見道的最新面貌，而時王的政典也必然成為後世的「六經」。

六、對實齋而言，經學考證可說是一條走不通的路。通過方志和〈史籍考〉的編纂，他逐漸建立「以史概經」、「以今代古」的理論根據，最後凝聚在「六經皆史」這一

❶ 錢穆，《中國近三百年學術史》（上海：商務印書館，一九四八，三版）上冊，頁三九三。

中心命題中。故「六經皆史」是整個清代學術史上，繼顧炎武「經學即理學」以後一項最大的突破。❶

余氏融會中外當代重要史家的見解，而對「六經皆史」提出脈絡清楚的解釋，自是甚見精湛。余氏多就經史關係的變化立言闡明之，當然其論點的特性在於把「六經皆史」放在整個清代學術史中，並配合其承先啟後的觀點，頗能反映出章氏之說的時代性質。可是就錢余兩氏的解釋，其所主張的「先王政典」或「檔案記錄」仍可納入史料說之內。只是史料一說不足以涵蓋「六經皆史」的所有意義而已。

胡適則認為「六經皆史」是有價值的史料。胡氏知道「六經皆史」是一句孤語，本不能據以斷言，但因為章學誠另外還有一句話：

> 愚之所見，以爲盈天地間，凡涉著作之林皆是史學。《六經》特聖人取此六種之史以垂訓者耳。子、集諸家其源皆出於史。末流忘所自出，自生分別。故於天地之間，別爲一種不可收拾、不可部次之物，不得不分四種門户矣。❷

❶　余英時，《論戴震與章學誠》，第五章。此引喬衍琯，前揭書，頁五五—五六。

❷　《文史通義．報孫淵如書》，頁三四二。

胡氏遂認為可以充分說明六經為史料❶。其實這裡所論的「凡涉著作之林，皆是史學」，比起上面所指的六經，範圍已擴大至多。許冠三也認為學誠的「六經皆史」及「凡涉著作之林，皆是史學」之中的「史」和「史學」，均指「史料」而言，並認為章氏之史學有特義、專義、泛義之分，而泛義（即廣義）之史學即指所有著作，故六經為「先王政典」也是著作，因此以史料視之，最為通達❷。

其實學誠的「史學」有嚴肅的意義，從不輕易許人，雖說「著作之林」皆是「史學」，但若非別識心裁，具備「圓而神」的特質，則非其心目中理想的史學，所以他說：

> 世士以博稽言史，則史考也；以文筆言史，則史選也；以故實言史，則史纂也；以議論言史，則史評也；以體裁言史，則史例也。唐、宋至今，積學之士，不過史纂、史考、史例；能文之士，不過史選、史評，古人所為史學，則未聞矣。❸

---

❶ 胡著姚補，《章實齋先生年譜》（臺北：商務印書館，民國六十二年，臺二版），頁一三七。

❷ 許冠三，《劉知幾的實錄史學》（香港：中文大學出版社，一九八三），頁一七八。又可參岡崎文夫，〈章學誠の史學大要〉，《史學研究》第二卷，（一九三一）。頁三三三—三三五。

❸ 《文史通義·上朱大司馬論文》，頁三〇八。

可見其要求嚴苛，因為「史學所以經世，固非空言著述也」。所以素來只聞學誠許過曾鞏、知幾數人而已❶。

倉修良為調和胡、錢兩氏意見，而有折衷性的說法。他以為學誠「六經皆史」具「史料」之意，但也具備「經世致用」的目的。似較前兩者更能掌握六經皆史的原來意義，但是否即合於學誠的本意，則似可進一步探討。且從六經一一著手而論之。

《文史通義》卷一即有〈易教〉上中下三篇，大意是說：《易》在推天道以合於人事。人事隨時改變，故易理也當隨時廢興，因事制宜，不可拘泥而不知變通。而且應歸本於人事物用，不尚虛言。如此其史學價值始顯。顧頡剛曾就《周易》卦爻繫辭，舉史例說明其歷史價值❷；許宏恷肯定《周易》在研究殷商制度的可靠性❸。兩氏的研究成果更加強了《周易》為史的明證。章氏能了解到《周易》卦爻辭中所包含的歷史事實，是其過人之處。

關於《書經》，《文史通義》卷一有〈書教〉三篇，上篇有云：

---

❶ 章學誠曾云：「鄭樵有史識，而未有史學；曾鞏具史學，而不具史法；劉知幾得史法，而不得史意。」，見《文史通義．和州志志隅自序》，頁三九八。

❷ 顧頡剛等編著，《古史辨．周易卦爻辭中的故事》（第三冊），頁一——一五。三田村泰助，〈章學誠◯「史學」の立場〉，《東洋史研究》十二：一（一九五二），頁二——一七。

❸ 杜正勝編，《中國上古史論文選集》（臺北：華世出版社，民國六十八年），頁八三三——八五◯。

記曰：「左史記言，右史記動。」其職不見於《周官》，其書不傳於後世，殆禮家之衍文歟？後儒不察，而以《尚書》分屬記言，《春秋》分屬記事。則失之甚也。夫《春秋》不能舍傳而空存其事目，則《左傳》所記之言，不啻千萬矣。《尚書·典謨》之篇，記事而言亦具焉；〈訓誥〉之篇，記言而事亦見焉。古人事見於言，言以爲事，未嘗分事言爲二物也。劉知幾以二典貢範諸篇之錯出，轉譏《尚書》義例之不純，毋乃因後世之空言而疑古人之實事乎！❶

《尚書》所記，時代較早，史事簡單，故多是記言，看來親切生動。到春秋時，史事漸繁，記言便太冗長，因而用較為簡明的記事體。由記言至記事，實和時代有關，唯從而亦可以肯定學誠以《尚書》為周代以前之史，殆無疑義。

學誠認為《尚書》各篇，皆惟意所命，並無成法，故又云：

遷書紀表書傳，本左氏而略示區分，不甚拘拘於題目也，伯夷列傳，乃七十篇之序例，非專爲伯夷傳也；屈賈列傳，所以惡絳灌之讒，其敍屈之文，非爲屈氏表忠，乃弔賈之賦也。倉公錄其醫案，貨殖兼書物產，龜策但言卜筮，亦有因事命篇之意，初

❶《文史通義·書教上》，頁八—九。

不沾沾爲一人具始末也。……而或譏其位置不倫，或又摘其重複失檢，不知古人著書之旨，而轉以後世拘守之成法，反訾古人之變通，亦知遷書體圓而用神，猶有《尚書》之遺者乎！❶

其推崇尚書體，在〈書教下〉則明白指出：

以《尚書》之義爲《春秋》之傳，則左氏不致以文徇例，而浮文之刊落者多矣。以《尚書》之義爲遷史之傳，則八書三十世不必分類，皆可倣左氏而統名曰傳。或考典章制作，或敍人事終始，或究一人之行，或合同類之事，或錄一時之言，或著一代之文。因事命篇，以緯本紀。則較之左氏翼經，可無局於年月後之累；較之遷史之分例，可無歧出互見之煩。文省而事益加明，例簡而義益加精，豈非文質之適宜，古今之中道歟？❷

❶《文史通義·書教下》，頁一三。

❷此段文字，諸本不一，此據葉瑛校注，《文史通義校注》（北京：中華書局，一九八三），頁五二—五三。

其所推重的尚書體，由上文可知即是紀事本末體。他以為「本末之為體也，因事命篇，不為常格，非深知古今大體，天下經綸，不能網羅隱括，無遺無濫，文省於紀傳，事豁於編年，決斷去取，體圓用神，斯真《尚書》之遺也」❶。雖謂如此，但袁樞之《通鑑紀事本末》畢竟比《尚書》要詳密得多。《尚書》雖為後世史書體例之典範，但因受到漢代方士儒生以「陰陽五行說」加以解釋，並與當時流行的讖緯相結合，致使《尚書》後來流於神秘和空疏。章氏視《尚書》為史，即在恢復《尚書》未經曲解的原貌❷。

有關《詩》為史之論述，章學誠多著眼於詩文中所含有的歷史事實而言，他說：

> 古無私門之著述，《六經》皆史也。後史襲用，而莫之或廢者，惟《春秋》、《詩》、《禮》三家之流別耳。……文徵諸選，風《詩》之流別也，……呂氏《文鑑》，蘇氏《文類》，始演風《詩》之緒焉。❸

又：

❶ 同上註引書，頁五一—五二。

❷ 楊志遠，《章實齋史學思想之研究》（東海大學歷史研究所，碩士論文，未刊，民國八十一年），頁四七。

❸ 《文史通義·方志立三書議》，頁三八九。

> 《文選》《文苑》諸家，意在文藻，不徵實事也。《文鑑》始有意於政治，《文類》乃有意於故事，是後人相習久，而所見長於古人也。……《文鑑》《文類》，大旨在於證史，亦不能篇皆繩以一概也。❶

以「詩」證「史」，對歷史研究範圍之擴大，甚有貢獻。荷馬史詩是西方史學的重要史料；研究唐史學者，常引《全唐詩》的內容以證其說，都可說明此理。《詩經》多為西周初年迄於春秋中期中國北方各地的民歌，其中內容也都表達了當時的社會狀況。茲舉一二例說明之，如〈小雅．信南山〉保存了土地制度的史料；〈魯頌．閟宮〉記載周祖先古公亶父自豳遷岐的故事等等均是❷。

至於《樂》為史的論述，學誠並未寫〈樂教〉專篇加以闡述。唯他曾在〈書教上〉云：「《樂》亡而入於《詩》《禮》」，可見《樂》與《詩》及《禮》都很有關係。他又說：

> 自古聖王以禮樂治天下，三代文質出於一也。世之盛也，典章存於官守，禮之質也，情志和於聲詩，樂之文也。❸

---

❶《文史通義．方志立三書議》，頁三九二。

❷楊伯峻等，《經書淺談》（臺北：國文天地雜誌社，民國七十八年），頁四〇—四一。

❸《文史通義．詩教下》，頁二〇。

《詩》是文字的記載，《樂》則是聲音的記錄，兩相配合，可充分反映古人之生活情感與思想，透過這些詩歌樂曲，可以明白先民的社會種種。雖然《樂》經已佚，但學誠既講「六經皆史」，則當然不能略，故雖未列專文申其論説，而附置於〈詩教下〉，筆者以為反得其體，可以看出其卓越深識的一面。

關於《禮》之為史，章學誠論禮共有五端，是云：

> 近人致功於《三禮》，約有五端，溯源流也，明類例也，綜名數也，考同異也，搜遺逸也。此皆學者，應有之事，不可廢也。然以此爲極則，而不求古人之大體，以自廣其心，此宋人所譏爲玩物喪志，不得謂宋人之苛也。❶

「溯源流」「明類例」「綜名數」「考同異」「搜遺逸」可說是正統治《禮》的方法，但他不以這五端為極則，而認為這五端只能藏往不能知來，且有點「離事而言理」，他說：

> 《易》曰：「知以藏往，神以知來。」夫名物制度，繁文縟節，考訂精詳，記誦博洽，此藏往之學也。好學敏求，心知其意，神明變化，開發前蘊，此知來之學也。可

---

❶《文史通義·禮教》，頁二五。

> 以藏往而不可以知來，治禮之盡於五端也。推其所治之禮，而折中後世之制度，斷以今之所宜，則經濟人倫，皆從此出，其爲知來，功莫大也。學者不得具全，求其資之近而力能勉者斯可矣。❶

又說：

> 禮家講求於纂輯比類，大抵於六典五儀之原，多未詳析，總緣誤識以儀爲禮耳。夫制度屬官，而容儀屬曲，皆禮也。然容儀自是專門，而制度兼該萬有，捨六典而拘五儀，恐五儀之難包括也。雖六典所包甚廣，不妨闕所不知，而五儀終不可以爲經禮之全，綜典之書，自宜識體要也。❷

禮是先王典制，章學誠以為典制的建立是歷史發展的重要特徵。探求禮制，識得「體要」，分別「制度」與「容儀」的差異和輕重，自能掌握禮教之旨，而為後世之法則。

六經最後之《春秋》為史，殆無可置疑，然則學誠一向推崇《春秋》為史之大原，何獨

❶《文史通義·禮教》，頁二五—二六。

❷同前註，頁二六。

未撰〈春秋教〉？實令人不解。當然也引來諸多史家的嘗試解釋。首先內藤虎次郎認為〈春秋教〉已在〈書教〉中論及，故無需再另撰〈春秋教〉了❶。內藤的根據是章學誠曾經說過：

> 《書》與《春秋》，本一家之學也。《竹書》雖不可盡信，編年蓋古有之矣。《書》篇乃史文之別具，古人簡質，未嘗合撰紀傳耳。左氏以傳翼經，則合爲一矣。其中辭命，即訓誥之遺也；所徵典實，即〈貢範〉之類也。故《周書》訖平王，而《春秋》託始於平王，明乎其相繼也。左氏合而馬班因之，遂爲史家一定之科律。❷

學誠以為《尚書》與《春秋》有相秉承的關係，因為《尚書》訖於平王，而《春秋》始於平王，且「《書》亡而入於《春秋》」，故知之。

之後，高田淳仍持內藤氏的說法❸。錢穆則以為學誠認定孔子「有法無位，不能制作」，不能肯定孔子和《春秋》的關係，故有理論上的困難，所以未能下筆❹。余英時則未

---

❶ 內藤湖南，〈章學誠の史學〉，《支那史學史》（東京：弘文堂書房，一九四九），頁六二四。

❷ 《文史通義·方志立三書議》，葉瑛校注本，頁五七二。

❸ 高田淳，〈章學誠の史學思想について〉，《東洋學報》第四七卷，頁六六—六七。

❹ 錢穆，〈孔子與春秋〉，《兩漢經學今古文平議》（臺北：東大圖書公司，民國七十八年），頁二七〇。

同意內藤與高田兩氏的說法，認為是學誠受到「權威主義」的影響所致❶。此外，王克明以為《春秋》多重夷夏之防，對於文網甚密的乾隆朝，學誠恐多言致禍，故不能不有所顧忌❷。其實學誠個性保守且頗有儒家傳統的忠君思想，即使寫了〈春秋教〉，也不致於以夷夏之防來觸犯滿清忌諱。周啟榮則認為學誠未撰之因不是理論和權威的關係，更不是夷夏之防的緣故，他認《春秋》乃孔子吸收《六藝》而大成，已經包含有諸經的特色，〈春秋教〉自然不必再重複諸經所談，也就沒有寫的必要了❸。

---

❶ 余英時，《論戴震與章學誠》，頁七七—七八，注十五條所云。

❷ 王克明，〈章學誠先生的學術思想概述〉，《致理學報》第二期（民國七十二年），頁五五。

❸ 周啟榮，〈史學經世：試論章學誠《文史通義》獨缺〈春秋教〉的問題〉，《國立臺灣師範大學歷史學報》第十八期（一九九〇、六），頁一七五—一七八。周文以爲《春秋》吸收了《易》的「以天道切人事」的原則與用辭謹嚴的「義例」，且筆削中又不廢災異，透過對天象的記錄而得推明大道；也吸收了《書》的訓詁文體及地理、五行（在〈禹貢〉〈洪範〉）的法則；於《詩》，它保存了「言情達志，敷陳諷諭，抑揚涵泳」的抒發情志作用；於《禮》，它維護了尊卑、陰陽、貴賤、時位的等級觀念，故云《春秋》包含了諸經的特色。對權威主義的說法，可參倪文森（D. S. Nivison）專書，頁十七，一四九—一五〇。戴密微、余英時皆沿用其說，除周啟榮外，白安理（Umberto Bresciani）則反對之，可參白氏，《西方漢學家研究文史通義的商兑》（台大中文所博士論文，民國七十二年，未刊）第二章第一節，頁三一—六二。

由上可知「六經皆史」意涵甚廣，但其中要義之一，即是可以當做「史料」來看，要明瞭學誠的史料學系統，一定要先了解學誠此語。

章學誠另外還說「盈天地間，凡涉著作之林，皆是史學」，以後即詳述其具體主張於〈論修史籍考要略〉〈史考釋例〉和〈史籍考總目〉諸文之中❶，凡十五端，關於史料學的就有十項，茲分別簡述如下：

一、存古逸：

史之部次後於經，而史之源起實先於經，周官外史掌三皇五帝之書，倉頡嘗爲黃帝之史，則經名未立而先有史矣。後世著錄，惟以《史》、《漢》爲首，則《尚書》、《春秋》尊爲經訓故也。今作史考，宜具原委。凡《六經》、《左》、《國》、周秦諸子所引古史逸文，如《左傳》所稱〈軍志〉、〈周志〉，《大戴》所稱〈丹書〉、〈青史〉之類，略倣《玉海·藝文》之意，首標古逸一門，以討其原。

❶ 原應見於《史籍考》，惟因該書未成，後又失佚不傳，故只能就〈論修史籍考要略〉〈史考釋例〉等諸短文去理解章氏史料學之主張。可詳《校讎通義》（華世出版社，一九八〇）外篇，頁六四〇—六六四。但又有傳說《史籍考》稿流落在美國國會圖書館，已是一部成書。也有傳說不在美國，原稿已爲火毀，參劉節，《中國史學史稿》（河南：中州書畫社，一九八二），頁四〇二。

學誠主張蒐集先秦的逸史，因先秦史料不多，故不但逸史要輯，逸子也可兼輯。這些都是古代社會史的絕好資料。如錢穆《先秦諸子繫年》便以諸子來考戰國史，可補《戰國策》、《史記》的不足，即是其中著名一例。

二、采逸篇：

> 若兩漢以下至於隋代，史氏家學，尚未盡泯。亡逸之史，載在傳志，崖略尚有可考。其遺篇逸句，散見群書，稱引亦可寶貴。自隋以前，古書存者無多，耳目易於周遍，可倣王伯厚氏採輯鄭氏《書》、《易》、《三家詩訓》之例，備錄本書之下，亦朱竹垞氏采錄緯侯逸文之成法也。此於史學所補，實非淺鮮。

學誠意在說明兩漢至隋的逸史蒐輯亦不易，宜由專人負責，他看出王應麟、朱彝尊等輯佚的成就與貢獻，故欲用於《史籍考》的編撰。這份見識與重視逸文逸篇的用心，值得後人欽佩。

三、通經部：

> 古無經、史之別，《六藝》皆掌之史官，不特《尚書》與《春秋》也。今《六藝》以聖訓而尊，初非以其體用不入史也。而經部之所以浩繁，則因訓詁、解義、音訓而多

。若《六藝》本書，即是諸史根源，豈可離哉？今如《易》部之〈乾坤鑿度〉、《書》部之〈逸周諸解〉、《春秋》之〈外傳〉〈後語〉、韓氏傳《詩》、戴氏記《禮》，俱與古昔史記相爲出入。雖云已入朱氏《經考》，不能不於〈史考〉溯其淵源，乃使人曉然於殊途同歸之義。然彼詳此略，彼全此偏，主賓輕重，又自有權衡也。

群經的注疏，不只是訓詁、解義和音訓，其中所徵引的史籍不少，至不乏逸史，特別值得注意。

四、擇子部：

諸子之書，多與史部相爲表裡。如《周官》典法，多見於《管子》、《呂覽》。列國瑣事，多見於《晏子》、《韓非》。若使鉤章釽句，附會史裁，固非作書體要。但如〈官圖〉、〈月令〉、〈地圓〉諸篇之鴻文鉅典，〈儲説〉、〈諫篇〉之排列記載，實於史部例有專門，自宜擇取要删；入於篇次，乃使史事者無遺憾矣。

錢穆用諸子考史，取得重大收穫，已見上述。學誠於此又舉晏子、管子、韓非、呂覽等四子為例，固不周遍，但可看出以子考史的重要性。

五、裁集部：

漢魏六朝史學，必取專門文人之集，不過銘、箴、頌、誄、詩、賦、書、表、文檄諸作而已。唐人文集，間有紀事，蓋史學至唐而盡失也。及宋元以來，文人之集，傳記漸多，史學文才，混而爲一，於是古人專門之業，不可問矣。然人之聰明智力，必有所近，耳聞目見，備急應求，則有傳記誌狀之撰，書事記述之文，其所取用，反較古人文集徵實爲多。此乃史裁本體，因無專門家學，失陷文集之中，亦可惜也。是宜取其連篇累卷入史例者，分別登書，此亦朱氏取〈洪範五行傳〉於曾、王文集之故事也。

又云：

文集者，一人之史也。家史國史與一代之史，亦將以取證焉，不可不致慎也。❶

❶《文史通義》外篇二，〈韓柳二先生年譜書后〉，頁二六六；另《校讎通義》外篇，〈東雅堂校刊韓文書后〉亦云：「文集者，一人之史也。其事其文，苟與其人相涉，未有不爲一例通篇」亦可參考。見頁六二九。

章學誠上述重點在「取其連篇累卷入於史例者，分別登書」，故可以有兩種做法：(一)是祇取合於史裁的傳記文集，才予以登書。當然此法遺珠也多。(二)是索引式的，珠沙並陳，不甚選擇。此兩種方法，宜就需要實情，加以選擇，或互參使用❶。

六、選方志：

章學誠此則主張，請見本章第四節，茲不複述。

七、略譜牒：

方志在官之書，猶多庸劣。家譜私門之記，其弊較之方志，殆又甚焉。古者譜牒掌於官，而後世自為書，不復領於郎令史故也。其徵求之難，甚於方志，是亦不可得而強索者矣。惟於統譜類譜，彙合為編，而專家之譜，但取一時理法名家，世宦巨族，力之所能及者，以次列之，仍著所以不能遍及之故，以待後人之別擇可耳。

家譜族譜，徵集固然不易；數量太多，別擇也必困難，惟能時常留意徵集，並請通人纂修，具有史裁，則其價值即高，蓋譜牒之中不僅有世系人物，更有極豐富且具價值的社會史料

❶ 喬衍琯，《史筆與文心》，頁一六九—一七一。

，譬如可用來做為當時人口年齡的統計或各地族姓的分布與流動，均極具史料價值。族譜甚多，但學誠只注意到統譜、類譜和名家巨族，顯然不夠。今之族譜，較前多出甚多，也宜有專人負責整理考訂，一如方志，把結論供有志修史籍考的人參考。

以上文集與家譜，都是「史傳之支流，亦以備史傳之采取也」❶，可備為國史參酌取捨之用。

八、尊制書：

《列聖寶訓》《五朝實錄》《巡幸盛典》《蕩平方列》一切尊藏史宬者，不分類例，但照年月先後，恭編卷首。

其實奏議與詔策，亦在制書之外為學誠所重，因為兩者皆信而可徵❷。

---

❶《校讎通義》外篇，〈高郵沈氏家譜敍例〉，頁六七八。亦可見《章氏遺書·劉忠介公年譜序》，云：「魏晉以還，家譜圖牒，與狀述傳志相爲經緯。蓋亦史部支流，用備一家之書而已」，見頁四六五上。又〈與馮秋山論修譜書〉，亦云：「夫譜乃一家之史。史文宜簡宜繁，各有攸當。豈得偏主簡之一說以概其凡！」見《校讎通義》，頁六八一。

❷《文史通義·方志略例一》〈和州志皇言紀序例〉，云：「司馬遷侯國世家，亦存國別爲書之義，而孝武三王之篇，詳書詔策，冠于篇首。王言絲論，史家所重，有由來矣。」又：「然而四方之書，必隸外史；書令所出，奉爲典章。則古者國別爲書，而簡策所昭，首重王命，信可徵也」，頁三九九。

九、明禁例：

凡違礙書籍，或銷毀全書，或摘抽摘毀。其摘抽而尚聽存留本書者，仍分別著錄。如全書銷毀者，著其違礙應禁之故，不分類例，另編卷末，以昭功令。

十、詳采摭：

現有之書，鈔錄敍目凡例；亡逸之書，搜剔群書紀載，以及聞見所及，理宜先作長編，序跋評論之類，鈔錄不厭其詳。長編既定，及至纂輯之時，刪繁就簡，考訂易於爲力。仍照朱氏《經考》之例，分別存、軼、闕與未見四門，以見徵信。

蒐輯資料，多多益善，故有此則。章氏的方法，比朱彝尊的《經義考》還要廣。朱氏只選擇性鈔錄序跋，章氏則兼及敍目凡例。亡佚之書，朱氏僅輯緯書的佚文，章氏則普遍的搜剔群書記載，再加上見聞所及。

總上十則，可以看出學誠的史料學範圍至廣，舉凡經、史、子、集、譜牒、方志乃至序論題跋盡皆史料，所論亦比知幾更為詳密。不惟如此，學誠對於「殘碑斷石，餘文剩字」以及稗官小說，均主搜輯之。使其史料學更為完備。曾謂：

> 又近來學者，喜求徵實。每見殘碑斷石，餘文剩字，不關於正義者，往往藉以考古制度，補史遺闕，斯固善矣。❶
>
> 史乘有稗官小說、專門著述而有語錄說部，詞章泛應有猥濫文集，皆末流之弊也。其中豈無可取？然如披沙撿金，貴於精審。否則沿流忘源，汩其性而不可入德矣。❷

學誠獨具慧眼以為稗官野史「未為無意」，此一見識，值得推崇。在當時「通人鄙之」的時代，學誠獨舉此說，實有超越時人之處。其〈史籍考總目〉中，最後一部即是小說，計《瑣語》二卷、《異聞》四卷，雖總數不多，但史學部也僅有考訂、義例、評論、蒙求各一卷而已。不過，筆記小說中的史料，十分零亂，而且夾雜許多沒有史料價值的部分。所記又疑信參半，此時即需一番披沙撿金、考訂辨偽的工夫了。整理小說中的史料，近人已開始做了，而以小說資料為輔撰成史著，何炳棣的《明清社會史論》應是其中的佼佼者❸。

---

❶《文史通義·古今十弊》，頁七一。

❷《文史通義·立言有本》，頁二〇七。

❸ 何炳棣，《明清社會史論》*The Ladder of Success in Imperial China*（台北：宗青圖書公司，翻印本，民國七十六年）；另黃仁宇，〈從《三言》看晚明商人〉，《放寬歷史的視界》（台北：允晨出版社，民國七十七年），頁一—三二，亦甚可參考。

史料範圍既然如此之廣，則辨擇史料無疑相當重要。除在前述十項已多少有蒐集、鑑別、整理、辨證史料的方法，但根本之道仍在史識的運用，學誠曾云：

載筆之士，蘄合乎古人立言之旨，必從事於擇與辨。……夫志狀之文，多爲其子孫所請，其生平行實，或得之口授，或據其條疏，非若太常議謚，史館別傳，確然有故事可稽，案牘可核也。採擇之法，不過觀行而信其言，即類以求其實，參之時代以論其世，核之風土而得其情，因其交際而察其游，審其細行而觀其忽，聞見互參，而窮虛實之致，瑕瑜不掩，而盡抑揚之能，八術明而春秋經世之意曉然矣。生平每謂文采未優，古人法度不可不守；詞章未極，三代直道不可不存。其於斯文則範我馳驅，未嘗不爲是凜凜焉。[1]

學誠提出的方法在「擇」與「辨」，比劉知幾多一「辨」的工夫，是一項進展。但若謂「擇」中已有「辨」也似無不可。

也由於史料範圍極廣，章學誠更主張搜集史材，應由州縣學校專門負責，其便有四：

---

[1] 《章氏遺書·金君行狀書後》中册，卷廿一，頁四七八下。

> 夫求書在一時，而治書在平日……若紀載傳聞，《詩》《書》雜志，真訛糾錯，疑似兩淆……並當於平日責成州縣學校師儒講習，考求是正，著爲錄籍……如是則書掌於官，不敢散逸，其便一也。事有稽檢，則奇邪不衷之說，淫詖邪蕩之詞，無由伏匿，以干禁例，其便二也。求書之時，按籍而稽，無勞搜訪，其便三也。中書不足，稽之外府，外書訛誤，正以中書；交互爲功，同文稱盛，其便四也。此爲治書之要。當議於求書之前者也。❶

並應分史材為三類：志、掌故、文徵，為搜求的標準。三書相輔而行，缺一不可；合而為一，更加不可❷。

史料既為撰史的憑藉，故不能不保存之，學誠以為尼山泗水之間，最為適當。他說：「鄭樵以謂性命之書，往往出《道藏》；小說之書，往往出於《釋藏》。夫儒書散失，至於學者已久失其傳，而反能得之於二氏者，以二氏有藏以為之永久也。夫《道藏》必於洞天，而《佛藏》必於叢剎。然則尼山、泗水之間，有謀禹穴藏書之舊典者，抑亦可以補中秘所不

---

❶《校讎通義．校讎條理》，頁五七一—五七二。

❷《文史通義．方志立三書議》，頁三八八。

逮歟！」❶連史料的收藏地方，學誠都已考慮到，這是劉、鄭兩氏所不及的。

至於學誠另有「撰述」與「記注」的區別，其中「記注」亦屬史料學範圍之內，本應論之，唯與「撰述」並論，較能明白學誠主旨，故置於下節歷史編纂學併論。

總前所言，學誠的史料文獻學範圍已推至極廣，所含蓋的幾為劉鄭兩氏之合。張其昀在〈劉知幾與章實齋之史學〉即舉六端「先王政典、州郡方志、金石圖譜、詩文歌謠、官府簿籍、私門著作」以概言學誠徵集史料之法，遠較劉氏為詳❷。大致吾人可言，除地下發掘之出土物如甲骨文、金縷玉衣、兵馬俑等等學誠生在世時尚未發現，故未成論外，已推至「盈天地間，凡涉著作之林，皆是史學」的範疇了。足使後世史家一變觀念，受其（間接直接）影響了。

第二節　歷史編纂學

史料的選擇與運用確定之後，就必須注意史書記載的內容形態了。談及史書的編纂，首

---

❶《校讎通義·藏書》，頁五七四。

❷ 張其昀，〈劉知幾與章實齋之史學〉，《學衡》第五期（一九二二·五）；又收於杜維運等，《中國史學史論文選集》（台北：華世出版社，民國六十五年）第二冊，頁七四五—七四六。

先應涉及體裁問題，劉知幾論此多在《史通》內篇，特別是第一至第十篇，及第三十二〈序傳〉篇，都是論正史編纂體例的❶。

劉知幾以為古人著書，初無定體。後世為方便於歸類遂強予立名。知幾省閱古今史冊，窮其原委，榷而為論，析流為六，曰：「尚書家、春秋家、左傳家、國語家、史記家、漢書家」❷。於是，古來史書體例，皆在此局之中。知幾又於六家之中，再提出「二體」，即《左傳》《漢書》所代表的編年、紀傳二體說❸。知幾在《史通》開章即提「六家」「二體

❶ 清紀昀等，《四庫全書總目》（台灣商務印書館，景印文淵閣四庫全書本，民國七十二年）卷八八，云：「內篇皆論史家體例，辨別是非；外篇則述史籍源流及雜評古人得失」，頗可道出《史通》內外篇性質之分，頁八〇七。《史通》分內外篇，或本諸古書成例，蓋古多有之。成玄英，《莊子疏序》云：「內以對外立名，內則談於理本，外則語其事跡」；《漢書．藝文志》（台北：鼎文書局，民國七十年）：「《淮南》內二十一篇，《淮南》外三十三篇」，顏注：「內篇論道，外篇雜說」即是，頁一七四一—一七四二。葛洪《抱朴子》亦自分內外篇。今人著作亦有效其分法者，若余英時，《論戴震與章學誠》（台北：華世出版社，民國六十九年）即是一例。

❷ 《史通釋評．六家》，頁一。可參內山俊彥，〈劉知幾の史學思想〉，《日本中國學會報》第二十三集，頁五二—五五。

❷ 《史通釋評．二體》，頁三七。

」四字，總領全書，千古史局竟不能越之❶。後來的史評家，無不以此四字為知幾特有的成就。知幾先定下此局面，編於卷首，再於其後各個篇章糾舉古往今來之史冊而論，即有張本了。僅就此而言，即知知幾有其史法，而「二體」又較「六家」之說更為精銳。《史通》分敍六家，統歸二體，則編年與紀傳都是正史❷。編年經知幾提倡，似取得與紀傳同等的地位了。但是，知幾偏好紀傳體，故在其書內對紀傳書體及其義例，發論詳細❸。知幾二體之說，至南宋袁樞創「紀事本末體」，始有一蹶❹。

---

❶ 浦起龍，〈史通通釋舉要〉，在《史通釋評》正文之前，頁二九。

❷ 劉氏之前，阮孝緒《七錄序》標紀傳爲國史，編年爲注曆；《隋書·經籍志》又改稱紀傳爲正史，編年爲古史；《舊唐書》仍取紀傳正史之名，別易編年之目，後代史志著錄相沿，莫之或改。故知二體之中，紀傳獨專正史之稱，並非與編年無分軒輊。如《玉海·國史類序》亦云：「編年其來最古，而皆以紀傳便於披閱，號爲正史。」

❸ 程千帆，《史通箋記》，頁二十四。

❹ 浦起龍曾批評紀傳本末體曰：「此體亦從二體出，非別出也。且降史書爲類書，法不參立，故其書不由史館，不奉敕亦編。」見《史通釋評》，頁三八。民初國史館館長但燾亦持同論。見氏著，〈國史體例雜議〉，《國史館館刊》一：一，頁二一三。然《四庫提要》卷四九，則云：「每事各詳起訖，自爲標題……經緯明晰，節目詳具，前後始末，一覽了然。遂使紀傳、編年，通爲一貫，前古之所未見也。」章學誠，《文史通義》外篇三，〈與邵二雲論修宋史書〉，亦承認該體之價值，見頁三一六。

〈二體〉以下，〈載言〉主紀傳表志之外，應更立一「書」，氏云：

> 若人主之制冊誥令，群臣之章表移檄，收之紀傳，悉入書部，題爲「制冊」「章表書」，以類區別。他皆倣此，亦猶志之有禮樂志、刑法志者也。……夫能使史體如是，庶幾《春秋》、《尚書》之道備矣。

這是體裁上的一項重要主張，章學誠亦加以附同❶。若真能加以採試，一則可免鈔錄的文章破壞史事敘述，二則亦可擺脫史書定型的拘束而可保存較多的文獻❷。只可惜知幾此說並未獲得後世史家普遍地接納。

〈本紀〉主述其義例在紀天子與編年為紀體，不可一違。故論有《史記·項羽本紀》之乖謬❸，與「魏著作、李安平之徒，其撰魏齊二史，於諸帝篇，或雜載臣下，或兼言他事，

---

❶ 章學誠，《方志略例》一，〈和州文徵敘錄〉，有云：「唐劉知幾嘗患史傳載言繁富，欲取朝廷詔令，臣下章奏，倣表志專門之例，別爲一體，類次紀傳之中，其意可爲善矣。然紀傳既不能盡削文辭，而文辭特編入史，亦恐浩博難罄，此後世所以存其說而訖不能行也。」，頁四二一—四二二。

❷ 白壽彝，〈劉知幾的史學〉，頁一〇一。

❸ 錢大昕，《十駕齋養新錄》（臺灣商務印書館，國學基本叢書，民國五十七年，臺一版）〈餘錄〉卷中太史公李延壽條，曾對劉氏之說加以批駁。見頁四九六〇。

巨細畢書，洪纖備錄，全為傳體，有異紀文」之違例。

〈世家〉專記天子以下之王侯，《史記》亦有其失，《漢書》革之，改世家為列傳❶。

〈列傳〉專記一人為一傳者，自司馬遷始。惟《史記》項羽不當用本紀而應入列傳；《後漢書》記后妃六宮之〈皇后紀〉，其實亦列傳❷；《三國志》載孫劉二帝，其實是紀，而呼之為傳，都未達紀、傳之情❸。

〈表曆〉一篇，知幾以為「夫以表為文，用述時事，施彼譜牒，容或可取；載諸史傳，

---

❶ 孔子列於世家，後世多無異議；陳涉入世家，《史通》以爲不合義例而非之。關於《漢書》無世家，有趙翼，《廿二史劄記》（臺北：世界書局，民國七十七年，十版）卷一，〈各史例目異同〉條，頁三。及汪之昌《青學齋集》卷十六〈漢書無世家〉說，汪論尤詳。

❷ 錢大昕，《廿二史考異》（臺北：樂天出版社，民國六十年）上冊，卷十，《後漢書·皇后紀》上條，錢氏以爲〈皇后紀〉非始於范書，范書之前已有華嶠《漢後書》作〈皇后紀〉二卷及王隱，《晉書》亦嘗爲后妃立紀。見頁四〇五。

❸ 《史通釋評·列傳》，頁五九。知幾此論，筆者初步以爲係劉氏基於史法上著眼而立言。至於有關涉及正統論的問題，其中曲折深微，可參饒宗頤，《中國史學上之正統論》（臺北：宗青圖書公司，民國六十八年景印初版），附錄，資料三，頁二九九—三〇〇。

未見其宜」，頗嫌《史記》表文煩費❶。但最受知幾譏彈的還是《漢書·古今人表》，除〈表曆〉外，尚可見諸〈品藻〉〈雜說上〉。關於此則，後世學者如呂祖謙、羅泌、楊慎、鄭樵、章學誠、何焯等人皆同意知幾所論。

〈書志〉主廢〈天文〉〈藝文〉兩志，改增新三志。〈天官〉、〈天文〉、〈瑞符〉多失之冗廢，去之固不可惜❷。而〈藝文〉〈經籍〉失之汗漫，亦曰：「唯〈藝文〉一體，古今是同；詳求厥義，未見其可。愚請凡撰志者，宜除此篇」，則知幾此見甚有商榷餘地，宜其後賢糾之❸。筆者亦以為此說未妥。而所主張的三新志，則頗符史學發展的需要，鄭樵已有更進一步的闡論❹。

---

❶ 此論與〈雜說上〉自戾，論者皆以〈雜說上〉說較勝。

❷ 余嘉錫，《四庫提要辨證》（北京：中華書局，一九八〇）卷三，〈隋書條〉，反對去掉〈天文〉等志，語頗值得參考，見頁一九九—二〇一。然金靜庵、李宗侗兩氏則主去之，皆見兩氏所著之《中國史學史》。竊偏後說。

❸ 胡應麟，《少室山房筆叢》（臺灣商務印書館，民國七十二年）卷三，〈經籍會通〉三，見第八八六冊，頁一九四—二〇五；朱彝尊，《經義考》（臺灣商務印書館，民國七十二年）卷二九四，〈著錄〉篇所言皆足匡劉氏之失，見四庫全庫本，第六八〇冊，頁七五一上—七六一上。

❹ 鄭樵，《通志略》）特立〈氏族略〉〈昆蟲草木略〉詳說之，即受劉氏影響。

〈論贊〉則以為論贊煩黷，有云：「夫每卷立論，其煩已多；而嗣論以贊，為黷彌甚，亦猶文士制碑，序終而續之以銘曰；釋氏演法，義盡而宣以偈言。苟撰史若斯，難以議夫簡要者」，知幾此論，對後史有顯著的影響，後史多存論廢贊，或論贊皆去❶。

〈序例〉敍作者及篇章旨意，宜貴簡質嚴明。知幾指出近古（指魏晉以後）的史書序例多不明暢。

〈序傳〉是作者自敍，往往殿於書末。東漢揚雄以降，以誇尚為宗，近古更是誇情，喜稱閥閱，已失其真律。然而唐宋以來，設立官局，史非一人一家之書，故無〈序傳〉之必要了❷。

以上所述的十一篇，都是專論正史，特別著重在紀傳體的體例與義例，這些全是知幾論史法的精旨。

體裁既定，次重編纂語言問題。體裁是形式，而語言則是本體之一。因為任何形式的歷史學，都必須藉文字來表現其內容，知幾在〈敍事〉篇説：「昔夫子有云：『文勝質則史』，故知史之為務，必藉於文」正是此義。劉知幾以為歷史雖係古人之事，但並非寫給古

❶《史通釋評·論贊》，浦起龍按語：「唐後諸史，有論無贊，皆陰奉其誡。可知劉説之當理也。」其中《元史》紀傳不綴論贊，其凡例述敕旨云：「據事具文，善惡自見也。」更符劉氏原意。見頁一〇二。

❷《史通釋評·序傳》，浦起龍按語，頁二九九。

人唸的，其對象應是當代人乃至後世的學者，因而基本上他反對歷史的撰述應用陳死的古代語言，主張用當時流行的語言，因此他十分反對在敍述上故作古人言語。他對擬古仿古曾嚴厲批判地說：

> 夫天長地久，風俗無恆，後之視今，亦猶今之視昔。而作者皆怯書今語，勇效昔言，不其惑乎！苟記言，則約附五經；載語，則依憑三史；是春秋之俗，戰國之風，亙兩儀而並存，經千載其如一，奚以今來古往，質文之屢變者哉！❶

歷史寫作，不能今古不分真偽相亂之理於焉可明。

歷史編纂的體裁和語言決定之後，始可就內容形態一一論述。〈題目〉篇主張史書與篇帙都應當有其名，而且標題名稱必須與內容相符才行，不可故意擬古求異，如《史記》寫皇后傳，卻以外戚命名；班固撰一代人表，亦包含先秦史事，都是名實不合❷。

〈斷限〉篇則主斷代為史，所記史實，應有明確的年代與對象，不應超越該朝代之界限

---

❶ 《史通釋評·言語》，頁一八〇—一八一。

❷ 《史通釋評·題目》，頁一一一。

，如係一國之史，則非本國之事不書，但知幾以為《漢書》以後的作者，並未嚴守該律，以致後史多有越限之非，導致體例不清之弊。

〈編次〉篇論正史各篇編排應有次序，如紀、志、傳不能倒置，亦不可錯分。〈稱謂〉言稱謂必須「取叶隨時，不藉稽古」，同時謚號與廟號不可弄混，尊卑亦不能約舉雜稱。〈採撰〉〈載文〉兩篇並為記事，求徵信而發。〈採撰〉言記述及口碑可能有因迷信以致失實，如「禹生啟石，伊產空桑」；也有因好奇如皇甫謐作《帝王世紀》多存圖讖；甚至亦有因「郡國之記，矜其州里」「譜牒之書，誇其氏族」❶，乃至訛言難信，傳聞多失，史家編纂時不宜誤采。〈載文〉則論魏晉以降，文辭華靡，不宜作史，史家不能不更一字而輒轉鈔襲。

〈因習〉則說明因襲的弊端與仿古稽古一樣，都不合時代與實際的要求，事實上歷史的時間已逝，事情亦異，在不同的時空架構內，不太可能有前後雷同之事，故仿古因習俱足詬病，不合直筆實錄的基本要求。知幾主張應該注重創造來革除因習之陋。〈邑里〉則主張歷史人物的原籍地或地名應就當時的實際名稱而書，不可刻意復古。知幾這點主張，後世史家多已遵從❷。

❶ 《史通釋評·採撰》，頁一三九。

❷ 後人著《兩唐書》時，有關邑里的記載，都從劉說。

〈摹擬〉述撰史摹倣古書當取其神似，勿取其貌似，所謂「貌異心同」可也，「貌同而心異」則不可。〈書事〉篇敍史家撰史當本五志：「達道義、彰法式、通古今、著功勳、表賢能」以及三科：「敍沿革、明罪惡、旌怪異」。簡言之，亦即撰述之事必係有意義及關係重大者；凡迷信諧謔，以及庸碌平凡之人事，皆不入文。至於〈人物〉篇則論史家所書人物對於後世當有勸善懲惡之作用。此篇須與〈品藻〉〈直書〉〈曲筆〉等篇同等看待，因為這些篇章皆具史文去取之目的，有勸誡功用，吾人固當熟悉之。

另卷九之〈煩省〉篇，論歷史撰述的煩簡有古今的不同，不能完全由史家之主觀意圖而定篇幅之詳略，知幾以史學發展趨勢來說明煩省，較之張世偉、王充諸人以煩簡定《史記》《漢書》之優劣高下，似高明多多❶。

由以上所述，可知知幾在編纂史法上的諸多大要。此中誠如其所自云：「所網羅者密矣，其所商略者遠矣」❷，故他論史體是反對摹擬經傳，主引用近體的；論言語，則反對憲章虞夏，主應用今文的；論編製，則反對繁文縟詞，主言事分篇的；論敍事，則反對因襲

❶ 《史通釋評·煩省》，頁三〇八；另詳參程千帆，《史通箋記》，頁一六五—一六六，收有多家說法，俱足以與劉氏〈煩省〉篇所言相發。

❷ 《史通釋評·自敘》，頁三三七。再參貝塚茂樹，〈史通〉，《貝塚茂樹著作集》第七卷，頁四〇四—四〇五。

陳說，主簡要隱晦的；論題目，則反對題不對文，主名實相符的；論斷限，則反對越俎代庖，主不錄前代的❶。知幾這些鍼砭言論，實凝其卓越史識而鑄成，故堪為後世借鑑者甚多。

而鄭樵的歷史編纂學則深受其會通思想的影響，兩者之間有一定的關連。鄭樵曾說：

> 修書之本，不可不據仲尼、司馬遷會通之法。❷

他自己解釋說：

> 惟仲尼以天縱之聖，故總《詩》、《書》、《禮》、《樂》而會于一手，然後能同天下之文，貫二帝三王而通爲一家，然後能極古今之變。……迨漢建元元封之後，司馬氏父子出焉。司馬氏世司典籍，工于制作，故能上稽仲尼之意，會《詩》《書》《左傳》《國語》《戰國策》《楚漢春秋》之言，通黃帝、堯、舜至於秦漢之世，勒成一書。❸

---

❶ 翦伯贊，《史料與史學》（北京大學出版社，一九八五），頁一四七。

❷ 《夾漈遺稿，上宰相書》，頁五二一上。

❸ 《通志略．總序》，頁一。

也就是説會通的修史原則，是要從「會天下之書」達到「通古今之變」「極古今之變」的最後目的。而其「會天下之書」後所撰就的畢生代表作《通志》即是這份思想的表達。《通志》的內容形態亦即其編纂方式，則是本節拆視分析的目標。

劉知幾已提出「二體」説總結唐朝以前史書的編纂形式，曾説：

> 既而丘明傳《春秋》，子長著《史記》，載筆之體，於斯備矣。後來繼作，相與因循，假有改張，變其名目，區域有限，孰能逾此？❶

鄭樵卻在紀傳體的「區域有限」範圍內，提出變更的寫法，具體的內容是把《史記》的紀傳、表、志、世家，改寫成本紀十八卷、年譜四卷、二十略五二卷、世家三卷、列傳一一五卷、載記八卷，凡二百卷的《通志》。差別在體裁上，改〈表〉為〈譜〉，改〈書（志）〉為〈略〉，又本《晉書》另立〈載記〉。茲分別略述其特點於下：

一、紀傳

紀傳部分，大都損益唐朝十五史舊文而成，鄭樵本人也直言不諱，《通志·總序》曾説明其原則：

❶《史通釋評·二體》，頁三五。

> 紀傳者，編年紀事之實蹟，自有成規，不爲智而增，不爲愚而減。故於紀傳，即其舊文，從而損益。

當然他並非「全鈔諸史，無所剪裁」，事實損益之外，仍做過一番修飾，特別是三皇五帝兩卷損益尤多，並且加有按語。同時並增補了舊史所無的新傳，單是春秋戰國時代，新增補的傳記即有一二九人之多。至於為人熟悉的〈馬鈞傳〉，則是根據《三國志》裴松之注加以刪削而成。〈呂蒙傳〉亦全錄裴注，收入傳文，充實史事，顯出呂蒙的將才。鄭樵在此可說把傳注揉合得渾然一體，堪稱具有史才。而南北朝部分的史傳文字，主要採自李延壽的《南史》《北史》，但又避開李延壽以門閥觀念類繫人物及好載禨祥之弊，他參照斷代正史，按歷史時代編次重要人物，顯露出當時的時代社會特徵，極具史識。除此之外，在列傳中鄭樵對斷代史重複出現的人物，必去其重複；對帶有貶義用心的如〈賊臣傳〉〈索虜傳〉〈僭偽傳〉等，鄭樵也全部刪除這些傳目；反之，各史類傳的標題不一，如《晉書》有〈忠義傳〉，後魏稱〈節義〉，《隋書》曰〈誠節〉，宋稱〈孝義〉，《通志》則一律改稱為〈忠義〉。另外，〈四夷傳〉集中歷史四方蠻夷於一傳，有今國際關係史之芻形，也是鄭樵的新見；卷一八〇游俠列傳，下注附刺客、滑稽、貨殖，此四種人，大致與人群社會都有直接關聯，是太史公以千古特識為之作傳，可惜後世史家共鄙而盡之，竟至亡絕。鄭樵慨然補葺之。鄭樵深有史識，於此又是一例。綜合而言，氏把唐代以前的十五部史書以會通的觀點，用同一文字格調加以改作，著成一部完整的紀傳體通史，以鄭樵一人之力，恐不能逮。然綜合眾史，在增、刪、移掇中表達其卓越的史識，則是可確定的❶。

二、二十略

〈二十略〉部分，則更不能說是「直錄舊典，而憚於改作」了，除〈禮〉、〈刑法〉、〈職官〉、〈選舉〉諸略節錄《通典》文字外，其餘十五略皆為鄭樵所創作。以二十略與諸史志書相比，鄭樵是詳人之所無，略人之所有。而且舊史即使有志，也從來沒有多至二十略的。故此是鄭樵的獨特處。鄭樵自云：「臣之二十略，皆臣自有所得，不用舊史之文」❷。二十略是鄭樵所自負的，也是其會通思想治學主張的落實。以下即就其內容約略述其特徵：

〈氏族〉〈都邑〉〈昆蟲草木〉三略，可說受到劉知幾影響而設立的。知幾主張正史應增〈都邑〉〈氏族〉〈方物〉三志，但知幾僅提出這個倡議而已，至於如何寫法，則無更進一步的議論，鄭樵作此三略，全靠個人摸索，《四庫全書總目提要》以為鄭樵的三略是竊據知幾三新志，實際並非如此。其實鄭樵的〈都邑略〉有抨擊朝政，反對南宋偏安江左的現實意義，並且建議以南陽為都。《通志．總序》說：

❶ 倉修良，〈鄭樵和《通志》〉，《杭州大學學報》一九八〇年第四期，頁一〇三。吳懷祺，〈鄭樵在歷史編纂學上的成就〉，《史學史研究》一九八一年第四期，頁五〇—五三。

❷ 《通志略．總序》，頁六。

都邑之本，金湯之業，史氏不書，黃圖難考，臣上稽三皇五帝之形勢，遠探四夷八蠻之巢穴，仍以梁汴者，四朝舊都爲痛定之戒。南陽者，疑若可爲中原之新宅。

可見其作〈都邑略〉的宗旨在於論證「南陽可為中原之新宅」，有批判趙構妥協政策的意思，這點與劉知幾的主張相差甚多，遠超過知幾作〈都邑志〉述宮闕制度及朝廷軌儀的思想❶。也難怪後人佩服其明地勢與愛國家❷。

劉知幾的〈方物志〉主張：「任土作貢，異物歸於計吏，奇名顯於職方」有為當局服務的意思，而鄭樵擴大〈方物〉而為〈昆蟲草木略〉卻是要：「廣覽動植，洞見幽潛，通鳥獸之情狀，察草木之精神，然後參之載籍，明其品彙」❸用心在辨明事物，闡發實學思想，與知幾的主張沒有共同點。或謂此略即專述物產盛衰之物產史，亦略得其實❹。

〈氏族〉在劉知幾而言是表現出其身分志趣，所謂「用之於官，可以品藻士庶；施之於

❶ 吳懷祺，〈鄭樵在歷史編纂學上的成就〉，頁四八。
❷ 盛俊，〈鄭樵傳〉，《新民叢報》第四二、四三號合本，頁八三。
❸ 《通志略·總序》，頁五。
❹ 盛俊，〈鄭樵傳〉，頁八八—八九。

國，可以甄別華夷」❶又謂「高門華胄，奕世載德，才子承家，思顯父母，由是紀其先烈，貽厥後來」是也❷，但在鄭樵而言，則表達了反對門第郡望的氏族觀，他認為「論地望者，則以貴賤為主，然貴賤升沉，何常之有？」❸要打破這種界限，必須「先天子而後諸侯，先諸侯而後卿大夫士，先卿大夫士而後百工技藝，先爵而後謚」❹他的意思是以朝廷職位來譜列氏族以代替舊有的郡望譜列法。故述氏族起源，即增至三十二類遠逾左氏所言的五類，這是鄭樵對氏族學的闡發，比劉知幾更進一步。由上可以看出，劉知幾增三新志的主張含有保存現狀的意思。而鄭樵修三略則反映了時代的變化，含有對舊事物批判的思想❺。但究其實際，兩者都替當時的社會，留下一因應其時的最佳說明。劉氏本身出自閥閱，唐初世族猶未退盡，故宜有其說。而鄭氏時代則科舉行之有年，自宜由科考的朱紫取代世襲的特權。鄭氏由此闡發其〈氏族略〉，是其可貴處。

〈藝文略〉是舊史已有者，而鄭樵亦未因襲前人舊作，卻另創新意，他認為「學術之苟

❶ 《史通釋評·書志》，頁八九。
❷ 《史通釋評·雜述》，頁三一六。
❸ 《通志略·氏族序》，頁一。
❹ 《通志略·氏族序》，頁四。
❺ 吳懷祺，〈鄭樵在歷史編纂學上的成就〉，頁四九。

且，由源流之不分；書籍之散亡，由編次之無紀」，故大膽打破舊書分類編排方法，把歷代史志、公私書目以及自己訪書耳聞目見的十萬餘卷書籍分成十二類、百家、四百三十種。劉知幾以為斷代史不宜載藝文志，至多只能錄著本朝人士的著作。知幾的主張，削弱其通識觀念。鄭樵則突破其主張，在〈藝文略〉上表現其會通思想，意圖明源流以掌握學術。〈校讎略〉〈金石略〉〈圖譜略〉都是由舊史的藝文志擴展而來。〈校讎〉下節專文述之，茲處不贅。而〈圖譜略〉的創立，同樣足以顯示其獨具的史識。對於圖、表的作用，古史多忽視不用，他以為：

> 見書不見圖，聞其聲不見其形；見圖不見書，見其人不聞其語，圖至約也，書至博也。即圖而求易，即書而求難。古之學者，爲學有要，置圖于左，置書于右，索象于圖，索理于書，故人亦易爲學，學亦易爲功。❶

他還列舉了天文、地理、宮室、器用、車旂、衣裳、壇兆、城築、田里、會計、法制、班爵、古今名物等十六類如有書而無圖，則花費功夫大而收效微。並指出：

❶《通志略．圖譜略．索象》，頁七二九。

天下之事，不務行而務說，不用圖譜可也；若欲成天下之事業，未有無圖譜而可行於世者。❶

又說：

圖譜之學，學術之大者。以圖譜之學不傳，則實學盡化爲虛文矣。❷

把圖譜的重要性講得十分透徹，並且提高到前所未有的程度，在史學史上可以說罕見的。總之：鄭樵主張編纂史書一定要做到圖文並茂，研究問題必須做到圖文並重，才有更好的效果。

〈金石略〉擴張史料範圍，將金石資料採用入史，也是鄭樵的新創，其理易明，不再敷陳。

至於〈天文〉〈災祥〉，就劉知幾而言，他主張削〈天文志〉〈五行志〉，但以為有關

❶《通志略·圖譜略·索象》，頁七二九。
❷《通志略·圖譜略·原學》，頁七二九—七三〇。

人事徵驗的災異現象則可以保留。鄭樵卻否定之，以為「歷世史官自愚其心目，俛首以受籠罩而欺天下」並指為妖妄❶。不過，有的學者認為鄭樵也有缺點：一來星象占候之說，鄭樵既闢之而不削之；二來鄭樵依據《步天歌》，「長誦一句，凝目一星，不三數夜，一天星宿，盡在胸中」未免有管窺之譏❷。筆者以為天象星宿何止萬千，豈能不三數夜盡在胸中？以今日天文設備之精密，恐仍不敢如此說，何況當日鄭樵並未憑藉精密儀器而僅靠一本《步天歌》以肉眼看天？故其引來譏誚，是不能免的。

其餘諸略如〈地理略〉重在山川封圻，故準禹貢而理川源，本開元十道圖以續今古；〈謚略〉以一字見義，削去前此之引辭曲說；〈樂略〉則不慊於漢人僅以義言詩，致聲歌之道日微，後世史家志樂，又只取工伎之作，而不收樂府。故改以樂府繼風雅，並詳述歷代樂器權量原料之屬。凡以上諸略內容，皆有詳密分析，是鄭樵經由實際體察得來，故知其學頗重實事求是，與向來學者多從紙上求證者迥異。

大致而言，〈二十略〉是《通志》的精華，而各略的序文（禮、器服、藝文、職官、選舉、刑法、食貨無序，殆因依傍前史，不復發例）又更是精華。序文都有概括性，各略中又有小按，如金線貫珠，一併表達鄭樵的史學見解，這種編纂方式也是舊史志書所未有，而特

❶《通志略・總序》並參：〈災祥序〉，頁五及頁七五五。

❷ 盛俊，〈鄭樵傳〉，頁八一。

別值得提出來強調的❶。

不過，〈二十略〉之中獨缺〈兵制〉略，也不免是白璧微瑕，一如《史記》獨無〈地理書〉，令人遺憾❷。

三、世家

《通志》之〈世家〉凡三卷，附〈宗室傳〉八卷，鄭樵將世家分為周姓諸侯與異姓諸侯兩類。在〈周同姓世家〉與〈周異姓世家〉二卷之間，加入〈宗室傳〉八卷專載西漢至隋代宗室王侯的事蹟，其第三部分方記載周初封建列國至戰國末期的諸侯及其封國的演變。

鄭樵在這裡把《史記》裡原列為〈世家〉的陳涉、漢興諸侯都改入〈列傳〉。如此做法可能係受到劉知幾的影響。

四、年譜

〈年譜〉共四卷，記載自三皇五帝至隋代的世系與主要的編年事蹟。「譜」來自於歷代史書之「表」，鄭樵加以改正，「年譜」序裡說：「太史公改譜為表，何法盛改表為注，皆遠於義，不若尊周典章」又在《通志・總序》裡說：「桓君山曰：『太史公三代世表，旁行邪上，並效周譜』。古者紀年別繫之書謂之譜，太史公改而為表。今復表為譜，率從舊也」

❶ 吳懷祺，〈鄭樵在歷史編纂學上的成就〉，頁五〇。

❷ 盛俊，〈鄭樵傳〉，頁九一。

顯然鄭樵意在恢復古名，並非其新創。但鄭樵以「會通」觀點來看表，因而亦有特識，如他曾說：

> 表者，一書之要也，不可說繁文。表者，一書之本也，不可記末節。自班氏以來，末節多矣。復不識統理，甚者如《新唐書》專記人家譜牒，豈可以私家冒榮之書，而爲信史乎？❶

可見鄭樵重視表之功用，以為是一書之本，一書之要。也因此他對《史記·十表》予以高評，以為「《史記》一書，功在〈十表〉，猶衣裳之有冠冕，木水之有本原」❷因此他修史時，即：

> 按馬遷之法，得處在表，用處在紀傳，以其至要者條而爲綱，以其滋蔓者鳌而爲目。今之所譜，即太史公法，既簡且明，循環無滯。❸

❶《通志·年譜·序》（臺北：新興書局，民國五十四年），頁四〇五。

❷《通志略·總序》，頁一。

❸俱見《夾漈遺稿·上宰相書》，頁五二〇下——五二一上。

鄭氏之年譜，即學史遷之〈三代世表〉，自《春秋》之前，稱之〈世譜〉；《春秋》之後，謂之〈年譜〉。〈世譜〉部分記載三皇五帝至周代的世系與事蹟；〈年譜〉部分則補正了《三國志》、《南齊書》、《北齊書》、《梁書》、《陳書》、《周書》、《南北史》諸史書各朝代的譜系，使歷朝紀年有序，世系不紊。因為以上諸史全無〈表〉，故鄭樵補之，而有「周知遠近，洞察古今」之效，而因此極具歷史的意義。傅振倫曾予以極為肯定的評價：

> 觀《通志·年譜》，紀年不過六甲，而爲事之目，全師司馬氏，與唐代諸書之爲表，小字旁行，盡載所述，華蕃畢書者，不同，可謂深得史意者矣。❶

五、載記

《通志》亦設有〈載記〉八卷，內容上包括《晉書》的〈載記〉，並加以補正。〈載記〉原創於班固，是史官敍述列國之事，謂之。正史以《晉書》體制內正式含有〈載記〉一體，《通志》承之，並略有更補。如《晉書·載記》以人物作為題目，而鄭樵則改以國名作為題目，並且在排列上亦以時代先後為序，形式上似更為完整。

總前所述，可以知道鄭樵的編纂學亦有其過人之處，並非是若干史家所認為的《通志》

---

❶ 傅振倫，〈鄭漁仲之史學〉，《中法大學月刊》五五，頁六二。

除〈二十略〉外，全抄舊史，無所剪裁❶。

章學誠的編纂學方法論，則在乎其討論史體源流。他把古今之載籍，分為「撰述」與「記注」兩類。他曾說：

> 三代以上，記注有成法，而撰述無定名。三代以下，撰述有定名，而記注無成法。夫記注無成法，則取材也難；撰述有定名，則成書也易。成書易則文勝質矣。取材難則僞亂真矣。僞亂真而文勝質，史學不亡而亡矣。❷

按錢賓四的說明：

> 他（章學誠）只說：三代以上記載歷史有一定的「成法」，而所寫的歷史書，則並無一定的「名稱」。如書與春秋，名便不同，但各是一撰述。而且六經皆史，有《詩》、有《易》、有《禮》，也是無定名而更不同。到三代以下，便成爲撰述有

---

❶ 代表性的言論，可見章太炎，《史學略說》：「（通志）不僅紀、傳、世家、載記，全抄諸史，無所剪裁，即其所極意經營之〈二十略〉，亦不免直錄舊典，而憚於改作。」

❷ 《文史通義·書教上》，頁七。

定名，如《史記》、《漢書》、《二十四史》，皆所謂「史」，便有了一個「定名」了。然而各項材料記注，則失掉了一個一定的方法。這一層，我們也可以說是章實齋講古今史學變遷一個極大的見解。他認爲如何把一切史料保存下來，該有一個一定的方案，而後來沒有了。至於根據這些保存下來的一切史料而來寫歷史，這就不該有一定的體裁，主要該是各有一套專家之學，而後來則反而人人相因，都變成好像有一個定規了。❶

簡單說：「記注」即是史料，「撰述」則是一種著作。兩者之間，有一定的分別和聯繫。其聯繫在於記注是撰述的史料，根據記注，由作者寫成「專家之學」的「撰述」，兩者相因相成。其分別在於記注是原始材料，是纂輯、類比之書；撰述在他的觀念裡，則必須合乎獨斷之學、一家絕學。兩者雖殊途而不相害。

章學誠還更進一步以「圓而神」和「方以智」來說明撰述與記注的區別。他說：

《易》曰：筮之德圓而神，卦之德方以智。間嘗竊取其義，以概古今之載籍。撰述欲其圓而神，記注欲其方以智。夫智以藏往，神以知來。記注欲往事之不忘，撰述欲來

---

❶ 錢穆，《中國史學名著》第二册，頁三二〇。

> 者之興起，故記注藏往似智，而撰述知來擬神也。藏往欲其賅備無遺，故體有一定而其德爲方；知來者欲其決擇去取，故例不拘常，而其德爲圓。❶

就是要求撰述應達到「圓而神」，記注「方以智」的境地。除此外，尚須「藏往德方」「知來德圓」。換言之，「撰述」「記注」與「藏往」「知來」「圓神」「方智」都要完全相應配合。錢穆有一段話，可再幫助我們理解學誠的原文：

> 收羅過去一切，保存下來，這是一個「體」，有其一定的客觀標準，並有一定的規矩。凡是以往事都要收羅，所以其德爲方，它是一個沒有變化的。待我們用此材料來抉擇，那許多有用，那許多無用，有用者取，無用者去，這就看各人的眼光。這是一種主觀的，因於人而不同，更亦因於時代而不同，這是可以變動的，所以說其德是圓。❷

❶《文史通義·書教下》，頁一二。

❷錢穆，《中國史學名著》第二冊，頁三二三。

學誠此一理論，在他處尚講到「著述」與「比類」❶，其實即撰述與記注的同義詞。學誠又謂撰述之業，可再分獨斷與考索二端，「高明者，多獨斷之學；沉潛者，尚考索之功，天下之學術，不能不具此二途」❷。而記述之業，亦即所謂比次之書。比次之書在於整齊故事而已，非專門著作也。這些名詞都由「撰述」與「記注」兩者而衍發。其實綜觀學誠區分兩者的目的不外乎：一強調「撰述」的重要性大於「記注」；史料性質比次之業的記注只是開始，最後的目的則在於成就具備考索之功或獨斷之學的一家之言的撰述之業。二對章學誠而言，史學是用來「明道」，即「即器以明道」，故其用意在推崇「撰述」，提倡獨斷，反對因循；肯定家學，藐視官修，這對當時以補苴襞績，鈔纂排比為絕大學問的漢學家，可以說是一個嚴重的批判，因而極具現實意義。

❶《文史通義．報黃大俞先生》有云：「古人一事必具數家之學。著述與比類兩家，其大要也。……兩家本自相因，而不相妨害。拙刻〈書教〉篇中所謂圓神方智，亦此意也。但爲比類之業者，必知著述之意，而所次比之材，可使著述者出，得所憑藉，有以恣其縱橫變化。又必知己之比類與著述者各有淵源。而不可以比類之密，而笑著述之或有所疏。比類之整齊而笑著述之有所畸輕畸重，則善矣。蓋著述譬之韓信用兵，而比類譬之蕭何轉餉。二者固缺一而不可。而其人之才，固易地而不可爲良者也」，見頁二九七。又〈與邵二雲論修宋史書〉亦云：「圓神方智，定史學兩大宗門。而撰述之書不可律以記注一成之法」，見頁三一六。

❷《文史通義．答客問中》，頁一四〇。

當然，針對前引「夫記注無成法，則取材也難；撰述有定名，則成書也易」的困境，學誠主張州縣立志科，來挽救前者（記注）之失❶；而且主張史著必須體有因創，貴於變通，所以矯後者（撰述）之弊❷。

其實記注與撰述之分，劉知幾已啟其旨。《史通·史官建置》：

> 爲史之道，其流有二。何者？書事記言，出自當時之簡；勒成刪定，歸於後來之筆。然則當時草創者，資乎博聞實錄，若董狐、南史是也。後來經始者，貴乎俊識通才，若班固、陳壽是也。必論其事業，先後不同，然相須而作，其歸一揆。❸

文中所謂當時之簡，屬於記注之史料。所謂後來之筆，屬於撰述之史著。二者流別不同，事實相須。學誠蓋本知幾此話而言，只是更加詳善而已。而且鄭樵也說過：

> 有史有書，學者不辨史、書。史者官籍也；書者，書生所作也。自司馬以來，凡作史

---

❶《文史通義·州縣請立志科議》，頁三九四—三九八。

❷《文史通義校注》，頁三三，註九條。

❸《史通釋評·史官建置》，頁三七一。

者，皆是書，不是史。❶

所謂「史」即史料，「書」即史書，也影響學誠。學誠上承劉、鄭兩家說法，而更加發揮以提出「記注／方智／藏往」與「撰述／圓神／知來」的系統，確定史學兩大宗門❷，不特足以提高史料地位，並可矯正歷史錯誤的觀點，實有勝過劉、鄭之處，可說是學誠之非常特識，亦可謂其於史學史上的一大貢獻❸。

至於何種體例的「撰述」，才是學誠心目中的優選？則答案已見上章〈通史說〉一節所述，茲處不再贅述。倒是學誠曾在《文史通義》詳論各種史體的發展演變和長短得失，可以看出他在歷史編纂法上也多有創見。在他看來，史體的發展演變是歷史編纂學進步的表現。他說：

---

❶《夾漈遺稿．寄方禮部書》，頁五一九上。

❷《文史通義．與邵二雲論修宋史書》，頁三一六。但在章學誠的觀念裡撰述體圓與記注方智也不是絕對的，〈書教下〉對班固《漢書》的評語是「體方用智」，但卻又說「則於近方近智之中，仍有圓而神者，以為之裁制，是以能成家，而可以傳世行遠也」，見頁一三。

❸吳天任，《章實齋的史學》（臺北：商務印書館，民國六十八年），頁一二。

《尚書》一變而爲左氏之《春秋》，《尚書》無成法而左氏有定例，以緯經也，左氏一變而爲史遷之紀傳，左氏依年月，而遷書分類例，以搜逸也；遷書一變而爲班氏之斷代，遷書通變化，而班氏守繩墨，以示包括也。❶

可見由《尚書》以下迄於馬班，都互有演變。但自班氏《漢書》之後，所有史書都「謹守繩墨」不知變通，遂如奉守科舉之程式，官府之簿書，為體例所拘，這是學誠所深為歎惜的。直到袁樞創紀事本末體，始替逐漸僵硬的歷史編纂學開拓一條新路。是體頗有化臭腐為神奇之效，學誠大為讚賞，曾云：

司馬《通鑑》，病紀傳之分，而合之以編年；袁樞《紀事本末》，又病《通鑑》之合，而分之以事類。按本末之爲體也，因事命篇，不爲常格，非深知古今大體，天下經綸，不能網羅隱括，無遺無濫。文省於紀傳，事豁於編年，決斷去取，體圓用神，斯真《尚書》之遺也。❷

紀事本末體的長處在「文省於紀傳，事豁於編年」，實是史界一大發明，學誠推為體圓用神

---

❶ 《文史通義·書教下》，頁一三。

❷ 《文史通義·書教下》，頁十五。

，真《尚書》之遺，可見其價值。這種史體，近代亦予重視，梁任公曾說：

> 蓋紀傳體以人爲主，編年體以年爲主，而紀事本末體以事爲主。夫欲求史蹟之原因結果，以爲鑑往知來之用，非以事爲主不可。故紀事本末體於吾儕之理想的新史最爲相近，抑亦舊史進化之極軌也。❶

但學誠又說袁樞作紀事本末「初無其意，且其學亦未足與此，書亦不盡合於所稱」❷，而且也認為「紀事本末，不過纂錄小書，亦不盡取以為史法」❸因而他想取諸體之長，去諸體之短，另創新體，再把歷史編纂學推進一步。《文史通義．與邵二雲論修宋史書》曾言及此事：

> 今仍紀傳之體而參本末之法，增圖譜之例而刪書志之名，發凡起例，別具〈圓通〉之篇。

---

❶ 梁啟超，《中國歷史研究法附補篇》（臺北：中華書局，民國六十二年），頁二〇。

❷ 葉瑛校注，《文史通義校注》上，頁五二。

❸ 同前註。

他擬用這種新體裁撰寫《宋史》，他的觀念裡，新體應包含三種：一為〈本紀〉，為諸侯之經，師《春秋》之法。二為〈紀事本末〉，按照事類分列專題，「或考典章制作，或敍人事終始，或究一人之行，或合同類之事，或錄一時之言，或著一代之文，以緯本紀」；三為圖表，他說：「至於人名事類，合於本末之中，難以稽檢，則別編為表，以經緯之；天象地形，輿服儀器，非可本末該之，且亦難以文字著者，別繪為圖，以表明之」❶這種體裁，章學誠認為：

> 較之左氏翼經，可無局於年月後先之累；較之遷《史》之分別，可無歧出互見之煩。文省而事益加明，例簡而義益加精，豈非文質之適宜，古今之中道歟？（中略）蓋通《尚書》、《春秋》之本原，而拯馬《史》、班《書》之流弊，其道莫過於此。❷

學誠試圖綜合眾體之長，編出圖文並茂、綱舉目張的史著。但可惜〈圓通〉篇已經散失，其《宋史》又未寫成。否則，學誠在史學史上的貢獻一定更加可觀。筆者以為除學誠屢為生活所迫，依人為生，難以撰就等原因之外，其好友邵晉涵的早逝亦不無關聯，兩者都令人為之

❶ 《文史通義·書教下》，頁十六。

❷ 《文史通義·書教下》，頁十六。

惋惜。

史體的源流、體裁既如上述，以下當就體例之下的義例，更進一步地分析學誠有關的見解。茲擇要分紀傳、圖表、別錄、自注四者敘之。

(一)紀傳：學誠提出紀傳應「斟酌古今之史，而定文質之中，則師《尚書》之意，而以遷《史》義例，通《左氏》之裁制焉。所以救紀傳之極弊，非好為更張也」❶的原則，秉此，再詳述其主張，云：

> 《尚書》爲史文之別具，如用《左氏》之例，而合於編年，即傳也。以《尚書》之義，爲《春秋》之傳，則《左氏》不致以文徇例，而浮文之刊落者多矣。以《尚書》之義，爲遷《史》之傳，則〈八書〉、〈三十世家〉，不必分類，皆可倣《左氏》而統名曰傳。或考典章制作，或敍人事終始，或究一文之行，或合同類之事，或錄一時之言，或著一代之文，因事命篇，以緯本紀。則較之左氏翼經，可無局於年月後先之累；較之遷史之分別，可無歧出互見之煩，文省而事益加明，例簡而義益加精。豈非文質之適宜，古今之中道歟？❷

❶ 《文史通義·書教下》，頁十五。

❷ 《文史通義·書教下》，頁十五—十六。

他主張效法《尚書》因事命篇的傳，隸屬於本紀之下，此即將紀傳編年與紀事本末各體，合於一爐共冶之了。這個主張，可免去左馬以來諸史的弊端。此則可明學誠由發展的觀點來看待史體的變革，一以明其前後繼承的關係，另以指出其創造性的發揮。

循此，學誠尚有鑒於諸史本紀，皇帝除即位頒詔、軍國大事、除授百官諸事之外，反對皇帝本身之生平事蹟，鮮少詳述，不免不足，故學誠主張人君行事，參以傳體，即在帝紀之後，再增一「帝傳」，唯應改稱「大傳」❶。

（二）圖表：學誠針對此則，曾云：

> 史不立表，而世次年月，尤可補綴於文辭。史不立圖，而形狀名象，必不可旁求於文字，此耳治目治之所以不同；而圖之要義，所以更甚於表也。古人口耳之學，有非文字所著者，貴其心領而神會也。至於圖象之學，又非口耳之所能授者，貴其目擊而道存也。雖有好學深思之士，讀史而不見其圖，未見冥行而擿埴矣。❷

可知圖、表對修史都很重要，但圖比表更重要；表尚可用文詞補綴，圖即不行。學誠之意，其實在於圖、表、說（文辭）三者相輔並存是最佳的修史法則。他還說過：「圖不詳而繫之

---

❶《文史通義·方志略例·永清縣志輿地圖序例》，頁四二八。

❷《文史通義·方志略例·永清縣志輿地圖序例》，頁四三六。

以說；說不顯而實之以圖；互著之義也。文省而事無所晦；形著而言有所歸；述作之則也。」❶可知圖表與文辭應為三位一體，然而前人多重文辭而略圖表，故學誠特提出此說來強調其編纂學上的獨識。

（三）別錄：學誠自解其意云：「蓋諸家之史自有篇卷，目錄冠於其首以標其次第。今為提綱挈領，次於本書目錄之後，別為一錄，使與本書目錄相為經緯。斯謂之別錄云爾。」學誠之意，蓋在一部《二十四史》浩如雲海，應另作二十四篇別錄以提契其綱領。別錄應當如何修述？學誠則言：

> 今年編年而作別錄，則如每帝紀年之首，著其后妃、王子、公主、宗室、勳戚、將相、節鎮、卿尹、台諫、侍從、郡縣、守令之屬，區別其名，注其見於某年爲始，某年爲終。是亦於編年之中可尋列傳之規模也。其大制作、大典禮、大刑獄、大經營，亦可因事定名，區分品目，注其終始年月。是又編年之中，可尋書志之矩則也。至於兩國聘盟，兩國爭戰，亦可約舉年月，繫事隸名。是又於編年之中，可尋表曆之大端也。如有其事其人不以一帝爲終始者，則於其始見也，注其終詳某帝；於其終也，注其始詳某帝可也。其有更歷數朝，仿其意而推之可也。
>
> 紀傳之史，必當標舉事實，大書爲綱。而於紀表志傳與事連者，各於其類附注篇目於

---

❶《文史通義·和州志輿地圖序例》，頁四〇八。

下，定著別錄一篇，冠於全書之首。俾覽者如振衣之得領，張網之挈綱，治紀傳之要義，未有加於此也。❶

學誠在上面說明了「編年／分類」與「紀傳／互注」兩體都要使用別錄來補偏救弊。學誠所謂「紀傳之史，引而不合，當用互注之法，以聯其散；編年之史，渾灝無門，當用區別之法，以清其類」又說：「紀傳苦於篇分，別錄聯而合之，分者不終散矣；編年苦於年合，別錄分而著之，合者不終混矣」❷，正是以「別錄」同時補救兩體之失的，所以學誠自認為別錄為治史最好的辦法之一，為「詳略可以互糾，而繁複可以檢省，載筆之士或可因是而恍然有悟於馬、班之家學歟」❸，故提倡增編別錄，可謂係學誠對史學重大的貢獻。近代姚名達重編《章實齋遺著》，便也實行其互注別錄的方法❹，可見它對於史學義例的影響。

---

❶《文史通義．史篇別錄例議》，頁二四八及二五一。

❷同前註，頁二五〇。

❸同前註，頁二四九。

❹吳天任《章實齋的史學》，頁五七，所舉姚名達重編《章實齋遺著》，〈敍目〉云：「一篇之主旨，既有所在，而隸之某部某類矣。其旁文斜綴，關涉他部類者所在多有，實齋所以互著之法以濟其窮也。今善循其例，如某篇意在論學，間又論文，則錄其文於論學之部，名曰第幾篇，而於論文之部，另標其上曰別錄第幾，而不錄其文，但注曰見第幾部。亦有錄某部某篇之一段爲他部之別錄者，則注曰全文見第幾部，凡整篇附錄析錄節錄俱得有別錄。」

（四）史注：學誠極為注重史注，尤重於史家的自注，他主張恢復《史》《漢》以來的自注，要云：

> 夫文史之籍，日以繁滋，一編刊定，則徵材所取之書，不數十年嘗亡失其十之五六，宋元修史之成規可覆按焉。使自注之例得行，則因援引所及，而得存先世藏書之大概，因之以校正藝文著錄之得失，是亦史法之一助也，且人心日漓，風氣日變，缺文之義不聞，而附會之習且愈出愈工焉。在官修書，惟冀塞責；私門著述，苟飾浮名；或剽竊成書，或因陋就簡，使其術稍黠，皆可愚一時之耳目，而著作之道益衰。誠得自注以標所去取，則聞見之廣狹，功力之疏密，心術之誠僞，灼然可見於開卷之頃，而風氣可以漸復於質古，是又爲益之尤大者也。然則考之往代，家法既如彼；揆之後世，繁重又如此，夫翰墨省於前，而功效多於舊，孰有加於自注也哉！❶

自注的好處，盡如上言。若古來學者能了然此道，則古籍之中的訛誤簡略以致後世的聚訟難斷、穿鑿誤會，不知可以省卻多少，況且更有作者的法外傳心、微言大旨都須待自注以明的❷。

---

❶ 《文史通義·史注》，頁一五四。

❷ 《文史通義·史注》：「昔夫子作《春秋》也，筆削既具，復以微言大義，口授其徒；《三傳》之作，因得名據所聞，推闡經蘊，於是《春秋》以明。……古人專門之學，必有法外傳心，筆削之功所不及，則口授其徒，而相與傳習其義，以垂永久也。」

從史體的源流、體裁以至於義例之紀、傳、圖、表、別錄、史注，學誠都有新的建設性重要主張，張其昀以為章學誠的「新史學」已經盡在此了，言曰：

> 章君以爲紀傳之史，引而不合，當用互注之法，以聯其散；編年之史，渾灝無門，當用區別之法，以清其類。其大要詳於〈史學別錄例議〉中，別錄之法，所以救前史以往之失也。章君之新史學，則仍紀傳之體，而參本末之法，增圖譜之例，而刪書志之名，創立新裁，疏通條目，較古今之述作，定一書之規模。觀其特長，在於因事命篇，不徇成例，包該萬殊，連類相屬，起訖自如，並無或溢，而又別編表解，繪著圖像。可知章君之新史學，極合於今日修史之用。其應行申說者，即全書當以論理之組織統一之，要其體實不可移矣。❶

張氏所說極有見解，可謂一語中的。再以近代史學審視學誠以上四項主張，今日史著大都採章節體，頗有與紀事本末與紀傳編年諸體之合相通之處，唯其「大傳」次於「帝紀」之說，迄今似尚未見實現。「圖表」應當並重，乃至合文辭成三位一體之說，則古人不能同時並重，而今日學界則已蔚然成風，尤以研治經濟史、社會史者為然，可見其過人之識；「別錄

❶ 張其昀，〈劉知幾與章實齋的史學〉，收於杜維運等編《中國史學史論文選集》二，頁七六二—三。

」之說，何炳松以為二十四篇別錄連綴在一起，即如一部令人望眼欲穿的中國通史。但可惜的是學誠為貧窮所困，奔走四方，竟無暇行其所知，以餉後學❶。然由後來姚名達之試煉，可以證知其法固有所見。「史注」之說，以今日史學學術著作的要求標準觀之，也是合乎現代潮流的，因此更可以看出學誠的卓識。

而有關紀傳圖表別錄史注四者，吳天任《章實齋的史學》一書，第五章「史體的變革」作者以整章闡論相關見解，甚為豐贍翔實，可以參讀，本節在周詳引喻方面自可因而刪減，唯吳著專書論述學誠史學特色在於確立史學兩大宗門（第二章）、史德的倡導（第三章）、通史的主張（第四章）、方志的改造（第六章）等等之外，別立史體的變革一章詳論四者，取得與前後諸章平行的重要性，自是甚為突出有識，而本書則置此四者於章氏史學方法論體系中，史裁編纂法一項之內觀審其卓越見解，可說在處理方式（approach）上略有小異，此又不能不略加說明。

第三節　校讎目錄學

《史通》的主要內容著重討論史書之體例、義例、源流、撰法，對後世史書之編纂有啟

❶ 何炳松，〈章學誠史學管窺〉，《何炳松論文集》（北京：商務印書館，一九九〇），頁一一八。

迪指導的意義。除此之外，猶涉及史書分類的問題，亦值得稱述。其有關的觀點，大都集中在〈六家〉〈二體〉〈雜述〉〈采撰〉〈疑古〉〈惑經〉諸篇之中，其內容對史部目錄學亦有貢獻。茲分述之。

一、對史書做系統的分類，對史部目錄學有所創新。知幾把史書體裁歸納為「六家」和「二體」。六家中，《尚書》家指記言體，《春秋》家指記事體，《左傳》家指編年體，《國語》家指國別體，《史記》家指通代紀傳體，《漢書》家指斷代紀傳體。二體是指編年體和紀傳體。〈六家〉篇說：「于是考茲六家，商榷千載，蓋史之流品，亦窮之於此矣」。〈二體〉說：「既而丘明傳《春秋》，子長著《史記》，載筆之體，于斯備矣。後來繼作，相與因循，假有改張，變其名目，區域有限，孰能逾此！」〈古今正史〉篇以編年、紀傳二體均屬正史，這種說法，與《史通》前後的正史概念相比較，知幾的分類較為確切❶。編年體的名稱為《史通》所首倡，為後代的目錄所沿襲使用。

相對於前述所謂的正史之外，尚有偏記小說，在〈雜述〉篇中知幾說：

❶ 孫欽善，〈劉知幾在古文獻學上的成就〉，《文獻》一九八八：四，頁二二四。楊燕起等編著，《中國歷史文獻學》（北京：書目文獻社，一九八九），頁八九。又參田中萃一郎，〈劉知幾の歷史研究法〉，《田中萃一郎史學論文集》（東京，一九三二），頁三七〇—三七四，〈知幾の史籍分類法〉可悉。

> 是知偏記小說，自成一家，而能與正史參行，其所由來尚矣。爰及近古，斯道漸煩。史氏流別，殊途並騖。榷而爲論，其流有十焉：一曰偏記，二曰小錄，三曰逸事，四曰瑣言，五曰群書，六曰家史，七曰別傳，八曰雜記，九曰地理書，十曰都邑簿。❶

這些類目亦與其前後之目錄有同有異，不乏獨創。知幾對這十類史流雜著，認為在一定程度上都能補充正史。

知幾對史注類文獻也予以分類，歸納為訓詁解釋和廣異補缺兩體，實屬古今通例。如〈補注〉篇說：

> 昔《詩》、《書》既成，而毛、鄭立傳。傳之時義，以訓詁爲主，亦猶《春秋》之傳，配經而行也。降及中古，始名傳曰注。蓋傳者轉也，轉授於無窮；注者流也，流通而靡絕。進此二名，其歸一揆。如韓、戴、服、鄭，鑽研六經，裴、李、應、晉，訓解三史。開導後學。發明先義，古今傳授，是曰儒宗。

此即為訓詁解釋一體。另廣異補缺又分兩類，一為他人所注，一為作者自注，如〈補注〉篇

---

❶《史通釋評·雜述》，頁三一五。

又說：

> 次有好事之子，思廣異聞，而才短力微，不能自達，庶憑驥尾，千里絶群，遂乃掇衆史之異辭，補前書之所缺。若裴松之《三國志》，陸澄、劉昭《兩漢書》，劉彤《晉紀》，劉孝標《世說》之類是也。亦有躬爲史臣，手自刊補，雖志存該博，而才缺倫敍，除煩則意有所吝，畢載則言有所妨，遂乃定彼榛楛，列爲子注。若蕭大圜《淮海亂離志》，羊衒之《洛陽伽藍記》，宋孝王《關東風俗傳》，王劭《齊志》之類是也。

知幾對史注二體的歸納分類是合乎科學的，但他崇訓詁而薄補遺，則似未盡當。

二、《史通》論述史部文獻，多綜考源流，揭示內容，具有敍錄價值，相當於解題目錄。其中尤以〈古今正史〉篇最能說明此理，是篇等於遠古至盛唐的一部史書文獻史。此篇不僅依次敍列眾書，且對每一種書的成書過程考述甚詳。如對《漢書》的考述，謂系根據《後漢書》、《班固集》及《隋書·經籍志》等資料寫作，較今傳的《後漢書·班固傳》及《隋書·經籍志》所記均為翔實，並且敍及《漢書》的流傳、注釋及影響。又如對《隋書》，特別是其中的十志，〈古今正史〉篇言之甚明：

初，太宗以梁、陳及齊、周、隋氏並未有書，乃命學士分修。……始以貞觀三年創造，至十八年方就，合爲《五代紀傳》，並目錄凡二百五十二卷。書成，下於史閣。唯有十志，斷爲三十卷，尋擬續奏，未有其文。又詔左僕射于志寧、太史令李淳風、著作郎韋安仁、符璽郎李延壽同撰。其先撰史人，唯令狐德棻重預其事。太宗崩後，刊勒始成。其篇第雖編入《隋書》，其實別行，俗呼爲《五代史志》。

由此可知《隋書》之志，本非《隋書》所專用，實為梁、陳、齊、周、隋五代史志，所反映的是五代的情況，比單純隋代較為複雜。其他如後漢史、三國史、十八家晉史、十六國史等，無論就著者之人數或著作之冊數，都較為繁複，〈古今正史〉篇也都綜述詳明。

三、保存佚書的線索。我國史學自東漢、魏晉南北朝以迄於唐，史書眾多，作者輩出，蔚為蓬勃發展之時期，史部亦因而得以脫離經學而獨立❶。但各朝史書在此時期內也先後出現統一的代表作，如唐官修《晉書》取代了十八家晉史，遂使其他眾書在唐代以後逐漸亡佚，而《史通》因而保存了不少佚亡史書資料，散見於各篇，尤以〈雜述〉〈史官建置〉〈古今正史〉〈雜說〉等篇所記更為集中而有系統。這些資料可與其他現存有關諸史的記載互相印證，以窺眾亡書之崖略，有的資料尚可補諸史之缺遺，如〈古今正史〉所記十六國

---

❶ 逯耀東，〈從《隋書經籍志》史部的形成論魏晉史學轉變的歷程〉，《食貨月刊》復刊一〇：四。

史，有許多書不見諸史記載。有的資料則可訂正諸史訛誤，如〈古今正史〉說：「廬江何之元、沛國劉璠以所聞見究其始末，合撰《梁典》三十篇」，而《陳書·何之元傳》、《周書·劉璠傳》分別言各自撰述《梁典》三十卷，《隋書》與《舊唐書》之〈經籍志〉亦著錄為二人各撰，則為誤分。又知幾非常重視晉代汲冢發現的古史古書，屢加引證，這些書後來也亡佚了，也可借《史通》窺其眉目❶。

由上述三方面可知劉知幾在目錄學方面是有其貢獻的。

鄭樵在校讎目錄學上亦有過人的成就。其主要學說大都散在《通志略》的〈藝文略〉〈校讎略〉〈圖譜略〉〈金石略〉諸略中。各略之著作緣起，可見於《通志略·總序》。其論〈藝文略〉，曾云：

> 學術之苟且，由源流之不分；書籍之散亡，由編次之無紀；《易》雖一書，而有十六種學，……《詩》雖一書，而有十二種學，……故作〈藝文略〉。

論〈圖譜略〉，亦云：

---

❶ 以上所述多引前註孫欽善、楊燕起、田中萃一郎諸文，謹此申謝。

> 古之學者，左圖右書，不可偏廢，劉氏作《七略》，收書不收圖，班固即其書而爲〈藝文志〉。自此以還，圖譜日亡，書籍日冗，所以困後學而隳良材者，皆由於此，何哉？即圖而求易，即書而求難，舍易而從難成功少，……故作〈圖譜略〉。

論〈金石略〉，云：

> 方册者，古人之言語；款識者，古人之面貌。方册所載，數千萬傳；款識所勒，猶存其舊。蓋金石之功，寒暑不變，以茲稽古，庶不失真。……故作〈金石略〉。

論〈校讎略〉，則云：

> 册府之藏，不患無書；校讎之司，未聞其法；欲三館無素餐之人，四庫無蠹魚之簡，千章萬卷，日見流通，故作〈校讎略〉。❶

由以上之序論可知鄭樵著〈藝文〉〈圖譜〉〈金石〉三略，乃糾正前此目錄學者之因循苟且

❶ 以上四則皆見《通志略·總序》，頁五。

，類例不當，故自出樞機，別為分類。〈校讎略〉則欲為目錄學者訂定工作之南針，作為整理典籍之依據，然後目錄之學，才有其完整之體系❶。在〈校讎略〉中，他說：

> 學之不專者，爲書不明也。書之不明者，爲類例之不分也；有專門之學，則有世守之能。人守其學，學守其書，書守其類。人有存沒而學不息，世有變故而書不亡。……類例分，則百家九流，各有條理，雖亡而不能亡也。

又云：

> 欲明天者，在於明推步；欲明地者，在於明遠邇；欲明書者，在於明類例。類例不明，圖書失紀，有自來矣。❷

可見其〈校讎略〉乃為部次群書而作，其中他提出「類例」的主張，強調圖書分類的重要，以為類例可以明書，明書可以守學，守學可以傳人，析論深刻。鄭樵所論類例，其實有其所本，上古《易經》《史記》《漢紀》已有「類」的概念不說，至劉知幾時，亦有「人物品彙

❶ 田鳳臺，《古籍重要目錄書析論》（臺北：黎明文化事業公司，民國七十九年）第三章〈鄭樵目錄學析評〉，頁六八。

❷ 兩引皆見《通志略·校讎略·編次必謹類例論》，頁七二一—七二二。

」的觀點。如知幾曾說：

> 蓋聞方以類聚，物以群分，熏蕕不同器，梟鸞不比翼。史氏自遷固作傳，始以品彙相從。然其中或以年世迫促，或以人物寡鮮，求其具體必同，不可多得。是以韓非、老子，共在一篇，董卓、袁紹無聞二錄，……亦有厥類衆夥，宜爲流別，而不能定其同科，申其異品者，用使蘭艾相雜，朱紫不分，是誰之過歟？蓋史官之責也。❶

鄭樵更加發揚古來史家「類」的觀念，擴大用於治學的方法上，他說：

> 善爲學者，如持軍治獄，若無部伍之法，何以得書之紀，若無核實之法，何以得書之情？❷

又說：

❶《史通通釋·品藻》，頁二一九。

❷《通志略·圖譜略·明用》，頁七三〇。

士卒之亡者，由部伍之法不明也，書籍之亡者，由類例之法不分也。類例分，則百家九流，各有條理，雖亡而不能亡也。

鄭樵認為持軍治獄應用的「部伍之法」，實即治學應用的類例方法，因而很重要。他的方法中，還主張要「細分」，以求達到精密準確的地步，他說過：「類例不患其多也，患處多之無術耳」❶；「凡編書唯細分為難，非用心精微則不能也」即是❷。在類例的主張下，他因而把古今之圖籍，總分為十二類，百家，四百二十二種，可以說是史無前例的圖書細目分類，已突破古來《七略》四部的範圍了❸。他說：

散四百二十二種書，可以窮百家之學，歛百家之學可以明十二類之所歸。

可謂是他在目錄學上最大的貢獻了。由此可知欲明其目錄學上的分法，〈校讎〉〈藝文〉兩

❶《通志略．校讎略．編次必謹類例論》，頁七二一—二。

❷《通志略．校讎略．編書不明分類論》，頁七二八上。

❸倉修良仔細核對後，以爲實際應有四三〇種，見〈鄭樵和《通志》〉，《杭州大學學報》一九八〇：四，頁一〇五。田鳳臺則以爲四三一種，見《古籍重要目錄書析論》，頁七九。

略必須合看。蓋此兩略互為表裡，不可分割。他的分法，可以說從辨章學術、考鏡源流的角度出發的。所以章學誠對這種創造的分法非常推崇，說：

> 校讎之義，蓋自劉向父子，部次條別，將以辨章學術，考鏡源流，非深明於道術精微，群言得失之故者，不足與此。後世部次甲乙，紀錄經史者，代有其人，而求能推闡大義，條別學術異同，使人由委溯源，以想見於墳籍之初者，千百之中，不十一焉。鄭樵生千載而後，慨然有會於向、歆討論之旨，因取歷朝著錄，略其魚魯豕亥之細，而特以部次條別，疏通倫類，考其得失之故，而爲之校讎，蓋自石渠天祿以還，學者所未嘗窺見者也。❶

在〈校讎略〉中，鄭樵還注意到編次必記亡書，而亡書應另予編列。其法不但不致與現存之書混淆，又可使後人作考證之用，甚為實用。鄭樵因而批評唐人收書，只記其有，不記其無，故致後人失其名系。

他也重視求書和校書，主張兩者都要設專官，而且使其久任。有曰：「求書之官，不可不遣；校書之任，不可不專。」他提出有名的求書之道八論：一曰即類以求。如星曆之書求

❶ 章學誠，《校讎通義》〈序〉，頁五五九。

之靈臺郎；樂律之書求之太常樂工；二曰旁類以求。凡性命道德之書可以求之道家；小學文字之書可以求之釋氏。三曰因地以求，《孟少主實錄》蜀中必有；《王審知傳》閩中必有。四曰因家以求。《錢氏慶系圖》可求於忠懿王之家。五曰求之公。禮儀之書、祠祀之書、斷獄之書、官制之書、版圖之書，今官府有不經兵火處，其書必有存者。六曰求之私。書不存於祕府而出於民間者甚多。七曰因人以求，鄉人陳氏嘗為湖北監司，其家或有田氏之書。鄭樵嘗見其《荊州田氏目錄》。八曰因代以求。書之難求者，為其久遠而不可跡也❶。若出近人之手，何不求之有。鄭樵以為國家圖書館要豐富館藏，必須廣為徵求，其求書八法，對當代及後世公私館藏都有深刻影響。後代藏書家多奉之為圭臬。

其次在〈藝文略〉中，鄭樵主張圖書分類和編目的最大作用，在「辨章學術，考鏡源流」。亦在類例的主張下，他創立三級類目的分類體系，突破古來《漢書藝文志》《隋書經籍志》所採用的兩級分類體系。這三級分類的方法，試簡略説明如下：宋代圖書，較前為多，故鄭樵以其卓識，分置十二類、百家、四百二十二種。十二類之經、禮、樂、小學、史、子、天文、五行、藝術、醫方、類書、文即為第一級類目。次由「類」再析分出來，謂之「家」。如經類再分為易、書、詩、春秋、國語、孝經、論語、爾雅、經解等九家為第二級類目，次再由「家」析分，謂之「種」，如《易》再分為古易、石經、章句、傳、注、集

---

❶《通志略·校讎略》〈求書遣使校書久任論〉〈求書之道有八論〉，頁七二四—五。

注、義疏、論說、類例、譜、考正、數、圖、讖緯、擬易等十六種。鄭樵說明為何《易》必須再分為十六種說：

《易》本一類也，以數不可合於圖，圖不可合於音，讖緯不可合於傳注，故分爲十六種。❶

可見其理由是因為他對《易》做了具體分析，看到種與種之間的差別，所以才勇於對《新舊唐志》《崇文總目》的四分、《中經》的五分、《隋志》的六分、《七錄》的七分、《七志》的九分等法作出突破，創下新的三級「類—家—種」的分類體系。而鄭樵的〈藝文略〉廣收古今典籍一〇九一二種，一一〇九七二卷，比《漢書·藝文志》所收三八種，一三三六九卷，已多出甚多，可見他想包括古今，備錄無遺，乃至最後要達到「通錄圖書之有無」評今略古的企圖，雖然最終鄭樵並未完全做到此點，但他收錄圖書的廣泛程度則超過前人甚多。

除上兩略之外，鄭樵也充分重視圖譜、金石的價值，將其提昇至與圖書同等的地位，除擴大史料文獻的範圍外，亦具校讎功用。鄭樵在〈金石〉略裡，專採三皇五帝的泉幣、三五

❶《通志略·校讎略·編次必謹類例六論》，頁七二一。

的鼎彝、秦人石鼓、漢魏豐碑，上自蒼頡石室之文，下逮唐人之書，各列其人而名其地，可見其識見甚廣。至於〈圖譜〉略他提出治學要做到圖文並重，根據天文圖、地理圖、宮室圖、器物圖及各種表譜，與圖書資料互相校核，才有比較正確的知識。因而他贊揚漢代任宏校兵書時曾收圖四三卷，南朝齊王儉撰《七志》設圖譜一志專錄圖譜，在他自己的《通志略·藝文略》中，如經類的易、書、詩、春秋、爾雅各家；禮類的周官、喪服、會禮各家；史類的職官、地理各家等，都收了圖，而易、書、詩、春秋、喪服各家，都錄了譜，體現了〈圖譜〉略的原理。其中涉及編製的體例及學理，都有超越前人之處。

以上所述鄭樵的見解，均可包括在其「通錄圖、書之有無」的觀點之下。這是他「會通」的史學思想在目錄學方面的表現❶。在〈藝文〉〈校讎〉兩略所展現的即是其類例之法，而在〈金石〉〈圖譜〉兩略則是核實之法。然若以校讎目錄學理觀之，則前兩略的重要性過於後兩略。

鄭樵在校讎目錄學方面對後世的影響極其深遠，如鄭寅的《七錄》、焦竑撰《國史經籍志》的一些子目及章學誠的《校讎通義》都是根據鄭樵這方面的基礎加以發展出來的。但是，鄭樵的分類有時也未必盡當，如《爾雅》係小學之書，何以附於經類？《國語》《春秋》之類，又何得別自成家？對劉歆《七略》、班固《漢志》，又似譏貶過當，未窺古人之

---

❶ 羅孟禎編著，《古典文獻學》（四川：重慶出版社，一九八九），頁一五六。

大體❶。又如其十二類的分法，後世多不用，而經史子集之四部分法，迄今仍不廢，恐係其法未盡便耳❷。另者，其編次法，除分類之目錄外，不知尚有作者與書名之目錄，也是鄭氏未能鑒及之處❸。除以上外，還有鄭樵也不知「互著」之法，故〈藝文略〉的經部著了石經，〈金石略〉之中卻不知列入石經。此則要待章學誠出而擴大目錄學才談到。儘管鄭樵有這些缺點，但相對於其所貢獻的，這些實是次要的。

到章學誠時，他亦沿用鄭樵「校讎」一詞以涵蓋「目錄」，繼續發揚鄭樵的〈校讎略〉，加以補充和修正，成其《校讎通義》。是書敍云：

> 校讎之義，蓋自劉向父子，部次條別，將以辨章學術，考鏡源流，非深明道術精微，群言得失之故者，不足與此。……鄭樵生千載而後，慨然有會於向歆討論之旨，因取歷朝著錄，略其魚魯豕亥之細，而特以部次條別，疏通倫類，考其得失之故，而爲之校讎，蓋自石渠天祿以還，學者未嘗窺見者也。❹

❶ 胡楚生，《中國目錄學》（臺北：華正書局，民國七十六年），頁二〇二—二一八。

❷ 余嘉錫，《目錄學發微》（臺北：藝文印書館，民國六十三年），頁一六四。

❸ 田鳳臺，前揭書，頁九九。

❹ 《校讎通義．序》，頁五五九。

可知鄭章二氏的校讎之義，已非劉氏父子之舊可知，其意在考辨古書有「篇卷參差，敍例同異」❶，最終在「辨章學術，考鏡源流」，所以他以校讎題為書名，其意旨即在自述對千古簿錄之見解，其言或發前人之未發，或糾鄭樵之謬，或補漢志之非。而本小節主在陳述其發前人未發之專見，至於後兩者，則非本節所欲述之大端。

學誠雖不以「目錄學」稱圖籍編目校書之學而改以「校讎學」，但約略同時之前後學者如王鳴盛、金榜、黃丕烈、顧千里、龔自珍則仍維持「目錄學」正名而稱之，今日學科分類亦稱之為「目錄學」。但兩者各有廣狹含義，互見短長，若如鄭章二氏欲以校讎包目錄，顯非古義，而今日目錄之名，又遺校讎之旨，亦未見當❷，因而本節為統合劉鄭章三氏之相關見解，及結合校錄兩學之內容，故改稱以「校讎目錄學」。

不過，學誠的校讎學確有其獨到之處，王重民以為章學誠之「校讎心法」代表乾嘉以來我國目錄學方法和理論的最高成就，使古時只談校書編目分類的方法論，開始走向研究、討論和編製專科目錄、參考目錄的方向❸。若就此方向而論，則顯然與圖書館學系或中文系所研究者相重複，故本節只擬就其與史論有關者抉發敍之，不及其他。茲分數則簡述如下：

---

❶《章氏遺書．信摭》（外篇卷一），頁八二二下。

❷參田鳳臺，前揭書，頁九八。

❸王重民，〈論章學誠的目錄學〉，收在《中國史學史論集》，頁五七五—五七六。

一、建立校讎目錄學新理論體系

前引《校讎通義·序》已為校讎學下一完整系統的定義，指出其任務不僅在甲乙丙丁排列圖書目錄，更重要的是「辨章學術，考鏡源流」。前者只為後者服務而已，學誠所謂的「辨章」和「考鏡」，都是指圖書資料的分類、著錄、解說等等必須與學術史思想史相結合，如此方能從圖書發展史的角度，發揮「即類求書，因書究學」的門徑作用，最後達到瞭解該項學問之淵源、流別及得失。學誠以此一角度來規範編次書籍的任務及其作用，可謂是歷史上首次明確地把編製目錄提昇到學問的程度，比起前述鄭樵在〈校讎略·編書必究本末論〉所提出的「類例既分，學術自明，以其先後本末具在」的說法更具系統性、完整性。故而可知學誠的校讎目錄學不與一般的目錄學等量齊觀。

其次，學誠從發展的觀點出發，強調目錄的編製方法和形式都要適應圖書發展的規律，把能否符合「辨章學術、考鏡源流」做為評價目錄得失的準則。他在《校讎通義·原道》中即要求編製目錄要先明「大道」，說：

> 《輯略》…最爲明道之要……其敘六藝，而後次及諸子百家，必云：某家者流，蓋出於古者某官之掌，其流而爲某氏之學，失而爲某氏之弊。其云某官之掌，即法具於官，官守其書之義也。其云流而爲某家之學，即官司失職，而師弟傳業之義也。其云失而爲某氏之弊，即《孟子》所謂「生心發政，作政害事」，辨而別之，蓋欲庶幾於

知言」之學者也。由劉氏之旨，以博求古今之載籍，則著錄部次，辨章流別，將以折衷六藝，宣明大道，不徒爲甲乙紀數之需。

這裏指出使目錄發揮「辨章學術，考鏡源流」的作用，才能明道。除此外，尚須使目錄的內容結合當時政治實際來評論學術思想的得失，此即《孟子》的知言之學。學誠還在〈原道〉中，闡敍我國圖書目錄的起源和發展過程，他以為春秋以前，學術在官，圖書由專職官員負責保管，因官職之不同，而圖書自然也分類別。春秋以後，私家著述興起，衝破學術在官、圖書官守的格局，產生了劉向父子首次完成的圖書分類，形成我國最早的系統目錄。學誠以其能夠順應歷史潮流，能「辨章學術，考鏡源流」而給予很高的評價，學誠尚多寫了一〈宗劉〉篇，以溯其源，即甚重之。劉氏《七略》的分類體系是結合有學術流別，他強調此優良傳統應加繼承。然東漢三國以後，圖書資料的品類增多，衝破《七略》的分類，產生了四部分類法，學誠起初不能接受這種變化，但在改寫《校讎通義》（一七八八）後，修正自己的看法，說：

七略之流而爲四部……皆勢之所不容已者也。史部日繁，不能悉隸以《春秋》家學……文集熾盛，不能定百家九流之名目……凡一切古無今有，古有今無之書，其勢

判如霄壤，又安得執《七略》之成法以部次近日之文章乎？❶

他既接受四部分法的優點，又看到四部分法也亂了書籍的部次，影響辨章學術、考鏡源流的作用，所以提出補救辦法：

《七略》之古法終不可復，而四部之體質又不可改，則四部之中附以辨章流別之義，以見文字之必有源委，亦治書之要法。

他建議「就四部之成法，而能討論流別」❷，以集兩者之大成，並補七略、四部之不足，使目錄既能適應圖書的新發展，又能揭示圖書發展的規律。由上可知，「辨章學術、考鏡源流」本是章氏對劉氏父子《七略》體系的總結，卻為他發展成校讎目錄學的明確任務及編纂、評價目錄的基本原則。

二、為實現「辨章學術、考鏡源流」，提出「互著別裁」法。

系統分類目錄經劉歆《七略》鄭樵〈校讎略〉的闡發之後更加明確，至章學誠則進一步

❶ 《校讎通義·宗劉》，見頁五六二。

❷ 同上註引書，頁五六三。

指出系統分類目錄的重要意義。他在《校讎通義·互著》裏說：

部次流別，申明大道，敘列九流百氏之學，使之繩貫珠聯，無少缺逸，欲人即類求書，因書究學。至理有互通，書有兩用者，未嘗不兼收並載，初不以重複爲嫌。其於甲乙部次之下，但加互注以便稽檢而已。古人最重家學，敘列一家之書，凡有涉此一家之學者，無不窮源至委，竟其流別。所謂著作之標準，群言之折衷也。如避重複而不載，則一書本有兩用而僅登一錄，於本書之體既有所不全；一家本有是書而缺而不載，於一家之學亦有所不備矣。

又：

部次群書，標目之下，亦不可使其類有所缺。故詳略互載，使後人溯家學者可以求之無弗得。以是爲著錄之義而已。

此即說：一書的主題，與兩個類目有關；或者一書有兩個以上的主題，則必與兩個以上的類目相應，此時即須兼收並載，不以重複為嫌。

又有一種是在一書之中，採取了現成著作，或部分自成一類者，就應當把那一部分獨立出來，另歸相應的一類。學誠在《校讎通義·別裁》提出：

> 古人著書，有采取成說，襲用故事者（原注：如《弟子職》必非管子自撰，《月令》必非呂不韋自撰，皆所謂采取成說也。）其所采之書，別有本旨，或歷時已久，不知所出。又或所著之篇，於全書之內自爲一類者。並得裁其篇章，補苴部次，別出門類，以辨著述源流。

互著和別裁，都是把書有兩用的，著錄在兩個類目之中。所不同者，互著是把一書著錄在兩個類目中；別裁是把一書著錄在主類中，而把書中與他類可以「互通」或「兩用」的部分，裁篇別出，著錄在相應的類目中。至於應當使用那種方法？學誠以為要看兩類之中以何類為主作決定，他說：「權於賓主重輕之間，知其無庸互見者，而始有裁篇別出之法耳。」

使用互著別裁之法，不但能發揮校讎目錄之「辨章學術，考鏡源流」「繩貫珠聯」「即類求學」的功用，使原有的圖書分類法得此二法的輔助，更加完善，而且也使我國圖書分類系統，尤其是專科目錄與參考目錄，在與學術思想史結合的方法上更大為提高。這是他在我國目錄學史上的又一貢獻。

由以上兩項可以看出章學誠的校讎目錄學理論和方法，是在批判繼承劉向劉歆及鄭樵的相關理論的基礎上，加之其個人豐富的編纂地方志、撰述《文史通義》《校讎通義》經驗及受當時盛行的「溺於器而不知道」的考據學、「離器言道」的理學學風刺激影響下，提出的一套系統理論。學誠此套新的校讎目錄學思想體系，使目錄學的性質丕變，開始走向研究和編製專科目錄、參考目錄的方向，因而代表了中國近代以前（Pre-modern）目錄學的最高成就。

第四節　方志學

一般論者皆以為《章氏遺書》（一九二二年嘉業堂刻本）包括文學、史學、方志、校讎、目錄學等論著❶，內容含有《文史通義》《校讎通義》及《方志略例》等，可謂事實。本書前此章節內容已涉及《文史通義》《校讎通義》的文史、校讎、目錄諸學，唯獨方志學未及，故本節專摭章學誠的方志學以論，觀其史法，就本章的宗旨而言，始能稱備。

方志起源甚古，體例至南宋時始燦然大備，但能將方志的源流、意義、特點、功用、學術價值及編撰方法，寫成完整體系論說者，恐以章學誠為第一人❷。梁啟超曾指出：「（章氏）一生工作全費於手撰各志，隨處表現其創造精神」❸故能於方志學理論卓有貢獻。纂修

❶ 傅振倫，〈章學誠的方志學〉，《中國史志論叢》（浙江：人民出版社，一九八六），頁九六。

❷ 參洪煥春，〈南宋方志學家的主要成就和方志學的形成〉，《史學史研究》一九八六：四，頁一四；並參傅振倫，前引文，頁九五。室賀信夫，〈章學誠とその方志學〉，《地理論叢》（東京：古今書院發行，京都帝大文學部編），頁二六四—二七四。

❸ 梁啟超，《中國近三百年學術史》（臺北：華正書局，民國六十三年），頁三三九。井邊一家，〈章學誠〇方志學〉，《史淵》第五輯，九大史學會，昭和七年，頁二七—四八，論甚周詳。

方志，因而可謂是章學誠一生最重要的學術活動之一，早在乾隆二八年（一七六三），他回答國子監同窗甄松年的兩封書信即〈答甄秀才論修志第一書〉與〈第二書〉時，即有所見識。在〈第一書〉中，他說：

> 州郡立志，仿自前明，當時草創之初，雖義例不甚整齊，文辭尚貴真實，剪裁多自己出，非若近日之習套相沿……。❶

可知他研讀過明代與當代的多種方志。清朝在康雍之後即提倡方志，雍正七年因修《大清一統志》，需要省志資料，下令各省修輯志書，不久又頒各省府州縣志六十年一修的命令，因而雍乾年間，各地修志之風盛行。章學誠因而讀了許多方志，是可確定的。故在論修志二書當中可以看到論方志的詞句，如「今之志書，從無錄及不善」「志之為體當詳於史，而今之志乘所載百不及一」及「非若今之州縣志書，多分題目，浩無統攝也」❷設非研讀過方志，當無上語。

乾隆二九年（一七六四）學誠曾參與《天門縣志》的編撰，從現存三篇序言來看，其識

❶ 《文史通義·方志略例三·答甄秀才論修志第一書》，頁四七八。

❷ 所引分見《文史通義》〈第一書〉與《第二書》，頁四八〇—四。

僅平平而已。隔年，投師於朱筠門下，在朱家得見大量各省通志❶，並替其師編修《順天府志》，還寫過《國子監志》，都是十分有益的鍛鍊。但真正有意義的修志工作，則是從乾隆三八年（一七七三）編修《和州志》開始。是書體例有紀、表、圖、書、政略、傳等，凡四二篇。不僅體例比較完備，且有自己獨特創見，如志中有表，是學誠修志之中執簡收繁的重要憑藉。又設有圖，與紀、傳並列，非為書志之附圖，是其「創特」（章氏語）之一。又如傳，除人物傳記之外，另有〈闕訪列傳〉〈前志列傳〉皆是其特殊之處。此外，學誠又采州中著述，有裨文獻及文辭典雅者，輯為《和州文徵》八卷，計奏議二卷，徵述二卷，論著一卷，詩賦二卷，與志書相輔相成。總之，《和州志》的編修，學誠已賦之方志有新舊不同的體例作法，而提昇為史學理論的模式。修志期間，與戴震就志的體例問題發生辯難，卻因而奠定了其方志學理論的初基。戴震主張「夫志以考地理，但悉心於地理沿革，則志事已竟」之說，《四庫全書總目》也將方志列於史部地理類，學誠以其實際修志之經驗，反對方志為地理之書，主張應歸為史體，強調「方志為古國史，本非地理專門」❷，又說：「夫家有譜，州縣有志，國有史，其義一也」❸，都是說明方志是地方史非地理書。

❶《校讎通義．讀道古堂文集》，頁六三六，云：「予在京師，見朱竹君先生家藏各省通志，其體例以《浙江通志》爲最。」

❷《文史通義．方志略例一．記與戴東原論修志》，頁四九八。

❸《文史通義．方志略例三．爲張吉甫司馬撰大名縣志序》，頁五〇六。

乾隆四四年（一七七九）學誠編成《永清縣志》，約費時一年半。去《和州志》已六年。其書分六體：紀二：皇言、恩澤；表三：職官、選舉、士族；圖三：輿圖、建置、水道；書六：吏戶禮兵刑工；政略一；列傳十：鄉賢第一至第六，義門第七，列女第八，闕訪第九，前志第十，凡廿五篇，不分卷。是志為學誠所修方志之中保存最完整的一部，與上志相比，體例上最大變化在書志有六，究其原因，喬治忠以為學誠修過《和州志》已有「若論史法，則書志大原必追官禮」的見解，另者是閱讀了縣內的全部檔案，並問詢於縣吏，故以為：

> 州縣修志，古者侯封一國之書也，吏戶兵刑之事，具體而微焉。今無其官而有其吏，是亦職守之所在，掌故莫備於是，治法莫備於是矣。

又：

> 案牘簿籍無文章，而一縣之文章，必考端於此。❶

於是，他試圖「宜一人官為統紀」❷改造書志舊體，而按六部官署名稱分類編修掌故。如

---

❶《方志略例二·永清縣志六書例議·吏書》，頁四四一—二。

❷同前註。

此，則《永清縣志》保有大量地方史料，內容具體而豐富，但不免也失之於冗雜混亂，學誠後來也自我承認：「《永清全志》，頗恨蕪雜」❶。

氏撰〈禮書〉時，因兼載制度與俗禮土風，即在史料與著述之間遇到不能平衡，難以取捨的困窘，以政禮書最為蕪雜，由此，學誠漸能認識到「著述之體與類次之法分部而行，固亦相資為用者也」，二者「離則雙美，合則兩傷」。對其以後的史學理論或方志學理論都有助益。

《永清志》既成，學誠別擇有關永清縣事而不能收入上志者，以類相從，別為《文徵》五卷，自為一書，附志而行。

乾隆五五年（一七九〇），章氏又修成《亳州志》，書雖不存，但從《章氏遺書》可以窺其崖略。〈又與永清論文〉曰：

近日撰《亳州志》，頗有新得。視《和州》、《永清》之志，一半爲土苴矣。而地廣道遠，僕又逼於楚行，四鄉名蹟，未盡游涉，而孀婦之現存者，不能與之面詢委曲，差覺不如《永清》。然文獻足徵，又較《永清》爲遠勝矣。此志擬之於史，當於陳范

❶《文史通義·又與永清論文》，頁三四四。又參喬治忠，〈章學誠方志學理論的形成和發展〉，《史學史研究》一九八六：三，頁三二。

抗行，義例之精，則又《文史通義》中之最上乘也。世人忽近貴遠，自不察耳。後世是非，終有定評，如有良史才出，讀《亳志》而心知其意，不特方志奉爲開山之祖，即史家得其一二精義，亦當尊爲不祧之宗。此中自信頗真，言大實非誇也！❶

〈又與史餘村〉也說：「近撰《亳州志》，更有進境」❷，可見學誠甚為滿意《亳志》之作。為何滿意？進境有何？究之即明。大致學誠在此志采取「整齊掌故，別為專書」❸之法，提出「為史學計其長策，紀、表、志、傳率由舊章，再推周典遺意，就其官司簿籍，刪取名物器數，略有條貫，以存一時掌故」❹另一特色即在志中創設人物表。章學誠說：「方志之表人物，何所仿乎？曰：將以救方志之弊也」❺，學誠在修志的過程中，曾遇到列傳有兩個問題較難處理，一是正史和國史中已有傳的人物，另一是地方上有勢力的鄉紳，前者學誠感到「摘撮則嫌如類纂，全篇有似於傳鈔，書欲成家，良難定位」，後者則既無善跡可

❶ 同上註引文，頁三四四。
❷ 《文史通義·又與史餘村》，頁三二三。
❸ 《文史通義·亳州志掌故例議下》，頁四七五。
❹ 《文史通義·亳州志掌故例議中》，頁四七三。
❺ 《文史通義·亳州志人物表例議下》，頁四七〇。

稱，又不能完全不錄。最後，學誠想出用人物表的方式，僅列上述人物的姓名，原史書列傳的全文收於〈文徵〉，對一些鄉紳「有特著之名，則義無屈抑」❶，達到「密而不猥，疏而不漏」❷的效果。學誠以為人物列表有三善❸，掌故為書，自詡為百世不易之規，故頗引為自得之作。由前文一路看來，《和州志》初創文徵之例，《永清志》則詳於六書，而掌故均無專書。自《亳州志》首創掌故一門，而志體備。〈闕訪列傳〉與〈前志列傳〉，都起於《和州志》，但得人物表之後而法更簡要，故學誠在《亳州志》以掌故列為專篇及人物為表，都是他對方志學重大貢獻❹。其後主張方志宜立三書，即本於此。

兩年後（一七九二），學誠寫就〈方志立三書議〉一文❺，其內容即是對歷次修志，特別是《亳州志》之後心得的總括，可謂是其方志學理論的代表作。其旨要是：

> 凡欲經紀一方之文獻，必立三家之學，而始可以通古人之遺意也。倣紀傳正史之體而

❶ 同上註引文，頁四七〇。
❷ 同上註，頁四七一。
❸ 《文史通義．亳州志掌故例議上》，頁四七一。
❹ 傅振倫，〈章學誠的方志學〉，頁一〇三。
❺ 胡適著，《章實齋先生年譜》，頁一〇三。

作「志」；倣律令典例之體而作「掌故」；倣文選文苑之體而作「文徵」。三書相輔而行，闕一不可；捨而為一，尤不可也。❶

此處所謂三書，是指志、掌故與文徵，並非本書題目之「三書」，應無混淆。三者之中，「志」是方志的主體，是體現作者的別識心裁，作為成一家之言的著述；「掌故」相當於典志，彙編當地的典章制度、檔案簿籍；「文徵」相當於文選，分類彙輯當地詩文、文獻。後兩者與「志」相輔而行，目的在於證史，學誠以為如此可以繼承和發揚古代史學的傳統，可以「互相資證，無空言」。至此，學誠比起早期修《和州志》與戴震辯駁方志為史體或地理時，已更能圓其說矣，亦即是此時學誠之方志學理論大致已告底定。

同年，亦即乾隆五七年，學誠應畢沅之聘，開始纂修《湖北通志》。此次規模更大，因湖北一省地域遼闊，自非以前只修州縣之志可比。至甲寅年（一七九四）二月左右脫稿。全書分四部分：通志七四篇、掌故六六篇、文徵八集、叢談四卷。是書之編修，使學誠又有兩項創見，一是「叢談」，這是他主張於三書之外，對於「附稗野說部之流，以備徵材之所餘」而作「叢談」。但不以叢談合稱四書，因為「三書皆經要，而叢談非必不可闕之書也

❶《文史通義．方志立三書議》，頁三八八。並參高橋武雄，〈中國にすける普遍史論の展開——鄭樵より章學誠へ——〉，《史學研究》第十一集，一九五二，頁七一—七二。

」❶，故學誠以為將它附於志後於例無傷，但如此一來，資料累積自多，內容難免蕪雜。二是他提出「傳有記人記事之別」，故在《湖北通志》之中開始編撰記事性的列傳❷。這是因為《湖北通志》需記載的人物極多，若逐人記載，必然文繁事晦，頭緒不清，故學誠改以共同歷史事件相關聯者，適合以事名篇，寫成合傳，如〈嘉定蘄難傳〉〈明季寇難傳〉等則是，這是學誠根據方志內容之需要而創用的。梁啟超即曾贊揚鄂志此種以事為中心的合傳，以為「此種體裁可以應用到一時代的歷史上去，亦可應用到全國歷史上去」❸，由此可見，章學誠的修志創見，雖只是「史之一隅」，但可「推微而知著，會偏而得全」❹，由修志的過程中發展了史學方法論。

修《湖北通志》的同時，學誠還預修了《麻城縣志》《常德府志》《荊州府志》，可見此次修志規模確實最大，而且是通志、府志、州縣志都有，只除未曾豫修國史而已。然學誠對於這幾種方志的體裁，也分辨得十分清楚，他論省通志說：

❶ 《文史通義·方志立三書議》，頁三九四。
❷ 《方志略例三·湖北通志凡例》，頁五二〇—五二六。
❸ 梁啟超，《中國歷史研究法補篇》，頁五八。
❹ 《文史通義·通說爲邱君題南樂官舍》，頁二九五。

如修統部通志，必集所部府州而成。然統部自有統部志例，非但集諸府州志可稱通志，亦非分折統部通志之文，即可散爲府州志也。

又曰：

所貴乎通志者，爲能合府州縣志所不能合，則全書義例，自當詳府州縣志之所不能詳。既已詳人之所不能詳，勢必略人之所不能略。

論府志說：

諸府之志，又有府志一定義例。既非可以上分通志而成，亦不可以下合州縣屬志而成。自應於州縣志而外，別審詳略之宜。

論直隸州志說：

直隸之州，其體視府爲其轄諸縣也，其志不得視府志例。如以府志之例載屬縣事，而以縣志之法載本州事，則詳略不倫，如皆用府志之例，則於州境太疏，如皆用縣志之

例，則於屬縣重複。❶

至於國史學誠雖無緣入館豫修，但他認為方志與國史需「嚴名分」，如應載於國史之帝王后妃，方志當然不可與載，否則即是「名分混淆」❷，他力戒方志「僭妄」，故方志不得與國史雷同，但又需與國史互通聲氣，因而只得「變易名色」，改方志之體為外紀、年譜、考、傳，以別於紀傳體國史之紀、表、志、傳。當然，學誠晚年編修的《湖北通志》體例更繁，需再加上圖、表、略諸項。而最後在〈跋湖北通志檢存稿〉說：「余修方志，力闢纂類家之蕪沓，使人知方志為國史之羽翼」❸。

以上本節採時間縱序方式由章氏早期編撰《和州志》一直敘至晚年編寫《湖北通志》為止，亦即從學誠廿七歲敘至五七歲止，學誠整整三十年以上撰述方志的全部歷程，並將其所撰各志的獨到處指出以明其方志理論體系的建構過程，從《和州志》的初奠基礎，至《永清縣志》引發其深入探討的契機，至十年後之《亳州志》帶來方志理論的成熟，而《湖北通志

❶ 以上所引諸條，皆見《文史通義·方志辨體》，頁三七九—三八〇。

❷ 《文史通義·書武功志後》，頁五四〇。

❸ 方志可爲國史取裁的說法又見於《文史通義·爲張吉甫司馬撰大名縣志序》及〈方志立三書議〉兩文，分別見於頁五〇三—五及三八八—三九三。

》則使之更加完善的整個過程，可以明白其方志理論的形成、發展、成熟及其各個階段的特色。

學誠在三十年修志的生涯裏，修志應如何修？及如何保存方志資料？他都提出獨到的看法。在〈修志十議〉裏，他總結其研究與編纂方志的心得說：

> 修志有二便：地近則易核，時近則跡真。有三長：識足以斷凡例，明足以決去取，公足以絕請託。有五難：清晰天度難，考衷古界難，調劑衆議難，廣徵藏書難，預杜是非難。有八忌：忌條理混雜，忌詳略失體，忌偏尚文辭，忌妝點名勝，忌擅翻舊案，忌浮記功績，忌泥古不變，忌貪載傳奇。有四體：皇恩慶典宜作紀，官師科甲宜作譜，典籍法制宜作考，名宦人物宜作傳。有四要：要簡，要嚴，要核，要雅。❶

他主張修志過程中，應當盡力做到「乘二便，盡三長，去五難，除八忌，而立四體以歸四要」，這是方志學的方法論，與史學方法論實有相通之處。

再者，為了解決修志過程中所遇到的資料來源困難問題，他建議在各州縣設立「志科」，專掌搜集鄉邦文獻，在〈州縣請立志科議〉中他指出：

---

❶《文史通義·修志十議》，頁四八七。

今天下大計，既始於州縣，則史事責成亦當始於州縣之志。州縣有荒陋無稽之志，而無荒陋無稽之令史案牘。志有因人臧否，因人工拙之義例文辭；案牘無因人臧否，因人工拙之義例文辭。蓋以登載有一定之法，典守有一定之人，所謂師三代之遺意也。故州縣之志，不可取辦於一時，平日當於諸典吏中，特立志科，僉典吏之稍明於文法者，以充其選，而且立爲成法，俾如法以紀載，略如案牘之有公式焉，則無妄作聰明之弊矣。積數十年之久，則訪能文學而通史裁者，筆削以爲成書，所謂待其人而後行也。如是又積而又修之，於事不勞，而功效已爲文史之儒所不能及。❶

他又在〈答甄秀才論修志第一書〉中說：

欲使志無遺漏，平日當立一志乘科房，僉掾吏之稍通文墨者爲之。凡政教典故，堂行事實，六曹案牘，一切皆令關會日錄真跡，彙冊存庫，異日開局纂修，取裁甚富。雖不當比擬列國史官，亦庶得州閭史胥之遺意。❷

倡議搜集資料專責機構的制度化，可惜並未為清政府所接納。而且當時是「挾私誣罔，賄賂

❶《文史通義·州縣請立志科議》，頁三九六。

❷《文史通義·答甄秀才論修志第一書》，頁四七八—四七九。

行文」橫溢的風氣盛，使他的理想也實在難以辦到。不過，倒也顯示出他對於方志學用心的良苦。

小結

總前所述，劉知幾在史料文獻學理論方面的貢獻，可謂前無古人。他依史書年代先後為序分上古、中古、近世、當代，分述史料的衍繁累增，而有親見耳聞、原始文件與傳說、原始記錄與後來追釋的區別，以至後來發展成為編年紀傳二體六家的正史，至唐代之前則更有雜書十流浩博難罄的情況。知幾審其價值，論其方法，洞有卓識，昔之所無，開古代史料學之先河，成其一家獨斷之學。鄭樵在這方面則遠遜於知幾，唯其以草萊之民，十年搜訪圖書，遍覽三館四庫與散落民間之典籍，達到會通天下之書的目的，其魄力與弘毅為三氏之最，尤令人敬佩。其論史料多未超出知幾範圍，唯〈金石〉〈校讎〉兩略可補知幾之不足。學誠之史料文獻學，則主張「六經皆史」說，後並擴及「凡涉著作之林皆是史學」，推拓至廣，為曠古所未有。既如此，則以史識辨擇史料，無疑至要。除此外，搜集史材，應由州縣學校專門負責；藏書之所，應在尼山泗水之間，皆是學誠的獨特創見。

「歷史編纂學」中劉知幾《史通》先溯史書原委，分尚書、春秋、左傳、國語、史記、漢書六家，再就史體由六家析出編年紀傳二體，體例一定，再論義例，於《史通》內篇論述綦詳，此中誠如知幾自云：「所網羅者密矣，其所商略者遠矣」。大致知幾之論史裁，主張引用近體，反對摹擬經傳；論言語，主張應用今文，反對憲章虞夏；論編製，主張言事分篇，反對繁文縟詞；論敍事，主簡要用晦，反對因習舊文；論題目，主名實相符，反對題不對文；論斷限，主不錄前代，反對越俎代庖。以上各說，實知幾三十年修史經驗，凝聚其卓越史識而成，故堪為借鑑者多。鄭樵之編纂學功在以會通觀點就唐代以前十五部史書以同一文字格調加以改寫，著成一部完整的紀傳通史，雖未臻盡善，但在綜合眾史中之增刪、移掇中，亦表達其卓識。其重點則在改表為譜、改書志為略，又另立載記。其中以二十略最為有名，鄭樵自云係其自得而有，不用舊史之文，可謂是《通志》之精華所在，歷來學者已有公斷。章學誠之編纂學貢獻則在分別史學有兩大宗門「撰述／圓神／知來」及「記注／方智／藏往」，可說其非常特識。他心目中優選的撰述之業是通史體與紀事本末體，但他擬另創新史體重修《宋史》，內容包含：本紀、紀事本末、圖表。此體乃試圖綜合眾體之長，編出圖文並茂、綱舉目張的史著。可惜此書未成。

「校讎目錄學」述《史通》在史書分類上有三項貢獻：一對史書做系統的分類，對史部目錄學有所創通。二論述史部文獻，多綜考源流，揭示內容，具有相當於解題目錄的敍錄價值。其中尤以〈古今正史〉篇最能說明其理，等於遠古至盛唐的一部史籍文獻史。三保存佚書的線索，居功甚偉。鄭樵在這方面亦有過人的成就，在〈校讎〉〈藝文〉兩略提出類例主張，創立「類－家－種」三級分類體系，強調圖書分類的重要，以為類例可以明書，明書可以守學，守學可以傳人，因而分古今圖籍為十二類、百家、四二二種，突破古來《七略》四部的範圍，其分法有「類例既分，學術自明」之效。另在〈金石〉〈圖譜〉兩略主以碑石鼎彝及圖文表譜，檢覈圖畫資料，可謂為核實之法，鄭氏類例、核實之法的見解，均可包括在其「通錄圖、書之有無」的觀點之下。這是他「會通」史學思想在校讎目錄學上的表現。至章學誠仍沿用鄭樵以「校讎」涵蓋「目錄」，對鄭樵〈校讎略〉加以發展，建立新理論體系，指出校錄之學終在「辨章學術，考鏡源流」，並以之衡量目錄之編製方式與形式是否符合圖書發展之規則，與作為評價其得失之準繩。學誠並認為校錄之學能發揮前義，始能明道，為此，學誠更進一步提出「互著別裁」法，使校錄學性質丕變，開始走向研究和編製專科目錄參考目錄的方向。這點正可彌補鄭論之不足。

由上知劉、鄭、章三氏在校讎目錄學的見解依然有所傳承，因受時代圖書之發展，鄭氏突破舊格局創三級分類，章氏推衍之，形成《校讎通義》，為三氏互異之處，章氏之說因而也代表我國近代以前目錄學的最高成就。

「方志學」則是章氏史學理論的縮版，具體而微，可補罅其史學理論之閒隙。其建樹在倡「志為史體」，並於體例有所創新，分紀、圖、表、考、略、傳諸體，以為國史之要刪，又能不囿於紀傳正史之體裁，另主方志「必主三家之學，分立三家之說（志、掌故、文徵）」，除三書外，又另立「叢談」以概「附稗野說部之流，以備徵材之所餘」。復次，又提出各州縣應設立志科以保存地方史料，對撰修方志甚為有益。文中採歷史敍述法由早期替其父親撰〈大名縣志序〉略具方志芻見，經由《和州志》《永清縣志》《亳州志》《湖北通志》先後實際陸續撰述，形成其愈趨成熟也愈完整的方志理論體系，獲得革命性的成就，終究成為其獨步古今之絕學。

第五章 「三書」史學散論並比較

「三書」重要史學理論及其比較，已俱見於二、三、四章，就本書主旨而言，應可結束。惟仍有零碎片段之言，不能列入前述章節討論，然對「三書」之理解又有相當助益者，固不應忽略，乃別置於本章而散論之。所謂「散」，係指在各節之間，並無如前述諸章都有一主要骨幹為之支柱，貫穿其中。本章中僅分別就「三書」有關之「天命論」「時局論」再予申論，補前述諸章之不足；「缺失論」「影響論」分別分析其缺失與影響，期對「三書」的史學脈絡有更清楚的認識。

第一節 天命論

劉知幾在《史通》〈采撰〉〈書志〉〈雜說〉〈五行志錯誤〉〈五行志雜駁〉等諸篇章中，都批判了舊史上的天命論和天人感應說。天命論基本上是一種比較早期、粗糙的歷史決定論（determinism）❶，在我國起源甚早，至少孔子本人即篤信天命。他自認「五十而知天命」，把自己的命運和天意緊密聯繫在一起。在他被匡人圍困和被桓魋追殺時，只祈求天

❶ 姚軍毅，〈歷史決定論革命變革的樞機〉，《江西社會科學》一九九二：一，頁六二。

意保佑。他「唯天為大」「畏天命」，是典型的大天畏天思想者。而約略與他同時的則有鄒衍提倡五德終始說，後來漢代董仲舒更大肆宣揚「天為百神大君」，提倡君權神授的天命論和天人感應的目的論。認為天是有意志的、有人格的，不敬天就會有災異天罰，只有順應天意，才可無災。這種天人感應說，在兩漢泛濫成為讖緯迷信思想❶，以後甚至迄於今日，社會上仍存有這種思想。

劉知幾反對這種史學上的命定論，主張在歷史研究中應以人事為主，反對以陰陽五行濫釋歷史。在《史通》的許多篇章他都貫穿此一中心思想。他在〈雜說上〉引太史公的評曰：

> 說者皆曰魏以不用信陵君，故國削弱至於亡。余以爲不然。天方令秦平海內，其業未成，魏雖得阿衡之徒，曷益乎?

而持相反的看法，說：

> 夫論成敗者，固當以人事爲主，必推命而言，則其理悖矣。蓋晉之獲也，由夷吾之愎諫；秦之滅也，由胡亥之無道；周之季也，由幽王之惑褒姒；魯之逐也，由稠父之違

❶ 張振佩，〈劉知幾史學理論初探〉，《貴州文史叢刊》一九八六：三，頁八〇。

子家。

顯然在天命與人事兩者之中，他重人事，認為那才是興亡的關鍵，故強調說：「國之將亡也若斯，則其將興也亦然」因此他批駁史遷的史論，說：「夫推命而論興滅，委運而忘褒貶，以之垂誡，不其惑乎？」

其實史遷比起同時而稍前的董仲舒已較無天命論的意味。他曾以伯夷叔齊餓死為例，揭露所謂「天道無親，常與善人」並非至理；亦曾對項羽身死東城時所說「天亡我也」是一種執迷不悟；以同樣看法，史遷對蒙恬的無過而死，一般歸罪於「絕地脈」亦不以為然，以為其罪在「阿意興功」；司馬遷亦曾藉賈誼〈過秦論〉言秦之亡在「仁義不施，而攻守之勢異」，故史遷亦絕非一完全相信天命的史家。知幾基本上繼承史遷的看法，但對史遷的失誤，提出另解，如前引史遷在〈魏世家〉中竟說魏之亡係源於「天方令秦平海內」，知幾即提出成敗當以人事為主，故列舉西周之亡在幽王惑於褒姒；秦俘晉君由於晉惠公愎諫等等，確實較重理性。

知幾對班固《漢書·五行志》所載亦有不同意見，其〈書志〉一篇，集中批駁其錯誤，說：

乃采前文而改易其說，謂王札子之作亂，在彼成年；夏征舒之構逆，當夫昭代；楚嚴作霸，荊國始僭稱王；高宗諒陰，亳都實生桑穀；晉悼臨國，六卿專政，以君事臣；魯僖末年，三桓世官，殺嫡立庶。斯皆不憑章句，直取胸懷，或以前爲後，以虛爲實。移的就箭，曲取相諧，掩耳盜鐘，自云無覺。詎知後生可畏，來者難誣者邪？

又：

且每有敍一災，推一怪，董、京之説，前後相反；向、歆之解，父子不同。遂乃雙載其文，兩有厥理。言無準的，事益煩事，豈所謂撮其機要，收彼菁華者哉！❶

在〈五行志錯誤〉及〈五行志雜駁〉兩篇更是專批評《漢書．五行志》的。在〈錯誤〉一篇中，知幾以文獻學的方法，考校大量史實，指出其釋災多濫，其流有八：一是商榷前世，全違故實；二是影響不接，牽引相會；三是敷衍多端，準的無主；四是輕持善政，用配妖禍；五是但申解釋，不顯應符；六是考核雖讖，義理非精；七是妖祥可知，寢嘿無説；八是不循經典，自任胸懷。而且他以為除此八則外仍是「其失即眾，不可殫論」，故又寫〈雜駁〉，再舉其中十五條謬誤，一一評之。

❶《史通釋評．書志》，頁八〇——八二。又參田中萃一郎，〈劉知幾の歴史研究法〉，原載《慶應義塾學報》第三十號，明治三年，又收在《田中萃一郎史學論文集》，頁三八二——三八四。

另外，知幾還在〈采撰〉篇，以史料學的角度立論，極力反對魏晉以來的史家，如稽康、玄晏（皇甫謐）、范曄、沈約、魏收等人及唐修《晉書》等，都引神話圖讖、寓言奇事、神怪奇說入史，混淆史實，他認為其所載之休咎讁罰，都是妄說。劉知幾根本不相信天有意志，天能以災祥示異來說明其喜惡賞罰。他堅信對歷史起決定作用的因素仍是「人事」而非「天命」，所以他一再強調：「夫論成敗者，固當以人事為主，必推命而言，則其理悖矣」❶。

然而，知幾對天道與人事關係的體認，雖較孔子、史遷、班固等人徹底深入，但對天道究竟如何？則似乎與孔子一樣，也是不可知論者。他在《史通・鑒識》篇中，即曾深歎：「夫人廢興，時也；窮達，命也」與孔門「富貴在天，死生有命」，班彪〈王命論〉中「窮達有命」的思想相一致的，可見其反天命論仍未徹底。倒是前面所說他反對神怪傳說之入史較為徹底，他對「禹生啟石，伊產空桑」「王喬鳧履，左慈羊鳴」及晉初武庫失火，劉邦斬蛇之劍穿屋而飛，都斥之其言不經，乃朵采異聞之失。知幾以為遇到這種情形最好闕疑不書，史家不可強為之說。否則史書即完全失去褒貶和借鑒的作用了。

總前所言，可知知幾在反對天命論和天人感應說的過程中，雖尚未十分徹底，但已較前人進步，更難能可貴的是，他能從考據歷史事實出發，實事求是，並以邏輯推理的方法，有

---

❶《史通釋評・雜說上》，頁五七〇。

力地批判了古史上的天命論，可說是他在史評史論上的另一項成就❶。

在知幾以前以後的歷代史籍中，往往仍充斥一些讖緯災祥等怪誕荒唐的記載，即連甚為嚴謹的《資治通鑑》也未必能滌除淨盡，直至兩宋之間鄭樵生世，天命災祥之說仍有其穩固社會基礎。《宋史·天文志》曾解釋說：

> 南渡土宇分裂，太史所上必謹星野之書；且君臣恐懼修省之餘，故於天文休咎之應有不容不縷述而申言之者，是亦時勢使然。❷

南宋初期秦檜更是以「造災祥之說，飾和議之功」而著名❸，對於這些現象鄭樵即曾尖銳地表示災祥怪異之說是「妖學」「欺天之說」，他說：

---

❶ 曾慶鑒，〈略論劉知幾的史學成就〉，《史學史研究》一九八一：二，頁一八—二〇；陳秉才，〈論劉知幾的史學思想〉，《中國史研究》一九七九：四，頁一四五—一四六；温公頤，《中國中古邏輯史》（上海人民出版社，一九八九）第十一章〈劉知幾的論證邏輯〉，頁三五三—三五八。

❷ 《宋史·天文志》，頁九五〇。

❸ 《宋史紀事本末·建炎紹興諸政·張溥曰》（台北：三民書局，民國四十五年），頁一三八。

> 說〈洪範〉者，皆謂箕子本河圖洛書以明五行之旨，劉向創釋其傳於前，諸史因之而爲志於後，析天下災祥之變，而推之於金木水火土之域，乃以時事之吉凶而曲爲之配，此之謂欺天之學。❶

在《通志·總序》中又說：

> 董仲舒以陰陽之學倡爲此說，本於《春秋》牽合附會。歷世史官，自愚其心目，俯首以受籠罩而欺天下。

他以為董仲舒劉向是災祥說的始作俑者，而災祥五行只是巫瞽之學，並無深奧學問，而是「牽合附會」「曲為之配」的把戲而已。

為了駁倒五行欺天之學，鄭樵辨析其內在矛盾，說：

> 五行之理，其變無方。離固爲火矣，而離中有水；坎固爲水矣，而坎中有火。安得直以秋大水爲水行之應？成宣榭火，爲火行之應乎？況周得木德，而有赤烏之祥；漢得

❶《通志略·災祥略·序》，頁七五五。

火德，而有黃龍之瑞，此理又如何邪？❶

並質問：

> 天地之間，災祥萬種；人間禍福，冥不可知。若之何一蟲之妖，一物之戾，皆繩之以五行？又若之何晉厲公一視之遠，周單子一言之徐，而能關於五行之沴乎？晉申生一衣之偏，鄭子臧一冠之異，而能關於五行之沴乎？❷

鄭樵還以古代鄭國子產駁斥占候之說為例說明災祥怪異不可深信。這個例子劉知幾也曾用過。

可是偏偏歷史上仍有許多學者寧願自愚其心目，俯首以受籠罩，故鄭樵正言指出：「五行之繩人甚於三尺」「國不可以災祥論興衰」「家不可以變怪論休咎」，所以明確表示自己寫〈災祥略〉「專以記實跡，削去五行相應說」，其資料雖係舊史之〈五行志〉〈符瑞志〉而來，但內容之觀點與精神，則已迥異。

❶《通志略．災祥略．序》，頁七五五。

❷《通志略．總序》，頁五。

鄭樵的〈災祥略〉即明確表達其所記載必合於「民事必本於時，時序必本於天」的說法；他撰〈天文略〉也是抱此目的：「欲學者識垂象以授民時之意，而杜絕其妖妄之源焉。」其對天命論的認識，與因而發展出來的見解，似又較知幾更為紮實。不過，在他的《通志・三皇紀》中，仍然把怪誕傳說列入正文，如「伏羲者，燧人氏之子，母曰華胥。履大人之跡於雷澤而孕，因風而生，故為風姓」又如「女登有神龍之感而生神焉，長於姜水，故為姜姓，以火德王天下，故為炎帝」，這些記載與其一貫反災祥怪異之說是相矛盾的，可以算是鄭樵史學的缺失之一。因而明代胡應麟曾譏笑鄭樵：

> 若三皇之說，世自漁仲外亡信者，葉夢得、馬端臨已極譏鄭之好怪，我何暇爲辨哉？❶

或有人願為之開解以云：「鄭樵修《通志》時間太短太過匆忙，故來不及刪除這些災祥怪異」，雖似可通，但禁不起仔細再三檢索，畢竟此類記載甚多，尤其涉及帝王出身之本紀，此類靈異記載更是所在多有。如記漢高祖，說：

---

❶《少室少房筆叢》（台北：世界書局，民國六十九年，再版）卷三十〈四部正訛上〉，頁三九〇。

太公母曰劉媼，媼嘗息大澤之陂，夢與神遇，是時雷電晦冥，太公往視，見蛟龍於其上，已而有娠，遂產高祖。❶

記南朝劉裕時也說：

三月壬寅夜生，神光照室盡明，是夕甘露降於墓樹，……嘗游京口竹林寺，獨臥講堂前，上有五色龍見，衆僧見之驚。❷

除此之外，後漢光武帝、東魏孝靜帝的本紀之中亦充斥這種祥瑞之兆。這表示出鄭樵並不反對君權神授的天命說。這一點他與劉知幾是亦相仿的。知幾尊天而不信神怪天人感應，與漁仲之重君權神授及天命基礎，都可視為原是尊崇儒學的本質，因受到時代政治影響極深所致。

至於章學誠的天命論，則含蓋在其所謂「道」之內。他曾說：

❶《通志·前漢紀》（卷五），頁六七。

❷《通志·宋紀》（卷一一），頁二一三。

> 夫天，渾然而無名者也。❶

又：

> 夫陰陽不測，不離乎陰陽也；妙萬物而爲言，不離乎萬物也。聖不可知，不離乎充實光輝也。❷

其中「陰陽」代表事物之運動變化，「萬物」代表具體的事物，均表示「天」在章學誠的筆下是一個具備物質性的世界。

至於「道」，學誠云：「《易》曰：一陰一陽之謂道，是未有人而道已具也」❸他認為「道者，萬事萬物之所以然，而非萬事萬物之當然也，人可得而見者，則其當然而已矣」❹，亦即「道」存在於事物的陰陽變化之中，其規律是先於人而存在的，人皆不能佔有或違背之，而只能「率道而行」❺。「所以然」之道，是不可見的；而可見的，是事物具體的表

---

❶ 《文史通義·天喻》，頁一八八。

❷ 《文史通義·辨似》，頁七六。

❸ 《文史通義·原道上》，頁三五。

❹ 同前註。

❺ 《文史通義·原道中》，頁四一。

現，是「當然」而已。因而「道」必須靠事物之當然呈現出來。章氏以為這種規律的客觀必然性，其情形「一似暑之必須為葛，寒之必須為裘」❶。

然則天和道的關係如何呢？他說：「陽變陰合，循環而不窮者，天地之氣化也」❷，係謂因陰陽變化而成為天地間的氣（器）的一種關係。由此「天」和「道」的關係被引伸為「道」和「氣」（器）的關係，因而他還說「道不離器，猶影不離形」「道因器而顯」，意思是要通過形而下的器，去體認形而上的道，即藉具體的器去認識自然的規律。「器／道」「氣／道」「天／道」或「當然／所以然」的關係於焉可明。

學誠更進一步主張效法自然，在「行事」中體道。他說：

> 故效法者，必見於行事，《詩》《書》誦讀，所以求效法之資，而非可即爲效法也。❸

所謂效法，學誠自解「平日體其象，事至物交，一如其準以赴之」❹，即必須平日堅持多考

❶《文史通義·原道上》，頁三六。
❷《文史通義·質性》，頁九〇。
❸《文史通義·原學上》，頁四六。
❹《文史通義·原學上》，頁四五。

察事物運動變化之貌，始能恰如其分抓住其本質，掌握其發展規律。學誠非常強調「行事」的實踐作用，認為聖人創制都是在行事中體認到「道」而制作出來的。所以他非常推崇孔子之前的「古人之學」「治教未分，官師合一」的情形。他說：

> 教之爲事，羲軒以來蓋已有之。……聖人即身示法，因事立教，而未嘗於敷政出治之外，別有謂教法也。❶

學誠以為如此即不至於「離器而言道」「以空言存私說」了。

再則，學誠還講要「以天道協人事」，他曾說：

> 傳曰：「禮時爲大。」又曰：「書同文。」蓋言貴時王之制度也。……君子苟有志於學，則必求當代典章以切於人倫日用，必求官司掌故而通於經術精微，則學爲實事而文非空言，所謂有體必有用也。❷

❶《文史通義．原道中》，頁三九—四〇。

❷《文史通義．史釋》，頁一五一。

又云：

> 儒家者流，守其六籍，以謂是特載道之書耳。夫天下豈有離器言道，離形存影者哉？彼舍天下事物，人倫日用，而守六籍以言道，則固不可與言夫道矣。❶

至此，吾人可明瞭學誠之「道」必切於人倫日用，必切合於當時之人事始為「道」。由此與第二章第一節所提的「即器明道」「道器合一」，與第三章第二節的「史學經世」相連繫，即知章學誠的天命論寓於道器之說。

由以上可知，章氏的天命論與劉鄭兩氏有相當大的不同：章氏之論，多哲學意味，並非完全是史學的。時人見其〈原道〉等篇，認為有「宋人習氣」，甚至「都門知己俱有此論」❷，近人或以為章氏是我國第一位堪稱歷史哲學家者❸，應與此則有關；而知幾漁仲的天命

❶《文史通義·原道中》，頁四一。

❷《文史通義》〈原道下〉與〈與陳鑑亭論學〉，見頁四〇及三三九—三四〇。

❸余英時，〈章實齋與柯靈烏的歷史思想〉，《歷史與思想》（台北：聯經出版事業公司，民國六十五年）頁一七二。不過，杜維運教授則認爲章學誠不是歷史哲學家，清以前稱得上歷史哲學家的唯王夫之一人而已。見氏，〈比較史學的困境〉，《第三屆史學史國際研討會論文集》（台中：中興大學歷史系，民國八十年），頁七，註一二。

論，則絕大部分內涵都屬於史學的，故由〈天文〉〈災祥〉〈符瑞〉之撰作（鄭）或批判（劉），即可知之，相當直截了當；而章氏者，卻需一番轉折梳理，方得窺其門徑。然三者之論天命論道，最終皆返歸於人事，可以看出三人在思想上仍是有相通的。

第二節 時局論

史家的思想與時代息息相關，余英時有〈史學、史家與時代〉一文闡釋甚明，可作為本節的最佳「前言」。基於此理，本節即專就劉鄭章三氏所處時代與其史學思想的互動互成而論，以彌補在第一章〈作者的生平與其著作之關係比較〉中所未能暢所欲言之處。

以時局之故來論劉知幾史學思想，大抵可由顯隱兩方面來討論。隱的一面在於當時整個政治社會結構的鬆動，魏晉以來的高門士族已經發生分化，部分人物在政治經濟上逐漸沒落，失去往日的顯赫和威勢。隨著這種變化，其思想觀念也跟著異動。知幾出身於這個大潮流已經逐漸形成起根本變化的士族名門之中。他必須以科舉的方式取得進身之階，而非因門蔭而得官。他十七歲後，便習「場屋之文」，弱冠而第進士，成為時人推崇的「白衣公卿」「一品白衫」。又經吏部考選合格，授予獲嘉主簿，以後依憑自己才幹而逐次爬升，雖非坦途，但他面對現實而努力，與依仗門庭勢力的士族子弟迥然不同，故而形成的思想，較少保守性質，對往後修史乃至疑古惑經都有若干影響。

顯的一面則是知幾仕宦時期所遇到的李武集團激烈政爭的局面，給他很大的刺激。有關此則，第二章已曾論及，但著重點在論敘知幾轉移其不滿政治矛盾的情緒，轉而發於史事史冊上的批判精神。本節擬在其他方面再就當時政局與其史論關係予以補敘。

知幾所處時代，是唐朝李武集團互相傾軋，多次激成宮廷政變時期，李氏宗室幾乎完全覆滅，元老功臣也貶殺殆盡。而武后獨攬大權後，為鞏固勢力也培植一批新貴加以重用，排擠舊臣。此時期武氏集團表現於吏治的特色是重用酷吏索元禮、來俊臣等，競為羅織，入人以罪，使「朝士人人自危，相見莫敢交言，道路以目。或因入朝，密遭掩捕，每朝，輒與家人決曰：『未知復見否？』」，知幾見到此種情形，乃著〈思慎賦〉以刺時，照《舊唐書·本傳》的說法是刺「官爵僭濫而法網嚴密」，刺「士類競為趨進而多陷刑戮」。刺時固然絕對正確，但似亦有自警警人自誡誡人的意味❶。賦序開頭便說：

> 然歷觀自古，以迄於今，其有才位見稱，功名取貴，非命者衆，克全者寡。大則覆宗絕祀，堙沒無遺；小則繫獄下室，僅而獲免。速者敗不旋踵，寬者憂在子孫。至若保令名以沒齒，傳貽厥於后胤，求之歷代，得十一於千百。❷

---

❶ 楊緒敏，〈從劉知幾的詩賦看其處世思想及爲人〉，《徐州師範學院學報：哲學社會科學版》一九九〇：四，頁一一五。

❷ 〈思慎賦〉（並序），《全唐文》，（台北：啟文書局，景清刊本，民國五十年），頁三五一五—八。

標舉「位高權重者危」，知幾賦中還舉蘇秦、酈食其、京房、屈原、鄧艾、白起、韓信、伍子胥之流的遭遇說明此理。

與寫〈思慎賦〉約略同時，知幾也曾四次上疏❶，語辭直率而尖銳，表現其正直耿介的個性及關心國事時局的態度。可惜武則天僅「嘉其直」而「不能用」，此事當亦予知幾甚大刺激。從此之後，其濟世之志，日益淡漠，消極處世，日佔上風。

從上兩事看來，不論就上疏言事，或著文刺時，知幾都並不反對武周政權，他是只作諍臣而不作反對派人物。此點武則天亦看得清楚，故能嘉其直，但當時：

> 孝和皇帝時，韋、武弄權，母媼預政。士有附麗之者，起家而綰朱紫。予以無所附會，取擯當時。❷

又：

> 守茲介直，不附奸回，遂使官若土牛，棄同芻狗。❸

❶ 傅振倫，《唐劉子玄先生知幾年譜》（台灣商務印書館，新編中國名人年譜集成，第十七輯，民國七十一年），頁六〇—六九。

❷ 《史通釋評·忤時》，頁六九九。

❸ 《舊唐書·本傳》，頁三一六八。

知幾自陳「不能用」的因素，是貫串武后生前死後的。他在「小人道長，綱紀日壞，仕于其間，忽忽不樂」的時局中，固然不願與他們同流合污，但如何避開可能來自於這些小人的迫害呢？他在〈思慎賦〉或〈韋弦賦〉〈慎所好賦〉裏都表示「禍福無門，唯人自召」❶的看法，關鍵在修身勵志，做到「慎言語，節飲食，知止足，避嫌疑」的防身之道❷。他自上書無效後，便開始「慎言語」沉默消極起來，後來雖經武后多次下詔命文武百官九品以上，極言時政得失，但再也沒有知幾上疏批評時政的記載。以後雖有〈衣冠乘馬議〉〈孝經老子注易傳議〉等，也都只是有關朝廷禮儀和學術見解的議論而已，不敢再有「時局論」了。

在人事上他雖然有「怯進勇退」「守愚養拙」的消極態度，但在撰史方面，則始終不改舊志，堅持史官所應具備的實事求是的態度與不畏強禦、敢于直書的優秀品質❸。否則，他就不會遞出「五不可」的辭職書了。《史通》即是他維持內在自我的尊嚴與時局亂流的博鬥之成績。知幾撰寫《史通》即是不畏威勢，秉筆直書。其批評的鋒芒不僅指向「往哲」，也針對「時貴」。往哲的五經三史，都為知幾所一一指摘其失；當時擔任監修的宰臣時貴，知幾也以為只是「凡庸賤品，飽食安步，坐嘯畫諾，若斯而已」。其政治上時局上的「介直自

❶ 〈思慎賦〉，收於《全唐文》，頁三五一五—八。

❷ 同前註。

❸ 楊緒敏，〈從劉知幾的詩賦看其處世思想及爲人〉，頁一一七。

守」不附奸回的態度，表現在史學上，即是直筆論，兩者是相通的。王春南以為「立身—正直／立說—直筆」即是「政治—學術／為人—為文」的關係❶，筆者甚表贊同，故改其文字為體系、系統簡明表示法，以獲得便捷的時局與史論關係的看法。

綜合以上顯隱兩方面，即可略舉時局對劉氏史學影響之義了。

鄭樵史論受時局影響的，為簡明計，則分述下列二則：

一、國家民族方面：

鄭樵年輕時躬逢靖康之難，北都淪陷，二帝蒙塵，高宗遷臨安，偏安一隅，開始分裂時代。宋金對峙之下，秦檜提出「南自南，北自北」的現實主張，但鄭樵則希望結束這種分裂局面。他與鄭厚皆是血性男兒，逢此變局，自然憤激有加，故曾上宇文虛中樞密書，自命程嬰、杵臼、荊軻、聶政、紀信、馬援、范滂、顏杲卿，以「斟酌治體如扁鵲治疾，盡見五臟凝結；解紛排難如庖丁鼓刀，無少留刀」自許❷，欲在時勢上有所作為，結論說：

然則厚也、樵也，何人也？沉寂人也，仁勇人也，古所謂能死義之士也！謂人生世間

---

❶ 王春南，〈劉知幾政治傾向及其對《史通》的影響〉，《江蘇史論考》（江蘇古籍出版社，一九八九），頁一七〇—一七一。

❷ 《夾漈遺稿．與景韋兄投宇文樞密書》，頁五二五。

一死耳，得功而死，死無悔！得名而死，死無悔！得義而死，死無悔！得知己而死，死無悔！死固無難，恨未得死所耳！今天子蒙塵，蒼生鼎沸，典午興亡，卜在深源一人耳。厚兄弟用甘一死，以售功、售名、售義、售知己，故比見閣下以求其所也！❶

後來又有〈投江給事書〉也說：

且爲閣下言之：峨冠博帶，曳裾投刺者，或挾親而見，或挾故而見，或階緣親故先容而後見也。跡相仍，袂相屬也。然有畫一奇，吐一策，爲閣下計者乎？有人於此，親非崔盧，故非王貢，又無左右介紹，爲之先容，敢仗天下大計堂堂求見，閣下謂此人胸中當何如哉？……厚與樵見今之士大夫齷齪不圖遠略，無足與計者，用自獻於閣下。❷

從這兩封投書，可以證明其愛國情操強烈，這也說明樵與厚二十來歲時，頗有用世之志

❶《夾漈遺稿．與景韋兄投宇文樞密書》，頁五二四。

❷《夾漈遺稿．投江給事書》，頁五二七下—五二八上。

，但因挫折連連，轉志於學問名山之業❶，以後著述，仍多受時代影響。如前章已述之〈都邑略〉主張以南陽「為中原新宅」，恢復統一；〈七音略〉中以為凡「宣尼文化」所被地區，「皆吾故封」。而後更進一步提出會通思想，概括前述思想，把國家民族的統一，作為一種歷史發展的趨勢，所以才說：

> 百川異趣，必會于海。然後九州無浸淫之患；萬國殊途，必通諸夏，然後八荒無壅滯之憂。會通之義大矣哉！❷

鄭樵明確說明「萬國殊途」的現象，最後的發展則「必通諸夏」，然後才無八荒壅滯之憂，表達他對當時國家統一的看法。鄭樵的會通思想，除前述闡釋的史料文獻學、歷史編纂學及史學思想上的意義之外，實際還包括對民族統一的願望，在這方面，會通思想是要通古今夷夏的❸。

---

❶ 顧頡剛，〈鄭樵傳〉，《北大國學季刊》一；一（民國十二年），頁三一三。

❷ 《通志略·總序》，頁一。

❸ 吳懷祺，〈鄭樵的史學思想〉，《史學史研究》一九八三：二，頁六三—六五。又同氏，〈略論鄭樵的政治態度〉，《福建論壇》（文史哲版）》，一九八四：三，頁六七—七〇。

二、社會經濟方面：

兩宋之際，土地高度集中，人民稅賦沉重。南渡以後，江南地區人民負擔更重，「朝廷所仰，惟兩浙、閩廣、江南，才平時五分之一，兵費反逾前日」❶，《宋史·食貨志》也說：「催科無法，賦役不均」❷，可見人民生活痛苦。福建建州一帶在高宗建炎二年、四年分別有葉濃、范汝為亂；紹興二年、十二年亦有余勝、何白旗之亂，二十年則有張一之亂，三十年有鹽販之亂。為亂雖不在興化莆田，但鄭樵生活在此動盪的時代，目睹大眾的苦難，作詩寄以無限同情，詩云：

> 天命既倒懸，將身費椒糈，朝行畏日薄，暮行畏齟齬。娵娃雖見珍，衆嫭心未許，展轉溷鋪歠，敢俟慶雲集。
>
> 金革久不息，遐方徒憚指，誰爲民請命，皇天猶未喜，茂德自不綏，眷眷我梓里，傷哉古王道，樵夫亦冷齒。❸

❶ 莊綽，《雞肋篇》（台灣商務印書館，景印文淵閣四庫全書本第一〇三九册，民國七十二年重刊）卷中，頁一七九。

❷ 《宋史·食貨志上》一，頁四一五九。

❸ 《夾漈遺稿·滌懐》卷一，頁五〇九。

又說「應知古今無不可理之民，無不可化之俗」❶，他認為民眾滋事抗拒，有為官所逼者，主要原因則來自於土地問題。曾說「當使一民有百畝之田」，使「天下無無田之夫，無不耕之民」❷，以解決唐宋以來久懸的社會問題。鄭樵視土地問題為治理國家的根本之道，離開土地問題即不能「言治道」，故其主張頗有「均田」「均土」之成份。他對晚唐以來只重均稅不重均田的方案，曾經批評說：

> 不幸建中天子而用楊炎爲相，遂作兩稅之法，自兩稅之法行，則賦與田不相系也，況又取大歷中一年科率多者，爲兩稅定法。此總無名之暴賦，立爲常規也，且言利之臣，無代無之，有恨少，無恨多；有言加，無言減。自兩稅以來，賦不系於田，故名色之求，罔民百出，或以方圓取，或以羨餘取，或言獻奉，或言假貸，初雖暫時，久爲成法。建中以來，將五百年，世不乏楊炎，不知所以加於大歷中一年之多數目，復幾倍乎？嗚呼！後世之爲民也，其難爲民矣！❸

---

❶〈邑大夫丘君生祠記〉，參婁曾泉，〈跋鄭樵的四篇佚文〉，《史學史研究》一九八一：一，頁五三。該文原載《興化縣志》卷七。

❷《通志略·食貨略第一》〈賦稅〉按語，頁五三九。

❸同前註。

又：

今百畝之田，賦斂如此。上户之家，出錢如此，吾於如此之中，復何容心哉？❶

鄭樵對楊炎及其兩稅法的評價，屬於經濟史的範圍，不宜在此討論。鄭樵所談雖係前代的社會情況，但他以「按語」的形式揭露唐末以來近五百年的社會並未改善，而且似乎每下愈況，故云「後世之民，其難為民矣」，深切表達他對低下階層民眾的同情看法。

但他似乎不太贊成農民聚眾為亂，他謂之為「盜」❷。他只希望政府讓民眾有土地可耕，最後「無無田之夫，無不耕之民」，如此即可解決社會經濟的重大問題。另外，他還主張減輕與平均賦役的負擔，讓民眾免於憂患，擺脫社會危機。鄭樵關心社會經濟的「按語」，是其真識，為史論的重要部分，鄭樵凝聚這些真識，最後才能達到他所要達到的「極古今之變」。

由上述所言可知時代分裂與經濟崩壞，是導致他最後要「通古今夷夏」與「極古今之變」，可謂時局的發展，對其會通思想的凝成有決定性的影響。

❶ 《通志略·食貨略第一》〈賦稅〉按語，頁五三九。

❷ 《夾漈遺稿·與景韋兄投江給事書》，頁五二七。

學誠對時局的看法與其史論有關的，可由《文史通義》〈感遇〉〈感賦〉及其晚年所上論時政六書看出一些梗概。〈感遇〉篇中有謂：

> 劉歆經術而不遇孝武，李廣飛將而不遇高皇，千古以爲惜矣。周人學武而世主尚文，改而學文，主又重武；方少而主好用老，既老而主好用少，白首泣塗，固其宜也。……理宗端拱而表程朱，而真魏不免於疏遠；則非學術之爲難，而所以用其學術之學術，良哉其難也！❶

可視為學誠懷才不遇之自況，及自愧於登龍無術的解嘲。其一生悽悽惶惶，仕途坎坷，偏又自信「吾於史學，蓋有天授，平日持論，關文史者，不言則已，言出於口，便如天造地設之不可搖動」，其自負如此，卻始終未獲清廷之青睞與擢用，故而對歷史上懷才不遇者寄予同情。並發出治學不難，難在用學無術的感慨。不過，學誠如此看重君主之青睞與擢拔，已不免有依人作嫁之譏，他似乎缺少傳統士大夫之「天下有道則見，無道則隱」，「窮則獨善其身」的節操與風範。

盡管學誠從二十三歲應鄉試起，七試未第，生活潦倒，依人作嫁，直至四十歲才中舉，

---

❶《文史通義·感遇》，頁一九七。

翌年始中進士，但又因怕出事不赴縣令職，故依舊窘迫。但對清廷卻不敢有絲毫怨悱。他說：

> 韓非致慨於〈說難〉，曼倩託言於諧隱，蓋知非學之難，而所以申其學者難也。然而韓非卒死說，而曼倩尚畜於俳，何也？一則露鍔而遭忌，一則韜鋒而倖全也。故君子不難以學術用天下，而難於所以用其學術之學術，古今時異勢殊，不可不辨也。❶

學誠寧願以韜鋒而倖全，不願以露鍔而遭忌，與本書第一章所析章氏之性格頗有韜晦之功，在此又可得一證明，且更深入。他缺少傳統史家那種「寧為蘭摧玉折，不作瓦礫長存」「若南董之仗氣直書，不避強御；韋崔之肆情奮筆，無所阿容」的品格。其所謂「韜鋒」實為謹守慎為、杜怨絕誹之義。因而在〈史德〉篇中根本不同意古往今來將司馬遷《史記》目為譏彈時政的「謗書」。〈史德〉篇說：

> （史遷）所云發憤著書，不過敘述窮愁，而假以爲辭耳。後人泥於發憤之說，遂謂百三十篇皆爲怨誹所激發，王允亦斥其言爲謗書，於是後世論文，以史遷爲譏謗之能事，以微文爲史職之大權，或從羨慕而仿效爲之，是直以亂臣賊子之居心，而妄附

---

❶《文史通義·感遇》，頁一九七。

《春秋》之筆削，不亦悖乎！……吾則以謂史遷未敢謗主，讀者之心自不平耳。夫以一身坎坷，怨誹及于君父，且欲以是邀千古之名，此乃愚不安分，名教中之罪人，天理所誅，又何著述之可傳乎！❶

學誠再三說明司馬遷不會怨誹君父，未敢謗主。實際上學誠對清廷統治態度，又遠超出不怨誹的範圍之上，甚至有阿諛媚順之意了。茲舉兩例以說明之：一、〈丙辰箚記〉氏云：「科舉嚴而倖進少，則真才易出矣！」科舉至明制藝，已弊端百出，何得謂此？只能解為他對清廷不敢怨誹而已。二、在同篇又云：「自唐虞三代以還，得天下之正者，未有如我大清。魏晉唐宋之禪讓固無論矣，即漢與元，皆是征誅而得天下。然漢自滅秦，而元自滅宋，雖未嘗不正，而鼎革相接，則新朝史官之視勝國，猶不能無仇敵之嫌。惟我朝以討賊入關，繼絕興廢，褒忠錄義，天與人歸。而於故明但有存恤之德，毫無鼎革之嫌。明史權衡，又屢頒公慎之訓。是以忠臣載筆，毫無避忌之私，此又不得以歷朝之成法拘也。」這段話主要論點可以歸納為三：（一）自來得天下之正，無如大清；（二）元朝滅宋，也是正統；（三）清取之於李自成，天與人歸。這三點柴德賡、路新生兩氏皆曾為文闢之❷，辯解有力。

---

❶ 《文史通義·史德》，頁一四九—一五〇。

❷ 柴德賡，〈試論章學誠的學術思想〉，《史學叢考》，頁三〇八—三〇九；路新生，〈章學誠思想體系中的消極面〉，《華東師範大學學報：哲社版》一九九二：五，頁二五—二六。

以上兩則，都暴露學誠思想上有媚順清廷的本質。但這個本質卻是他擁護「時王」的另一解釋。他在〈經解中〉曾說過：

> 制度之經，時王之法，一道同風，不必皆以經名，而禮時爲大，既爲當代臣民，固當率由而不越；即服膺六藝，亦出遵王制之一端也。❶

他把服膺六經與擁護時王結合一體，意思是說時王之法雖無經名，但其遠紹《六經》之道，身為當代臣民，只當遵守，不可越之，即遵循《六經》之旨了。換句話說，不擁護時王即是叛經離道。這種說法，有相當保守的成份，也有相當的依附權威性格。學誠學術思想中表現此心態的地方尚有不少❷，此處僅就時局與史論之關係而言，既已尋出其有關時論的根柢本源，自不宜離題外再作多言。

再者，他在六十二歲時，曾先後上過六道時政書，名稱是〈上執政論時務書〉〈上韓城相公書〉三篇（按：上書當時宰相王杰，韓城人）〈上尹楚珍閣學書〉〈與曹定軒侍御論貢舉書〉。其大意分別在〈上時務書〉是：痛陳時弊，以內患之起皆因「蒙蔽」，導致教匪、

❶《文史通義．經解中》，頁三一。

❷龔鵬程，〈文史之儒：章實齋〉，《淡江大學中文學報》創刊號，頁四五一—四五九。

外患猖狂，究其主因，實與吏治敗壞、府庫虧空互為因果所致，故設法彌補虧空、澄清吏治，則教匪自可平息。學誠提議，抄貪官之家產，以抵補虧空，嚴懲污吏，以整飭吏治，冀當道能加以採納。胡適說這項建議，「在當日真是大膽之言，雖至今日，猶可採用」❶；上王杰第一書：即呈獻前書，附論乾隆十年一普免丁糧之弊；第二書論陋規不夠補虧空；第三書論吏治之壞，州縣甘為督撫的鷹犬，甚至督撫反以贓私受州縣的挾制；〈上尹楚珍書〉論整頓諫官之法，謂科道責在建白，平日乃不責以研究國計民生，僅以資俸得任用，實為不當。學誠主張科道當考以經濟時務策議，以定去取。〈與曹定軒書〉論貢舉事，亦有精義。乾隆丙子丁丑（一七五六、一七五七）始刪表判而改用詩律。學誠主張經義詩賦分科又主張文實並重❷。

這六道時政書是學誠一生遊跡遍南北，深悉當時利弊而提出的，也是其「經世說」的實踐。晚年歷經和珅敗政，清朝已是匪亂遍地，內患嚴重的局面，學誠所提策議，應甚具實用性，可惜無任何資料可以顯示其後果成效。

---

❶ 胡適著姚名達補，《章實齋先生年譜》，頁一四三。

❷ 《章氏遺書》中冊，卷二十九，頁七三二—七四四。

第三節 缺失論

評論一個歷史人物或一個學者的學問，皆非容易之事，既要肯定其優點，又要批判其缺點，方是全面分析。「三書」卓越的史論，在前述三章已經敘及，大致可以肯定。但不可否認「三書」亦有其缺失，雖在前述章節中以比較方法襯托而出，然仍有不夠集中略顯零碎之弊，故本節再予整理糾出。唯本節的基本態度有二點須先予以說明：（一）「三書」歷經時代遞嬗而其史論彌覺珍貴，可謂是千錘百鍊之作。然肯定太多，批判太少，盡談優點，不及缺失，都非客觀中立的研究態度，可能錯誤引導讀者，故本節補述其缺失；（二）本節所談缺失，乃在積極的正面意義下省視之，非刻意為「缺失」而「缺失」。

有關劉知幾《史通》的缺失，筆者曾有專文以「自戾」「謬誤」「過激」「過急」幾個特點檢錄之，或可作為參考❶，於茲不贅；另外，許冠三在《劉知幾的實錄史學》一書中亦闢專章論其「牴牾」❷，著眼點雖互有不同，但指明其缺失則一，此處亦不贅述。茲於上述兩文之外，另摘古今評論之文以論之。

---

❶ 拙著，《劉知幾史通之研究》（台北：文史哲出版社，民國七十六年），頁一五九—一六八。

❷ 許冠三，《劉知幾的實錄史學》（香港：中文大學出版社，一九八三），頁二〇三—二〇九。

《史通》刊世未久，唐末宰相柳璨（炤之）即撰《史通析微》（另名《柳氏釋史》）十卷判「劉子玄《史通》妄誣聖哲，評湯之德為偽跡；論桀之惡為厚誣；謗周公云不臣；褒武庚以殉節，其甚至於彈劾仲尼，因討論其舛謬，共成五十篇」❶；宋祁評「知幾以來，工訶古人」❷；焦竑言「然亦多肆譏評，傷而苛刻」❸；胡應麟謂「《史通》之為書，其文劉勰也而藻繪弗如；其識王充也而輕訐殆過」❹；郭延年曰「薄堯禹而貸操丕，惑春秋而信汲冢，訶馬遷而沒其長，愛王劭而忘其佞，高自標榜，前無賢哲，《史通》之短也」❺。以上係由唐代以迄明末諸家評知幾其書其人的言論。其中焦竑與郭延年是褒貶互見長短各有，比較客觀；柳璨所云是立於衛道觀點，其所論自然因立場不同而視為妄誣聖哲，故判辭達五十篇之多（惟已佚），然則知幾在評論湯桀周公宣尼所持站場，係據史學，故亦非全無可取之

❶ 晁公武《郡齋讀書志》（台灣商務印書館，國學基本叢書，民國五十七年，台一版），頁七九三。又見《舊唐書・柳璨傳》，頁四六六九—四六七〇。

❷ 宋祁，《新唐書・劉子玄傳・贊》（台北：鼎文書局，民國六十八年），頁四五四二。

❸ 焦竑，《焦氏筆乘》（上海古籍出版社，一九八六）卷三，頁九六。

❹ 胡應麟，《少室山房筆叢》（台灣商務印書館，景印文淵閣四庫全書本，民國七十二年重刊），第八八六冊，頁二二六上。

❺ 《史通釋評》〈別本序〉，頁一九。

處。後人正應正視其勇於批判尊疑為史求真的可貴精神，肯定所「立」的正面作用其大於所「破」的負面作用，安可再據其他立場角度以攻擊知幾？故柳氏之見未必全是。但柳璨所代表的看法卻阻撓了《史通》的流傳，當時乃至後世持柳璨相同看法的人尚有很多，故知幾必須效法揚雄作〈解嘲〉也寫〈釋蒙〉以拒俗見，以示不為俗塵所搖撼❶。至於宋祁之語，雷家驥倒提出特殊的看法以為知幾訶古人而能「工」，係本於學術良知去追求真理方能做到❷，如此而言，訶古人不妥，工訶古人即善矣。雷氏高見似尚有未盡善之處，然其欲一反宋祁之語而肯定知幾之情，則可理解。胡應麟以為知幾文筆不及劉勰，輕訐則超過王充。劉書固然與《文心》和《論衡》有難分之關係，此兩書俱是《史通》的無形資糧，知幾亦自言之而無所避諱。唯胡氏之評在於藻繪不如《文心》，知幾史才甚高，史有公斷，著史綽裕有餘，而著史是否需有劉勰《文心》般的辭藻文才，似乎不待更進一步說明即可知之，至於輕訐超過王充，似無根據。近人符定波有〈史通與論衡比較研究〉一文❸，特別指出兩人之相

---

❶ 《史通釋評．自敍》：「揚雄草《玄》，累年不就，當時聞者，莫不哂其徒勞。余撰《史通》，亦屢移寒暑，悠悠塵俗，共以爲愚。……揚雄撰《法言》，時人競尤其妄，故作〈解嘲〉以詶之。余著《史通》，見者亦互言其短，故作〈釋蒙〉以拒之」，見頁三三七。惜〈釋蒙〉後佚。

❷ 雷家驥，〈唐前期國史館修體制的演變〉，《東吳文史學報》第七期（民國七十八年），頁三四。

❸ 符定波，〈史通與論衡比較研究〉收於張舜徽主編，《中國歷史文獻研究》（武昌：華中師範大學出版社，一九八六）第一冊，頁一六五。

通處以及王充影響知幾之處，指出王充生活在儒家被欽定為統治思想的時代，敢大張「疾虛妄」的旗鼓，駁斥復古倒退的謬論，並挺身向孔孟的權威挑戰，這種獻身探求真理的精神值得肯定；劉知幾亦生活在唐代頒《五經正義》儒家傳統思想占統治地位的時代，他繼王充「疾虛妄」的精神譴責陰陽災異、祥瑞符命的迷信思想，可以說與王充在國史上相互輝映。

其實在明代王惟儉已持與胡應麟相反看法，以為《史通》較《文心》為善❶，吾人讀胡氏原文，但覺其主觀臆斷之處甚多，中立客觀立場不足，胡文原意似在「劉勰的文筆好，劉知幾沒有他好；王充的譏評壞，劉知幾比他更壞」係以不同標準的二分方法來論事，就治學的方法言，實不足取。倒是焦竑與郭延年兩氏的意見，確實點出《史通》的缺失。焦氏「多肆譏評，傷于苛刻」是舉有其證的。依筆者了解蓋出二因：㈠是知幾個性的正直剛烈使然；㈡是嚴於史法之故。至於郭延年所指出知幾史論的偏宕處，如「愛王劭而忘其佞」也大致已成公論，古來史家多不認為王劭的《齊志》是佳構，獨知幾持此見解，顯係其主觀偏好所致。至於「高自標榜，前無賢哲」筆者以為用來形容章學誠反而較為恰當，用於劉知幾則似有不盡妥善之處。

明季清初，因有浦起龍為《史通通釋》而使《史通》一書漸為世人所知。評者如錢大

---

❶ 《史通釋評》〈別本序〉，頁二〇。

昕、王鳴盛皆以考證所長言知幾所短，但未見其大❶。紀昀亦云：「自信太勇，立言又好盡，而偏駁太甚，支蔓弗翦者，亦往往有之，使後人病其蕪雜，罕能卒業，併其微言精意，亦不甚傳，則不善用其長之過也。」❷所評大致得當。其所評「蕪雜」就《史通》外篇言，的確如此。至於章學誠評劉知幾，則於後論章氏史學缺失時再討論。

至於民初以來梁啟超、陸懋德、呂思勉、翦伯贊、錢穆諸氏，對劉知幾所評大致都尚稱允當。諸人之中，呂思勉在《史通評》所評似最有見地，他說：

> 劉氏論事，長在精覈，而其短處，則失之拘泥武斷。能謹守條例是其長，實未通天然之條例，而妄執不合之條例，以繩墨人是其短。

長短分見，呂評確有所見。然可再問長多或是短多？則不知呂氏當作何答？若詢之筆者，則必答長多，然其短亦不可掩飾。翦伯贊持相同看法，以為優劣並陳，評其短則云：

---

❶ 錢大昕，《三史拾遺》卷三，漢書五行志條；王鳴盛，《十七史商榷》（台北：大化書局，民國七十三年）卷一〇〇，頁一一五三—一一五四。

❷ 紀昀，《史通削繁·序》（台北：廣文書局，影印光緒六年湘北崇文書局刊本，民國六十八年，再版），頁一。

其論本紀，則貶項羽而尊吳蜀；評世家，則退陳涉而進劉玄；此又其所短也。❶

翦氏關於劉氏所短的看法，歷來對此種評論爭議甚多，贊成劉氏者亦可以史法義例橫駁之，然又恐招來不明史遷書法隱義之譏訕，故翦氏所述論者，似難定為公論。錢穆對知幾的評論，以為劉氏之短，似受章學誠的影響，錢氏稱：

《史通》只論史書史法而無史情史意，薄是《史通》最大的缺點。❷

其言與章學誠所說「劉言史法，吾言史意」及「劉知幾得史法，而不得史意」頗相近。錢氏之論，其門弟子雷家驥已予否定❸，本文不再多言。惟錢氏認為劉知幾有心做個史學家，因此理論見解都狹小了，算不上是真史學，張榮芳以為是較少見的大格局評論❹，固然沒錯，錢氏常以學術史的眼光看待史事史書，自較單以史學為主要來得宏大。即使如此，錢氏的主觀成見仍有害於他真正理解劉知幾。

---

❶ 翦伯贊，〈論劉知幾的史學〉，《中國史學史論集》第二輯，頁五七。

❷ 錢穆，《中國史學名著》第一冊，頁一五三—五四。

❸ 雷家驥，〈唐前期國史官修體制的演變〉，《東吳文史學報》第七期，頁二八。

❹ 張榮芳，〈唐代史學史研究的回顧與檢討〉，《東海學報》三二卷（民國八十年、六），頁一五二，註四三。

余英時也曾說過：

> 說實在的，劉知幾決非章實齋之比。《史通》所能及的問題，始終未能邁出撰史體裁的範疇。❶

此話前半應當無誤，章氏生在劉氏千餘年後，所承續者甚多，自應較劉氏高明。下半句話則只對一半，《史通》固以論撰史體裁性質居多，但若說「始終」或「完全」未能邁出史體的範疇之外，則並不完全正確。《史通》談到史識史德也談到天命，其內容並非純粹只有史學，當然更非只論撰史體裁而已。余氏為錢穆弟子，其師生對劉知幾的理解，似只「遠觀」而無「近翫」，倒是學植稍遜輩份較晚的雷家驥這方面較有正確評見。

大陸近研《史通》的意見亦夥。張孟倫在其《中國史學史》下冊也指出劉氏史學的嚴重錯失在㈠鄙視唐初官修諸史㈡愛王劭而忘其佞㈢「照見人家，照不見自己的丈八燈台」❷，可為代表性言論。張氏舉證詳明所評確係劉氏缺失。張氏在專章中立節專評其失，與一般論劉氏《史通》採用附論泛論的形式不同，故較詳贍可觀。此外牛致功在《隋唐人物述評》一

❶ 余英時，《歷史與思想》（台北：聯經出版事業公司，民國六十五年），頁二〇八，註六。

❷ 張孟倫，《中國史學史》（甘肅：人民出版社，一九八六），頁一一八—一二八。

書中論《史通》的局限性時，幾乎全根據歷史唯物論思想教條，則難視為客觀公允的學術論述❶。最近龔鵬程亦仿柳璨寫〈史通析微〉，持甚多反對劉氏意見，可謂今版的龔氏《釋史》，所論頗具爭議性，不能做定見❷，然龔文確也多陳其失，恐為近年以來學界普遍肯定劉氏史學之外的另一種異音。至於一般論見為恐繁蕪，則不再敍論。

由上可知歷代以來對《史通》缺失論評，由於論者立場與角度的不同，學識基礎相異，見解也因而不同，然則大體上可以確立的，其論史有主觀處，特別是推崇王劭，以及過份否定官局修史。

再則鄭樵的史學缺失，大致以學誠的說法最值得參考。因為學誠可以說是鄭樵的百年知己，從前面章節已知他在《文史通義》中刻意寫了〈申鄭〉〈釋通〉〈答客問〉等篇為樵辯

---

❶ 牛致功、趙文潤著，《隋唐人物述評》（陝西師範大學出版社，一九八九），頁三七一—三七四。

❷ 龔鵬程，〈史通析微〉，《幼獅學誌》二〇：四（一九八九、十），頁二九—六〇。玆文第三小節〈經史之轇轕〉認爲知幾之重視史法史例，正是從經學家對「例」的研究發展來的。表面上經史分開了，實質上卻是把史學建立在經學之上，見頁四三—四九。彭雅玲在其碩士論文，頁五四指出其文「論經學家條例之學的影響，未免過於疏闊，遽斷《史通》的理論系統是建立在經學之上，有欠周延」可以參考。筆者對龔文頁三六之「文學的歷史觀」所引，亦以爲恐係誤解子玄之語，而致其所發展下來的理論乃有商榷的餘地。

誣申說，對樵之治學及其《通志》的優劣得失，都作了比較全面、持平的論斷。學誠評論說：

鄭樵生千載而後，慨然有見於古人著述之源，而知作者之旨，不徒以詞采爲文，考據爲學也。於是遂欲匡正史遷，益以博雅；貶損班固，譏其因襲，而獨取三千年來遺文故冊，運以別識心裁，蓋承通史家風，而自爲經緯，成一家言者也。❶

又：

總古今學術，而紀傳一規乎史遷，鄭樵《通志》作焉。

給予鄭樵及其《通志》高度的讚譽，更且說：

鄭氏《通志》，卓識名理，獨見別裁，古人不能任其先聲，後代不能出其規範；雖事實無殊舊錄，而辨名正物，諸子之意寓于史裁，終爲不朽之業矣！❷

❶《文史通義·申鄭》，頁一三六。
❷《文史通義·釋通》，頁一三四。

但另方面，學誠也毫不隱諱地指出鄭樵及其《通志》也有不足之處。他在〈申鄭〉篇說鄭樵「立論高遠，實不副名」；在〈與邵二雲論文書〉中同樣認為《通志》「例有餘而質不足以副」，而在〈釋通篇〉更具體地指出《通志》的通史體裁雖有不少優點但存在「無短長」「仍原題」「妄標目」三大缺點❶。而學誠之評論，比其同時代的學者，大抵較為平允。清儒對鄭樵及其《通志》大多極為不滿，如戴震即指鄭樵考證疏漏，剿襲舊文，他特別指出〈天文略〉部分，而說：

> 錄〈步天歌〉兼及其注文；繼以《晉書》所列天漢起沒十二次度數，州郡躔次；又參以《隋書》所列七曜。述是數者，爲〈天文略〉。樵稱「歌詞句中有圖，言下見象，不語休祥」而注內仍不免涉災祥休咎。至若十二次宿度，雜舉劉歆、費直、蔡邕三家，則由未解歲差，故存其殊致，莫之折衷。……蓋天文一事，樵所不知，而欲成全書，固不可闕而不載，是以徒襲舊史，未能擇之精，語之詳也。❷

《四庫全書總目》對《通志》的評價則是：

---

❶ 《文史通義·釋通》，頁一三三。

❷ 戴震，《戴東原集》（台灣商務印書館，國學基本叢書，民國五十七年）卷五，頁八八。

> 樵負其淹博，乃網羅舊籍，參以新意，撰爲是編。……其紀傳刪錄諸史，稍有移掇，大抵因仍舊目，爲例不純，其年譜仿《史記》諸表之例，惟閒以大封拜、大政事錯書其中，或繁或漏，亦復多歧，均非其注意所在。其平生之精力，全帙之精華，惟在〈二十略〉而已。

但對〈二十略〉仍不厭其煩指出其疏漏，云：

> 蓋宋人以義理相高，於考證之學罕能留意，樵恃其該洽，睥睨一世，諒無人起而難之，故高視闊步，不復詳檢，遂不能一一精密，致後人多所譏彈也。❶

《提要》也說「《通志》體裁不完整，抄襲舊史」。大致元至清初學者都嫌《通志》組織不密，言論疏闊，因此學誠始以史學觀點重新評定《通志》。學誠為之辯護的論點大致有二：㈠《通志》屬於史學範圍，且承馬遷以來的通史家風，故不可以經學考據之標準衡量其得失；㈡《通志》之貢獻在於其「別識心裁」與「一家之言」，故也不能因其細節的疏失而

❶《四庫全書總目》（台灣藝文印書館，民國七十八年重印）卷五〇，頁一〇七五上—一〇七六下。

忽視其著史之大義❶。學誠以異於一般乾嘉學者的眼光看待鄭樵，鄭樵的優點正是考據訓詁學者眼中的缺點。學誠曾云：

> 鄭樵無考索之功，而《通志》足以明獨斷之學，君子於斯有取焉。❷

學誠注意鄭樵的編纂義例，乾嘉學者卻注意鄭樵的細節。由於著眼點的不同，因而結論亦各異。

雖學誠已獨闢元至清初以來對鄭樵的評見，但在後來清季民初時，仍然存在對鄭樵若干偏見，章太炎即是其中代表人物，他曾說：

> 《通志．二十略》大半本於《通典》。〈六書〉〈七音〉二略是其得意之作。〈帝紀〉〈列傳〉迻錄原史，不合《通典》《通考》之例。《四庫提要》不以與杜馬之書並列，殆爲此也。然《通志》疏漏殊甚。不僅言天文可笑，言地理亦可笑。〈地理略〉全鈔《通典》之文。❸

❶ 余英時，《論戴震與章學誠》（台北：華世出版社，民國六十九年台影一版），頁三二—三三。

❷ 《文史通義．答客問中》，頁一四一。

❸ 章太炎，《國學略說》（台北：復文圖書出版社，民國七十三年），〈史學略說〉，頁一二二。

章太炎之說法，雖嫌武斷，未審鄭樵內文之細致，但也有幾分道理。如言天文可笑，言地理亦可笑，筆者即相當程度同意其說。蓋嚴謹不足，疏漏有之。與太炎同時之梁任公，卻對〈二十略〉持肯定的見解，任公說：

> 雖然吾儕讀《通志》一書，除〈二十略〉外，竟不能發見其有何等價值。意者仍所謂「寧習本書，怠窺新錄」者耶？樵雖抱宏願，然終是向司馬遷圈中討生活，松柏之下，其草不植。樵之失敗，宜也。然僅〈二十略〉，固自足以不朽。❶

由上述可知，由清初至清末，清代學者對《通志》的一般看法，即使到梁啟超時，仍無重大改變，也就是說《通志》的缺失，幾乎讓鄭樵不得翻身。俟顧頡剛出而研究撰有〈鄭樵傳〉及〈鄭樵著述考〉之後，始有較公正的評斷。顧氏以學術史的觀點，從疑經的觀點讚揚鄭樵立論勇敢，故在〈鄭樵傳〉說：

> 鄭樵的真學問，原不在精上，也不在博上，而在「部伍」與「覈實」的兩個方法上。

又：

---

❶ 梁啟超，《中國歷史研究法附補篇》（台北：中華書局，民國六十二年），頁二一一—二一二。

> 鄭樵最可嘆的是，漢儒對《春秋》和《詩經》之註解，爲了教條的理由，曲解了二者的本質。鄭樵的意見不深奧，但爲了讓被儒生搞混了的經文顯露其真面目，鄭樵的確擔負了推翻並重新評估經文注解的巨任。❶

顧氏贊同鄭樵懷疑〈詩序〉的見解，又稱許鄭樵對樂與詩關係的了解，對春秋三傳的懷疑以及對五行的見解。但是歷代諸儒並不十分了解他，反加痛斥，故顧氏感嘆地說：「社會上沒有人容納他，沒人看出鄭樵的真精神和他的學術本質」❷。

自顧頡剛之後，最近的一些研究都頗能持平地論斷鄭樵的《通志》。如蘇淵雷、婁曾泉、吳懷祺、倉修良、李昭恂諸氏都能肯定鄭樵的學術貢獻，雖然仍有一些瑕疵，例如：李昭恂以為鄭樵寫〈圖譜略〉，但在《通志》，包括〈圖譜略〉之中，卻無一張圖留存。在〈藝文略〉的經部裡寫了石經，但〈金石略〉卻忽略了，從學術分類可以互著的道理而言，鄭樵顯然不知「互著」的功用❸但後者此點，不能盡怪鄭樵，畢竟互著的功用是到章學誠擴

---

❶ 顧頡剛，〈鄭樵傳〉，《國學季刊》一：二，頁三二一。又可參內藤戊申，〈鄭樵の史論に就いて〉《東洋史研究》二：一，昭和十一年，頁三—四。

❷ 顧頡剛，〈鄭樵傳〉，頁三三〇—三三一。

❸ 李昭恂，〈鄭樵對文獻學的貢獻〉，《文獻》七（一九八一），頁一八六。

大校錄學之後才提出的，吾人不能以此責備前賢。倉修良指出其〈二十略〉仍存在不少缺點和錯誤，如對書志性質的理解不當，因而作書志的目的性也就不很明確。《通志・總序》中竟說：「志之大原，起於《爾雅》」，其實《爾雅》僅是一部類似編次解釋名詞的訓詁詞典，類於後來所謂的類書。由於如此，〈二十略〉中有一些內容實際上被寫成了類書。〈六書略〉若按志書的性質，應當是文字學史，可是鄭樵卻寫成了文字學；〈七音略〉應當是講聲韻學史，而鄭樵卻寫成聲韻學；〈昆蟲草木略〉亦是如此。鄭樵編寫史書是非常強調「會通」，而上述實際只做到「會」而未做到「通」。因而也就難怪元代劉塤的《隱居通議》，徑把〈二十略〉看成類書了❶。蘇淵雷也指出鄭樵因不滿於班氏斷代，乃輕詆其「考跡詩書，推表山川」的《地理志》為「謬舉」，並且批評其〈藝文志〉，都是賢者之蔽❷。吳懷祺則以為鄭樵《通志》中由於拘泥於古史之舊文，因此把古史之糟粕又移到書中了，同時也未如司馬光一樣地對前代正史材料作過仔細的考訂，而削弱自己的求實思想❸。吳氏還認為

❶ 倉修良，〈鄭樵和《通志》〉，《杭州大學學報》一九八〇：四，頁一〇六。元劉塤生時，當未見《通志》全書，只見〈二十略〉，故僅就二十略發言，其中若就〈六書略〉專言，施人豪，《鄭樵文字說之商榷》（政大中文所碩士論文，未刊，民國六十三年）則頗能就其優劣點評析之，可參考。

❷ 蘇淵雷，〈劉知幾、鄭樵、章學誠的史學成就及其異同〉，《上海師範大學學報》一九八〇：二，頁八九。

❸ 吳懷祺，〈《通志》的史學批評〉，《史學史研究》一九八八：四，頁二六。

鄭樵的「按語」很精彩，但數量不多，且淹沒在龐大的紀傳文字之中，不為讀者所注意，更甚者是鄭樵只是努力綜合眾史以求會通，還沒能改造眾史為一體。也就是說，它只是一種「復合」而非「融合」❶。張孟倫以為最嚴重的則莫如他站在通史的立場惡罵班固「全無學術，專事剽竊」，甚至罵他是「豬」，這就有失學者風度了，因而胡元瑞謂之「凡著述最忌成心，成心著于胸中，則是非顛倒，雖丘山之鉅，目睫之近，有蔽不自知者。鄭漁仲平生不喜班固，固其論已過也。」至於他最推尊的通史家司馬遷也說是「踻踖于七、八種書」的「博不足」「雅不足」的淺薄之人，實際也未必全對❷。

近更有鄭喜夫專研《通志．氏族略》，除指出其在姓氏研究上的奠基地位與學術價值之外，亦指出鄭樵欠缺原始社會及圖騰文化的知識，對殷契鐘鼎等出土文物缺少利用及遺漏姓氏仍多等等，都是平允有見之言❸。

以上可說是鄭樵史學的缺失，學者雖各有所見，但大多是針對於其義理宏構別識心裁的意義而言，強調這些瑕疵，實在是瑕不掩瑜，微不足道的。

---

❶ 吳懷祺，〈鄭樵在歷史編纂學上的成就〉，《史學史研究》一九八一：四，頁五〇。

❷ 張孟倫，《中國史學史》，下冊，頁二〇八—二〇九。

❸ 鄭喜夫，《鄭樵《通志．氏族略》研究》（台中：興大歷史所碩士論文，民國八十四年）第二章，頁一三一—一三二。

至於章學誠史學的缺失，來自於其抒發史論，偶或自述與古人立說異同，常有犯錯或偏頗的現象，大致繫於其個人：㈠人格品質上㈡思想體系上㈢歷史編纂上三方面的因素，茲分述之：

一、人格品質方面：

章學誠在史論上有備受注目的一說即「史德說」，是其史學特有建樹之一，其重要言論已具見於本書第三章〈三長說〉，參之可悉史德是章學誠在劉知幾所提出的史才三長論的磐石上，加以延伸補充的，使我國史學思想體系更加完備，但決非只是學誠獨見而已。目今，有些學者或以史德應是劉氏的專見，因而專論《史通》的史德內涵；或以為史德是學誠的高見，超越前賢，前所未有❶，都未必符合真相。前者失之太過，忽略了歷史時間與歷史人物兩項因素的考慮；後者失之不及，未見史德是我國史學固有的優良傳統之一，至少劉知幾的《史通》甚或其前即已有此芻議❷。不過最重要的還是學誠在《文史通義·史德》篇上，有

❶ 王明妮，《史通修史觀述詳》（台北：輔仁大學中文所，碩士論，民國七十一年，未刊）第二章，頁四一—五八。李宗侗，《中國史學史》（台北：中華文化出版事業委員會，民國四十四年，再版），頁一六五。

❷ 拙著，〈近三年來有關劉知幾的研究成果評介〉，《史學評論》第十二期（民國七十五年九月），頁一一八—一一九。

更進一步或更屬於其個人的說法，然則他未曾指出其史德一說是有所繼承的。指出自己學說的沿承脈流，並不會影響自己學說的地位，學誠不如此做，似已自己犯了史德不足之弊。

除此之外，學誠還自謂其於「史學蓋有天授，自信發凡起例，多為後人開山」，然吾人明瞭其史學多有所憑藉，而後因依承累增，遂能以其特識而發為確鑿不易之論，對我國史學貢獻，有其不可抹滅的價值，然不言前賢，只明自己，似亦有驕狂之弊。又在〈與朱少白書〉中說：「平日持論，關文史者，不言則已，言出于口，便如天造地設之不可動搖。」學誠類似這種口吻仍多，可見其自負與狂妄自大，學誠狂言如此，似其史論全部均無錯誤，實則不然。其實其史論初出時，由於不合時代潮流，備受冷落。而學誠之所以發出狂語，從心理學角度視之，即是受當時之刺激而形成。故就史德言，學誠本人之人品態度是有其缺失的。這點鄭樵也有此弊，嘗自云：「樵直史苑，則地下無冤人」張孟倫以為他簡直沒有史德，亦此之謂也❶。

二、思想體系方面：

章氏史學還有「六經皆史」此一有名的說法，對清代經學家打擊甚大。其實學誠此語仍有所承❷，只是學誠更加條暢其說而已，學誠亦未明言受何人影響，顯然也是有上說的缺失。學誠「六經皆史」之說，反覆說明六經為先王政典，先王的政典是王制有其神聖性，任何人都不可輕議，孔子也只能述而不作。學誠絕對相信《周官》，尊崇周公，美化古代。他在〈經解中〉篇中曾說：

❶ 張孟倫，《中國史學史》，頁二〇八—二〇九。

❷ 請參本書第四章第一節〈史料文獻學〉所述可悉，大致六經皆史在《史通》已有其見，惟尚未成體系。五經皆史則在宋以前即有。明王陽明《傳習錄》卷一，亦云：「以事言曰史，從道言曰經；事即道，道即事。《春秋》亦經，五經皆史；《易》是庖犧之史，《書》是堯舜以下史，《禮》《樂》即三代史，五經亦即史。史以明善惡，示訓戒，存其跡以示法。」王世貞，《藝苑卮言》卷一亦說：「天地無非史而已；六經，史之理者也。」胡應麟，《少室山房筆叢》（台北：商務印書館，景印文淵閣四庫全書本，民國七十二年重刊）卷二，云：「夏商以前，經即史也；周秦之際，子即集也。」顧炎武，《日知錄》（台北：明倫出版社，景印粹文堂本，民國六十四年，三版）卷三，云：「孟子曰：其文則史，不獨《春秋》也，六經皆然」，頁八〇。章氏鄉親先輩潘南山有《南山素言》，亦云：「五經皆史也，《易》之史奧，《書》之史實，《詩》之史婉，《禮》之史詳，《春秋》之史嚴，其義則一而已」引自黃宗羲，《明儒學案》（台北：華世出版社景印，民國七十六年）卷四六，〈諸儒學案上四〉，頁一一〇五。

制度之經，時王之法，一道同風，不必皆以經名，而禮時爲大，既爲當代臣民，固當率由而不越；即服膺六藝，亦出遵王制之一端也。❶

此話對理解學誠頗為重要。他先論經之當尊，與時王之法不可不遵一樣。若然，則不「服膺六藝」便是離經，不守「時王之法」，即是叛道。此種說法，劉節認為學誠與古老經生的見解一致，都認為中國的理想社會是三代，對三代充滿美化的憧憬❷。這點與他在史學上有許多的新發現新建樹顯然不能相稱，而多少影響其史論的精闢與高瞻。柴德賡亦以為如此，並且認為清朝到雍正以後，便利用程朱理學殺人，即是這種思想的作崇❸。

另外學誠在《文史通義·經解上》還說：

古之所謂經，乃三代盛時典章法度見於政教行事之實，而非聖人有意作爲文字以傳世。❹

---

❶ 《文史通義·經解中》，頁三一。

❷ 劉節，《中國史學史稿》（河南：中州書畫社，一九八二），頁三八六。

❸ 柴德賡，〈試論章學誠的學術思想〉，《史學叢考》，頁三〇六。

❹ 《文史通義·經解上》，頁二九。

依目前所知來說，《六經》中的史料是否都是三代的典章制度，實際尚不可盡知，後人附麗者究竟佔有多少？實有探查的必要。學誠不僅以為六經皆史，還以為「盈天地間，凡涉著作之林，皆是史學。六經，特聖人取此六種之史以垂訓者耳。子集諸家，其源皆出於史」此處不能依現代史學的定義去理解其所謂的「史」或「史學」❶，祇能解為史料而已，不過，若視六經為史料而言，則無多大問題。此點可參照本書第四章〈史料文獻學〉一節所論可知。

由前述可知學誠多以儒家思想為基礎，對儒家經典深信不疑，因而有些言論稍欠妥當。舉例而言，〈易教下〉有云：

> 蓋聖人於天人之際，以謂甚可畏也！《易》以天道而切人事，《春秋》以人事而協天道，其義例之見於文辭，聖人有戒心焉。❷

文中以「天道切人事」「人事協天道」的《易》與《春秋》作為史家的極則。推崇《易》與《春秋》，司馬遷、劉知幾也都不能免，但不如學誠來得過譽。劉節以為章學誠未免把這兩

---

❶ 許冠三，《劉知幾的實錄史學》，第七章，頁一七八。

❷ 《文史通義·易教下》，頁七。

部書推崇得太過了。與前面所說的古老經生的見解，並無二致❶。以此點而論，劉氏對《春秋》《論語》等典籍，尚能一本實錄求真的精神，提出十二未諭五虛美抨擊一番，而學誠則無此眼力，可見在學誠思想體系中崇古所佔比例甚重，而劉氏反能跳出窠臼有所「破」。

再者，學誠甚重「史意」。他在〈史德〉篇說：「史所貴者義也」；〈言公〉篇又云：「作史貴知其意」，都可知之。並以史意做為自己撰作《文史通義》的最大緣由。有謂：

> 鄭樵有史識，而未有史學；曾鞏具史學，而不具史法；劉知幾得史法，而不得史意，此余《文史通義》所爲作也。❷

又說：

> 劉言史法，吾言史意；劉議館局纂修，吾議一家著述，截然兩途，不相入也。❸

學誠視鄭樵有「史識」，知幾有「史法」，為兩人所以成獨步古今之學，然仍有未盡之處，故特著《文史通義》以「史意（義）」補之。是言頗有自高於劉、鄭兩氏之處，似亦頗有狂

❶ 劉節，《中國史學史稿》，頁三八八。

❷ 《文史通義·方志略例》〈和州志志隅自敘〉，頁三九八。

❸ 《文史通義·家書二》，頁三六五。

妄之病。就劉知幾而論，他所言並非只有史法，不知史意，亦非僅議官局纂修，不議一家著述。劉氏所言之史法史例，何者不與「秉事直書，善惡畢彰，真偽盡露」的史意為依歸？史家不盡此責，又何以能達天道之公意？所以史法史意，本為表裡一體之事。言史法者，必有其史意或史義存焉。苟無其意，法固無歸。相對而言，學誠亦非盡言史意，而不提史法。許冠三辨之明矣，固不待本文贅言❶。是以知學誠雖自辨其學迥異於知幾，而自謂其「史意」與「史法」有別，實際頗見其非。至於其所謂所論係一家著述，與劉知幾議館局纂修，本係一體，其說已見於前述。程千帆、傅振倫諸氏亦已論駁其非❷，於此亦可不贅。而由此又可見學誠缺失，不僅止於思想體系未能自明而已，實際人品上的缺失亦顯然可見。

在思想體系方面，尚可看到學誠為維護儒家思想的正統性，而對時人汪中與袁枚有大加撻伐之言論，如汪中不贊成女子未婚守節和把墨子與孔孟相提並論，即加以惡言，如「喪心」「狂易」等相加❸。胡適以為學誠對當時負重名的人頗多偏見，幾近於忌嫉，故對時人

❶ 許冠三，《劉知幾的實錄史學》，頁一六三—一六四。章氏所撰之方志條例，悉皆論及史法。

❷ 程千帆，《史通箋記》（北京：中華書局，一九七八），頁三一八。傅振倫，《唐劉子玄先生知幾年譜》，頁一五。

❸ 《文史通義·述學駁文》，頁二一〇—二一一。

之批評有意吹毛求疵之處，甚至故入人罪❶。不過學誠對汪中雖有惡詈之言，但於汪中的文辭工夫，則仍略示推崇。對袁枚則毫不留情，〈丁巳劄記〉篇有云：

> 近有無恥妄人，以風流自命，蠱惑士女，（中略）而為邪人播弄，浸成風俗，人心世道大可憂也。❷

其原因僅在袁枚受收女弟子。其於〈婦學篇書後〉更加明白表示：

> 彼不學之徒，無端標為風趣之目，盡抹邪正貞淫、是非得失，而使人但求風趣；甚至言「采蘭贈芍之詩，有何關係，而夫子錄之」，以證風趣之說。無知士女，頓忘廉檢，從風披靡；是以《六經》為導欲宣淫之具，則非聖無法矣。❸

〈書坊刻詩話後〉又云：

---

❶ 胡著，姚補，《章實齋先生年譜》，頁一一八。

❷ 引《章實齋先生年譜》，頁一二九。係〈丙辰劄記〉之後半。

❸ 《文史通義・婦學篇書後》，頁一七九。並參河田悌一，〈乾嘉夫の士大夫と考證學—袁枚、孫星衍、戴震そして章學誠—〉，《東洋史研究》四二：四，一九八四，頁八〇—八六。對袁枚分析甚詳。

略《易》《書》《禮》《樂》《春秋》而獨重《毛詩》，《毛詩》之中，又抑雅頌而揚國風；國風之中，又輕國政民俗而專重男女慕悅；於男女慕悅之詩，又斥詩人風刺之解而主男女自述淫情；甚且言采蘭贈芍有何關係，而夫子錄之，以駁詩文須有關係之說，自來小人倡爲邪說，不過附會古人疑似以自便其私，未聞光天化日之下敢於進退《六經》，非聖無法，而恣爲傾邪淫蕩之說至於如是之極者也。

學誠甚至有詩指袁氏為一傷風敗俗的無恥之徒，云：

> 太府清風化列城，隨園到處有逢迎。但聞州縣經行處，陰訟無須法律評。江湖輕薄號斯文，前輩風規誤見聞。詩佛詩仙渾標榜，誰富霹靂淨妖氛。誣枉風騷誤後生，猖狂相率賦閒情。春風花樹多蜂蝶，都是隨園蠱變成。詩伯招搖女社聯，爭誇題品勝臚傳。不知秉鑑持衡者，滿腹妝樓艷異編。……詩話推敲半無妄，大人自合慎歡嗔。堂堂相國仰諸城，好惡風裁流品清。何以稱文又稱正，隨園詩話獨無名。❶

在學誠眼中，袁枚直如「名教罪人」。胡適以為學誠所攻，今日觀之，正是袁枚的特識；又

❶《章氏遺書．詩話》附〈題隨園詩話〉，頁一〇三下—一〇四上。

說學誠所云皆「紹興師爺」口吻，其攻戴震，尚不失為諍友；其攻汪中，已近於好勝忌名；至於袁枚，則全以衛道者自居了❶。胡適所評，應極中肯，顯見學誠衛孔道護名教之思想極為濃厚，就此點而言，實在不能算是進步。

三、歷史編纂方面：

章學誠所謂的史學，可能因為其年齡的關係，而有不同的內涵❷。本節就其最廣泛的史學意義來言，亦即前引「盈天地之間，凡涉著作之林，皆是史學」的意義，泛指一切記事之作，亦即泛指一切史書與史料，而非今日吾人作史學研究之「史學」。依此說法，學誠可以把史學推溯到古代極早，即已有相當完備的史家著述及收集史料的制度，他說：

> 三代以上記注有成法，而撰述無定名；三代以下撰述有定名，而記注無成法。❸

學誠說三代以上記注有成法，這一部分是對的，但三代以下記注無成法，則完全不對。依劉節的研究可以發現，從兩漢以降，注記制度已愈來愈細致，迄於兩宋，達到最高峰；元明

❶ 胡適，《章實齋先生年譜》，頁一二九—一三一。

❷ 許冠三，《劉知幾的實錄史學》，頁一六七—一六八。

❸ 《文史通義·書教上》，頁七。

而後，反而退步，但仍比古代具體而且細密❶，不過，學誠之說雖有錯誤，但他認為三代早有一種制度來搜集史料，則是不差，故他還說：「《周官》外史掌四方之志，又以書使於四方，則書其令」其解釋是：「然而四方之書必隸外史，書令所出，奉為典章」❷。

另就史體而言，學誠亦申其看法，言云：

> 夫史爲記事之書，事萬變而不齊，史文屈曲而適如其事，則必因事命篇，不爲常例所拘，而後能起訖自如，無一言之或遺而或溢也。此《尚書》之所以神明變化，不可方物。降而左氏之傳，已不免於以文徇例，理勢不得不然也。❸

此話或缺乏高見。蓋劉知幾早已提出六家二體之說，標出《左傳》《史記》兩種體裁為古史之正宗。所以六朝以前史籍所謂的正史，都以編年紀傳為史家的標準❹。到了學誠，反而極端推崇《尚書》，而《尚書》嚴格而言只能算是史料而已，劉知幾早已批判其書「為例

---

❶ 劉節，《中國史學史稿》，頁三八八。
❷ 《文史通義．方志略例．和州志皇言紀序例》，頁三九九。
❸ 《文史通義．書教下》，頁一五。
❹ 劉節，《中國史學史稿》，頁九三。

不純」❶，浦二田也說它不編年不紀傳，原非史體正宗❷，怎可與《左傳》《史記》同具有史體的規模呢？因而可知學誠或有偏差。

再則，他對宋代以後的歷史著作，也有奇特看法：

> 蓋自劉知幾以還，莫不以謂《書》教中絕，史官不得衍其緒矣！又自《隋書・經籍志》著錄，以紀傳爲正史，編年爲古史，歷代依之，遂分正附，莫不甲紀傳而乙編年。則馬班之史，以支子而嗣《春秋》，荀悅袁宏且以左氏大宗而降爲旁庶矣，司馬《通鑑》，病紀傳之分而合之以編年；袁樞《紀事本末》，又病《通鑑》之合而分之以事類。按本末之爲體也，因事命篇，不爲常格，非深知古今大體，天下經綸，不能網羅隱括，無遺無濫。文省于紀傳，事豁于編年，決斷去取，體圓用神，斯真《尚書》之遺也。……但即其成法，沉思冥索，加以神明變化，則古史之原，隱然可見。❸

學誠推崇袁樞本末體為最進步的史體，並說該體「文省于紀傳，事豁于編年」確係卓見。然

---

❶《史通釋評・六家》，頁二。

❷《史通釋評・六家》，頁四。

❸《文史通義・書教下》，頁一四—一五。

最後卻說其體圓用神，是《尚書》之遺，劉節以為不知學誠由何說起，令人難以明白。此與前例都說明學誠迷信《尚書》之故，其所以如此，又可推其病原於崇信古代經典太過之所致。其實，古代史書中有那本是紀事本末體的？因此，若說袁書隱然可以見古史之原，劉節以為實際可能是學誠個人私願，而非事實。

再次，學誠的立論常有些來自常識方面的錯誤，如〈丙辰箚記〉說明後唐明宗不帝制而歐陽修《五代史》亦為之作本紀，是把李嗣源誤作李克用了。〈為梁少傅撰杜書山時文序〉說杜所為制舉之文，「自謂得於前輩嘉魚金聲氏」，是把安徽休寧的金聲錯當湖北嘉魚人了。柴德賡皆一一指出之❶。余嘉錫有〈書章氏遺書後〉更舉出許多錯誤，收在《余嘉錫論學雜著》中，尤可一參❷。舉例而言，如內篇卷二〈古文公式〉說明蘇軾的〈表忠觀碑〉全錄趙抃的奏議。但蘇軾抄錄時改篇首加「臣抃言」，篇末用「制曰可」，學誠譏蘇軾不如改用《尚書》裡「岳曰於」「帝曰俞」更為古雅❸。余嘉錫笑章氏不知唐宋人上表，無不稱「臣某言」，下迄明清，仍沿用之，而學誠不明其例，反隨意譏刺子瞻，是無理取鬧。余嘉

❶ 柴德賡，〈試論章學誠的學術思想〉，前揭書，頁三一〇—三一一。

❷ 余嘉錫，〈書章氏遺書後〉，《余嘉錫論學雜著》（台北：河洛圖書出版社，民國六十五年），頁六一五—六二四。另同氏，《目錄學發微》，頁七—一〇，則對《校讎通義》頗有駁正。

❸ 《文史通義．古文公式》，頁六六—六七。

錫以為《文史通義》深思卓識，固然有過人之處，惜學誠讀書不夠廣博，立言便不能無失。內篇大致引證尚無大錯，然而考核猶不免粗疏，持論亦時近偏僻。外篇和文集，更加自負，錯誤更多，則較內篇尤為遜色。至於其《校讎通義》，錯誤更達六七成。故所論多似是而非，余氏別有駁正。諸如上例，皆可見其疏略不及之處，可以列為缺失而無任何不當。

從上所言，可知學誠在人品修養上不免有妄自高大及標新立異之嫌，常自謂與前賢（如劉知幾）不同之處，而實際上又不能自明與前賢立論的區別所在；在思想體系而言，學誠頗受經古文派的影響❶，常視儒家經典於神聖地位，故其立說，有時反因此受到拘限而不能有所突破；在歷史編纂方面，則缺乏考校之能力，又未留心史事而空說史法，故有流弊。這點學誠也有自知之明❷。

總括以上各論，本節雖專論「三書」三氏的史學缺失，但所秉持的亦是「三書」作者所

---

❶ 劉節，前揭書，頁三八一，有云：「不過章氏的學問有一特點，就是極推重劉向、歆父子，因而也深信《周禮》中所有制度，以爲盡爲周人所固有。因此演繹而出者，往往有許多不切實際的見解。」又可參頁三八六。

❷ 《文史通義》〈家書二〉及〈家書三〉，頁三六五—三六七。另〈申鄭〉亦述：「學者少見多怪，不究其發凡起例，絕識曠論，所以斟酌群言，爲史學要刪，而徒摘其援據之疏略，裁剪之未定者紛紛攻擊，勢若不共戴天」。

強調的「善惡必書」觀念，本書也追求不掩惡不虛美的實錄態度，可謂受三氏之影響極深所致。至於三氏史學或被批評為過於傾向唯心論❶，或謂彼等史論都從地主階級、統治階級的立場出發，所以強烈保有儒家傳統思想及封建色彩。這種說法或有其理，但評者卻犯了忽略時代性，以今推古的弊病，就學術論學術而言，此種論調實不值得予以一評。

第四節　影響論

所謂影響論原應就三氏「三書」所受之影響與其影響後世學者兩方面來討論，唯前者多已在前述章節中敘及，故於此省略，俾免重覆。故本節專論其對後世影響。

就劉知幾史論而言，其影響於後世者，從上節缺失論中已多少可見其端倪，故而在唐以後至明代中葉以前備受冷落，不曾廣傳，連南宋大儒朱熹都「猶以未獲見《史通》為恨」，甚至有些明代學者還把知幾當成宋人，甚或不知有劉氏其人者❷，可見一斑。其所以遭到冷落和貶抑，究其原因，主要可能在於：（一）工訶古人太甚、妄誣聖哲太多，故屢遭貶抑；

❶ 陳光崇，《中國史學史論叢》（遼寧：人民出版社，一九八四），頁三一五。傅振倫，〈章學誠在史學上的貢獻〉，《史學月刊》一九六四：九。又收在《中國史學史論集》，頁五六二。

❷ 張之象：〈史通序〉，見張之象《史通》刻本，北京中華書局，一九六一景本。

（二）《史通》係第一本史評專著，五代以降之學者對其性質及學術價值尚認識不清，故流傳不廣；（三）《史通》本身尚存在有許多不完善的地方，如上節所論，故不被世人推重❶。這些因素使知幾史論的影響力大為減弱，隱晦不彰達數百年之久。盡管如此，由於其自身所具有的重要學術價值，能經千錘百鍊，歷久彌新；加之後世不乏有識之士，以致雖不絕如縷，但對獨具慧識之學者仍產生重大影響。清人錢大昕即曾說：

> 劉氏用功既深，遂立言而不朽，……叢亭（按：知幾爲彭城叢亭里人，故稱之）之說，一時雖未施行，後世奉爲科律。❷

至少知幾影響了後世的鄭樵和章學誠，是絕對可以肯定的。任公稱「自有劉知幾、鄭樵、章學誠，然後中國始有史學」，三人之中，知幾首開史評史論研究的先河，鄭章兩氏踵繼續之。故自《史通》問世以來，在史論研究上承受其影響最深者，莫過於鄭章兩氏。其次當數明人胡應麟。正如傅振倫指出的：「（鄭章）皆熟讀劉氏之書，故其學說多出於《史通》也」又：「胡應麟之撰〈史書占畢〉也，全法《史通》」；「其內篇論史之語，幾盡取劉說

❶ 楊緒敏：〈論《史通》的流傳及其對後世史學理論的影響〉，《徐州師範學院學報：哲社版》一九九二：一，頁六九—七○。

❷ 錢大昕，《十駕齋養新錄》，卷十三，史通條，頁三○三—三○四。

」[1]。

知幾及其《史通》對後世史學的影響，以往筆者嘗粗論之，係採條舉列項方式，以冀收簡明之效；許冠三《劉知幾的實錄史學》亦闢第六章論〈《史通》與唐後史學〉依年代先後闡論，甚具詳贍之功。若本節再論，似無多大價值，故只得別闢蹊徑，以（一）對後世歷史編纂學的影響；（二）對後世史學理論的影響兩項，突出其史論對後世的影響。

先提前者。《史通》內篇多論「史家體例，辨別是非」，已為後世法式。茲可再分述：甲、影響後世史書之筆法者：如劉氏主張邑里郡望從今不從舊，在宋人所修兩唐書時已改從劉說；紀傳之後有論而又有贊，知幾以為非史家貴潔典實之風，唐後諸史，存論無贊，皆陰奉其誡。《元史》不綴論贊，更符知幾乃至鄭樵原意。劉氏主去天文藝文兩志，改置三新志，影響杜佑《通典》無天文五行、《遼史》不志天文；而鄭樵以〈二十略〉宏揚其三新志之原意，皆可謂《史通》沾溉後學的顯證。乙、影響後人史料取材者：知幾於《史通·雜說上》主張博采善擇史料，後世因之而廣被短部小書，九家十流。此兩者尚可參酌本書第四章一、二節即可掌握。

次敍後者。亦可分述如下：甲、知幾「引經入史」對學誠「六經皆史」說影響至大；

[1] 傅振倫，《劉知幾年譜》七〈史通要論〉。引自楊緒敏，〈論《史通》的流傳及其對後世史學理論的影響〉，頁七二。

乙、知幾「直筆論」與學誠「史德說」關連至深；丙、知幾論史之分類「當時之簡／後來之筆」影響鄭氏「史／書」及章氏「記注／撰述」「比類／著述」「纂輯之史／著作之史」的說法；丁、知幾主文士不宜修史之說，對後世影響甚大，可見第三章第四節；戊、知幾的人物「品彙相從」「等差有敘」的觀念影響到鄭樵的類例主張，章氏更推其意至考鏡辨明學術源流本末的高度；己、知幾的「尚通」「疑古」「進化」的思想亦影響後學。由本書第二章四節即可知悉。

再者，知幾的史學理論與其稍後的中唐古文運動亦有關聯，知幾主張返諸古往經典求淳樸質實之言，已如浦起龍所說的「然其言已為退之，習之輩前導也」❶，李少雍亦以為古文運動即受劉氏前後之史官所傳承之史學的影響❷。至於知幾影響其子之學行，更不待言即可知之，知幾子凡六，皆以學行著稱於世，並為高官，尤以劉餗《史例》，繼世汗簡，最能傳《史通》之學。而四子秩著《政典》，房琯以為才過劉更生，亦獲高評，以後此書即為杜佑《通典》的本源。凡此三方面，得知知幾史論影響後世鉅大，至今仍有一定的參考價值與借鑒作用。

鄭樵史論對後世的影響，依時代先後可簡略分述於下：

---

❶ 《史通釋評·覈才》，頁二九二。

❷ 李少雍，〈劉知幾與古文運動〉，《文學評論》一九九〇：一，頁二九—三七。

鄭樵的史論，並世而稍後之學者如王厚之、周孚都痛駁其說，但朱熹倒能知曉其旨，並在其《詩集傳》裡襲取鄭樵的方法和言論，但可能一因鄭樵資望不高，年代太近，或因鄭樵反對理學，故朱熹未便稱揚鄭樵大名❶，但受其影響則史有共睹。

次者，鄭樵對章學誠的影響，從《文史通義》有〈申鄭〉〈釋通〉〈說林〉〈答客問〉〈言公〉諸篇，都有對鄭樵史學的推崇、發揚、批評乃至同情鄭樵而未嘗不有夫子自道之意，這些篇章前文大都已經引用，都可看到學誠深受鄭樵的影響。

《校讎通義》內篇一尚有〈補鄭〉〈校讎條理〉；內篇二〈補校漢藝文志〉〈鄭樵誤校漢志〉以及其他亦有許多篇章都引用了鄭樵的學說。甚至章學誠之《校讎通義》即延續鄭樵之〈校讎略〉而來。樵之該略頗以發前人之所無而自詡，然數百年之間除明末焦竑《國史經籍志》所附糾謬部分曾經提及外，幾乎乏人過問，而學誠《校讎通義》一出，世人始多注意鄭樵之〈校讎略〉，乃至旁及〈藝文〉〈圖譜〉〈金石〉三略。由此可悉，鄭氏史學精義均為學誠所承受，學誠並發揚光大之，故學誠可說是鄭樵的諍友兼功臣。

除學誠外，乾隆朝並敕撰《續通志》《清朝通志》兩書，由書名即知受《通志》的影響。至於其體例與編纂法，亦莫不如此。《續通志》，始修於乾隆三二年，成於五十年（一

❶ 顧頡剛，〈鄭樵傳〉，《北大國學季刊》一：一，頁三三一。朱子受鄭樵影響可從《朱子語類》卷八〇看出。

七八五），凡六百四十卷，內容即銜接《通志》而來，敍至明末。其體例與《通志》亦大體類似，但缺世家、年譜。各篇目的時代上下限亦有不同。紀傳是由唐初至元末，記載唐宋遼金元五朝之政事與人物，全抄正史。諸略則起於五代終迄明末。另同時亦撰《清朝通志》，原名《皇朝通志》，修撰起訖皆同於上書，僅成二十略，凡一百二十六卷，其體例全仿《通志·二十略》。其餘本紀、列傳、世家、年譜、載記、四夷傳都省略。記載清初開國至乾隆朝的典制文物，分類條理，原委詳明。〈二十略〉之名稱亦與鄭樵相仿，僅子目有所增減而已。惟其內容則有不少與《清朝通典》重複。

甚至馬端臨的《文獻通考》也在體例上吸取《通志》的成果。後人研究目錄學、校讎學等有關編纂方法學時，也都必需參研《通志》。

至於學誠對後世的影響力，大致到清代中晚期始受重視。李慈銘《越縵堂讀書記》有〈實齋雜著〉〈章氏遺書〉兩文，分別寫於一八六九及一八七四年，距章氏亡後約六七十年之久。惟李氏批評學誠一無是處，似未領略學誠宗旨❶。錢穆在其《中國近三百年學術史》中，還指出同期人物受學誠影響者：

> 余觀實齋並世，即如焦理堂、凌次仲之徒，雖稱私淑東原，而議論與實齋相通者已不鮮。其後常州今文學起，治群經趨於《春秋》，旁及《周禮》，好言改制，而極於變

❶ 李慈銘，《越縵堂讀書記》（台北：世界書局，民國六十四年），頁七八一—七八二。

法，訓詁名物之風稍衰。而仁和龔自珍，著書亦頗剽竊實齋。時會轉移，固非一端，而實齋平生論學，所謂力持風氣之偏者，要不得謂非學術經世一效也。❶

錢氏指證焦循、凌廷堪、龔自珍也頗受學誠影響的事實，應可確認。惟對龔自珍剽竊學誠之説，恐尚難奪定。以經學而言，龔氏曾有上古以史為尊的看法，言云：

> 《六經》者，周史之宗子也。《易》也者，卜筮之史也；《書》也者，記言之史也，《春秋》也者，記動之史也；風也者，史所采於民，而編之竹帛，付之司樂者。雅、頌也者，史所采於士大夫也。《禮》也者，一代之律令，史職藏之故府，而時以詔王者也。小學也者，外史達之四方，瞽史諭之賓客之所爲也。今夫宗伯雖掌《禮》，《禮》不可以口舌存，儒者得之史，非得之宗伯；《樂》雖司樂掌之，《樂》不可以口耳存，儒者得之史，非得之司樂。故曰：《五經》者，周史之大宗也。孔子歿，七十子不見用，衰世著書之徒，蜂出泉流，漢氏校錄，撮爲諸子，諸子也者，周史之小宗也。❷

---

❶ 錢穆，《中國近三百年學術史》，頁四一六。

❷ 《龔自珍全集》（台北：河洛圖書出版社，民國六十四年），〈古史鈎沈論二〉，頁二一。

其所謂「《五經》者，周史之大宗也」，實頗近於章氏六經皆史說。惟兩氏所處之時代與學風甚不相同，龔氏吸收章氏觀點，但以清代經今文學《春秋公羊學》抨擊經古文學，似為兩者不同點之一；且龔氏經學性格較強，章氏則史學性格過於龔氏，則為兩人不同點之二。龔氏本《公羊傳》三世說，改為「治世—衰世—亂世」的「新三世」說，用來說明清代中晚期以來的統治危機，又用「早時—午時—昏時」來說明傳統政治由盛而衰的規律。龔氏曾云：

> 日之將夕，悲風驟至，人思燈燭，慘慘目光，吸飲莫氣，與夢爲鄰。……俄焉寂然，燈燭無光，不聞餘言，但聞鼾聲，夜之漫漫，鶡旦不鳴，則山中之民，有大音聲起，天地爲之鐘鼓，神人爲之波濤矣。❶

似就現實生活的亂象與時代動脈相結合，並預設大亂將至。龔氏其說，頗有循環論的理致❷，與本書第二章第四節所論學誠持發展、進步、演化的歷史觀，截然異趣，故錢穆所說，恐仍有討論餘地。

倪文森（D.S. Nivison）也認為學誠史學思想影響了龔自珍。惟倪氏又以為廖平、康有

---

❶《龔自珍全集．尊隱》，頁八七—八八。

❷楊志遠，《章實齋史學思想之研究》（東海大學歷史所碩士論文，一九九二，未刊），頁一一〇。

為、章炳麟乃至顧頡剛、馮友蘭均受學誠影響，可能推演太過❶。康、廖兩氏學說或有相通之處，但康有為大同說受龔氏影響可能較深，而非源自學誠。而顧、馮二氏受自學誠影響，容許或有，但甚難看出傳承脈絡，倒是白壽彝以為顧氏受到考據學派疑古風氣影響較大，其有名的「層累說」即在考據的方法下完成的❷，而馮友蘭受學誠影響，目今仍難蠡測。

內藤湖南則以為學誠「六經皆史」說對民國以來的學者衝擊很大❸，可能係受清朝衰退崩潰之後，經學所賴以維持的權威也隨之瓦解，史學乃能從中解脫出來之故，而學誠史學思想中所具備的近代因素：如（一）將「撰述」與「記注」做了區分，即把史書與史料分開，如此史書的修撰即非純粹的史料堆積。再透過史識史德的運用，史家可以提昇選擇乃至解釋史料的能力，進而提高史書的層次與作用。其次（二）學誠主張「凡涉著作之林，皆是史學」可謂極端擴大史料及歷史研究的範圍，這點由本書第四章第一、二節所論可以完全獲悉。即使就六經皆史而言，今人對六經乃至群經的看法正是學誠說法的延續。今人做六經的研究，大致已採分工合作的方式，如《易》歸哲學，《書》及《春秋》歸史學，《詩》歸文

❶ D.S.Nivision, *The Life and Thought of Chang Hsueh-cheng*（1738-1801），臺北，虹橋書店，民國六十二年景印，原美國史丹福大學出版社，一九六六，頁二七二—二九七。

❷ 白壽彝，《中國史學史》（上海人民出版社，一九八六）第一冊，頁一二二—一二三。

❸ 內藤湖南，〈章實齋の史學〉，《支那史學史》，頁六一九。

學，《禮》則是社會政治制度史屬於社會科學的範疇，已少有人專以六經來明道了。從此一角度來言，正是後人沿襲學誠舊說，受其影響的。（三）其他如學誠所主張的新史體吸收了紀傳體通史與本末體的長處，也有頗合於近代新史學之處，以及（四）他所主張的社會進化觀念（詳第二章第四節）與後來民初傳入的西方進化史論有若干相通之處，可謂提供了一個發展的歷史條件❶。這些切合於近代的史學思想因素正是內藤氏所說的民初學者反應非常激動的最重要內在因素了。

清季民初輾轉傳入的西方史學影響了許多學者，梁啟超即是有名的例子之一，梁氏本身受班漢姆（E. Bernheim）及朗格諾瓦（C.V. Langlois）的影響很大❷。因梁氏含有近代西方史學的思想，因而對學誠史學頗能欣賞，故盛讚學誠說：

> 千年以來，研治史家義法能心知其意者，唐劉子玄、宋鄭漁仲與清之章實齋三人而已。❸

又：

---

❶ 楊志遠，前揭文，頁一二〇—一二九；喬衍琯，《文史通義：史筆與文心》，頁二四三—二四六。

❷ 杜維運，〈梁著《中國歷史研究法》探原〉，收入《聽濤集》，頁一九三—二〇六。

❸ 梁啟超，《中國近三百年學術史》（台灣中華書局，民國七十六年），頁二九八。

以經學考證之法，移以治史，只能謂之考證學，殆不可謂之史學，其專研究史法者，獨有章學誠之《文史通義》，其價值可比劉知幾《史通》。❶

梁氏不僅在總評上盛譽學誠，細節上在考據學的批判態度及方志學理論上亦如此，都可看出梁氏深受學誠的影響。梁氏有云：

> 以吾儕今日治史者之所需要言之，則此二、三千種，十餘萬卷之方志，其間可寶之資料乃無無盡藏，良著固可寶，即極惡俗者亦未宜厭棄，何則？以我國幅員之廣，各地方之社會組織，禮俗習慣，生民利病，樊然殺雜，各不相伴者甚夥。……又正以史文簡略之故，而吾儕所渴需之資料乃摧剝而無復遺，猶幸有蕪雜不整之方志，保存「所謂良史者」所吐棄之原料於糞穢中，供吾儕披抄揀金之憑藉，而各地方分化發展之跡及其比較，明眼人遂可以從中窺見消息，斯則方志之所以可貴也。❷

以及

---

❶ 梁啟超，《清代學術概論》（台灣中華書局，民國七十八年），頁四〇。

❷ 梁啟超，《中國近三百年學術史》，頁二九九——三〇〇。

清儒所做輯佚事業甚勤苦，其成績可供後此專家研究資料者亦不少，然畢竟一抄書匠之能事耳。❶

都肯定學誠在史學方志學的貢獻，並推崇學誠為方志學的鼻祖❷。

而胡適則為章學誠修撰《章實齋先生年譜》，擴大學誠的近代影響力，但胡適本人似乎未對學誠史學特別欣賞。他之所以為學誠立譜，主要原因在內藤湖南已作有章氏年譜，胡氏以為令人慚愧，故欲為國人爭口氣而有斯作。何炳松也說胡適在其日記中明言作章氏年譜是「一種玩意兒」，是「一時高興之作」❸。雖係如此，後人（包括筆者）卻因而獲益匪淺。倒是何炳松對章氏史學多所發揚，他寫過〈讀章學誠《文史通義》札記〉（一九二二），〈章學誠史學管窺〉（一九二五），以及再替《合譜》寫序（一九二八）更明白提出章氏在史學上的貢獻有三：（一）區分記注與撰述；（二）發揚通史；（三）為「慎辨於天人之際，盡其天而不益以人也」的歷史主客觀主義闡說❹。何炳松認為學誠〈與陳觀民工部論史

❶ 梁啟超，《中國近三百年學術史》，頁二七〇。

❷ 梁啟超，《史國近三百年學術史》，頁三〇四。

❸ 何炳松，〈增補章實齋年譜序〉，收入《何炳松論文集》，頁一三二。

❹ 何炳松，《何炳松論文集》，頁一三六—一四六。

學書〉是歷史研究法中重要的文獻之一，何氏以其留學西方所受的訓練，對學誠史學賦與時代新意義，雖仍嫌麤糙，但確實發揚了學誠史學。之後，錢穆在《中國史學名著》也指出：

> 章實齋講歷史有一更大不可及之處，他不站在史學立場來講歷史，而是站在整個的學術史立場來講歷史，這是我們應該特別注意的。❶

另外，侯外廬在其《中國思想通史》（一九五六）中也視學誠為繼承清初傳統的文化史學家，並且說：

> （章實齋）在那樣的時代，發出了一種對漢學的抗議，部份地繼承了十七世紀大儒的傳統。所謂「部分地」，是說他的成就是在文化史學方面，他還不能全面地深刻地光大清初大儒的近代意識。❷

他對學誠的「經世」說及其對漢學的批評都是持認同肯定的態度。至余英時撰《論戴震與章

❶ 錢穆，《中國史學名著》第二冊，頁三一二。

❷ 侯外廬，〈章學誠的思想〉，收在《中國思想通史》（北京：人民出版社，一九五六）第五卷，頁四八五。

學誠》（一九七六）則予學誠甚高評價，視之為清代中葉「道問學」以及近代「儒家智識主義」（Confucian Intellectualism）興起的代言人，並且有承先啟後的地位，可謂對學誠史學思想全面的肯定❶。余氏以思想史的專才與角度，肆論學誠史學。在目前學界當中亦頗有「典範」作用，值得深讀。

吳天任之《章實齋的史學》（一九七九），亦是一部宏論傑構，書中對重要史學主張多所闡揚，讀之立能提契綱領，洞明微理，對發揚學誠史論而言亦屬不可多得之作。惟龔鵬程對吳著略有微言，云：

> 則如吳天任《章實齋的史學》一書，根本不論其《校讎通義》，宣稱「暫不列入本書範圍」。這樣論實齋，豈能得其根柢？❷

龔文主要觀點在文史並論，自嫌吳著偏宕，然龔文〈文史之儒：章實齋〉恐與其〈史通析微〉仿同，多就「文」以論「史」，雖可補史學界之不足，但恐坐失偏頗而未自知，則亦非通人通論，此則庶可供學界勉之乎哉。

❶ 余英時，《論戴震與章學誠》，頁二三三，註六。

❷ 龔鵬程，〈文史之儒：章實齋〉，《淡江大學中文學報》創刊號，頁四八二。

小結

由以上可知：「天命論」是劉鄭章三氏所反對的，三家都主張應返諸人事，但在反對的程度上則有所不同。劉知幾承認有災祥一事，但往往千年才有一遇❶；因而他主張天文曆象與祥瑞災異相應，若有驗者並足以垂訓後代的，則可保留。鄭樵則嚴詞批駁為妖妄、欺天、欺人，毫不容情，反對天命災祥入史，似較知幾激烈許多，但實際則又不然，其《通志》仍載有怪誕荒謬之傳說，尤其帝王君權源於神授的種種異象瑞兆，更是鄭樵未能遑避的。由此可知鄭樵雖較知幾反對態度為肯定，但卻都未能脫離尊崇儒家思想的影響。而章氏則以不同形態表達其天命論的看法，劉鄭皆以歷史事實為根柢發言，而章氏全以哲學口吻論天道。基本上我們未發現其反天命的詞句，但天與道要以人事來彰顯的說法，則與劉鄭兩氏旨趣相

❶《史通釋評·書事》：「夫祥瑞者，所以發揮盛德，幽贊明王。至如鳳皇來儀，嘉禾入獻，秦得若雉，魯獲如麇，求諸《尚書》《春秋》，上下數千載，其可得言者，蓋不過一二而已。爰及近古則不然，凡祥瑞之出，非關理亂，蓋主上所惑，臣下相欺，故德彌少而瑞彌多，政逾劣而祥逾盛。是以桓、靈受祉，比文、景而爲豐；劉、石應符，比曹、馬而益倍。而史官徵其謬說，錄彼邪言，真僞莫分，是非無別。」見頁二七〇—二七一。

同。在這一點上，三氏三書都發展出史學記實與經世淑世的結論。

「時局論」中三氏顯受時代與社會背景的影響。但內容上又略有不同。知幾處於當時時局的不安，主要是來自於朝廷內部上階層的宮廷政爭。即統治階層爭權的矛盾，其中包括李、武集團的鬥爭與因而引發出來的士族與庶族之間的鬥爭，以及武則天讓位後持續發生的韋后與李氏集團的鬥爭，太平公主與睿宗玄宗父子的鬥爭。而鄭樵的時代動蕩不安則來自於外患金朝，導致二帝蒙塵，趙構南遷，是國史上一大變局。而章學誠所處的時代匪亂遍野，社會黑暗，則主要來自下階層的社會因素，這種時局對三氏的影響，相同點在劉氏有〈上應制表〉陳四事、鄭樵有〈投宇文樞密書〉〈投江給事書〉、章氏有上時政書六道，來表達知識份子的使命感，但結果也都一樣：毫無結果。之後，三人皆寄情於史論，知幾求直筆，漁仲求「極古今之變」「通古今夷夏」的會通之道，學誠則韜鋒養愚，為人作嫁修地方志並主講各書院，不敢對當代發任何建言而最後齎志以終。就當時的生活條件而言，劉氏除外，鄭氏與章氏皆極清苦，尤其章氏輾轉流離，似是三氏之尤。

「缺失論」則以時間縱序排列唐宋以後學者對劉鄭兩氏史學的評見，至於言章氏缺失則稍繁，文中分別從人格品質、思想體系、編纂方法糾其缺失，結果發現劉氏史論之失在於苛碎、武斷、自戾；鄭氏之失在於組織不密、言論疏闊；章氏之失在於尊崇《尚書》，美化古代，以上可謂係三氏缺失當中之犖犖大者。而三氏史論之中時有狂語，又是共同特色，尤其章氏最多，可謂大病。除此之外，三氏都遜於考校，致後世學者多所駁難，亦為一致特點。

然其長於立論，成一家之言，則是第四節「影響論」所要肯定的源頭。其論亦採時代先後為序之法，略陳三氏對後世史家史學的影響是多方面的，三氏的貢獻也都是值得肯定的。由此兩節來看，因而可對唐宋以後有關「三書」史學發展的脈絡稍可掌握。

結　論

本書凡分上述五章比較「三書」的史學理論，每章立意均緊扣主旨發論。從「三書」龐雜巨帙的內容中糾出相關的理論，再以比較分析法探索其內蘊的異同優劣，並尋繹出三者之間的內在聯繫。

內文首先進行外緣條件的比較。可分兩方面述之：

㈠時代與社會背景因素：「三書」作者劉知幾、鄭樵、章學誠雖各相隔四五百年左右，但大致都出身在經濟較佳、文風較盛的江南沿海蘇浙閩地區；且其生世大致都無天災人禍，對三人治學而言，可謂先天環境甚佳。但三氏當時的政治環境則都有不安現象，劉氏之唐代主要是來自於朝廷內部上階層的宮廷政爭，其中包括李武集團的鬥爭與因而引發出來的士族與庶族之間的鬥爭，再則即是韋后與李氏集團的鬥爭，與隨之而來的太平公主與睿宗玄宗父子的鬥爭，知幾因應這些世變在處世上開始有「怯進勇退」「守愚養拙」的消極態度，但在撰史上則仍堅持不畏強禦，秉筆直書的精神。其筆鋒所至，往哲時貴皆難脫其批判。鄭樵的時代動盪不安，則來自於外患金朝，二帝蒙塵，趙構南遷，是一大變局，當時他除上宇文樞密與江給事兩書表達其愛國情操之外，也在日後形成其欲「通古今夷夏」的會通思想，而當時社會經濟的崩壞，也使他想「極古今之變」；章學誠所處時代的不安則與劉鄭不同，是來自於下階層的社會因素，當時匪亂遍野，民生凋零，他曾上六道政書以救時弊，可謂其經世思想的實踐。由上知三氏皆具知識分子的使命感，各有策書救時，唯皆位卑言輕，未獲見用。

㈡家庭背景與個人條件因素：三氏都出身於書香門第的上層社會，父祖都有授學進學之實益。其中似以劉氏所受家教最嚴。劉氏讀《古文尚書》，屢逢捶撻時，學誠尚「性絕騃滯，讀書不過三二百言，猶不久識」❶；鄭樵之父，則似仍在太學，並未嚴課督讀其子。故知幾得自於家學淵源者，恐是最多。又因其於「紈綺之年」「總角之時」即已表現近史的天性❷，更是後來「創通全史，胸貯皂白」的最佳資本。相對於知幾而言，學誠要到二十來歲之後，「而於史部之書乍接目，便似夙所攻習然者」❸，已晚知幾十年以上了。至於鄭樵因無現成史料證明其早年即已近史，但從他十六歲以後即「欲讀古人之書，欲通百家之學，欲討六藝之文」觀之❹，則似乎沈潛於學問的興趣要較劉、章兩氏為大。故從天性近史此點來看，其所表現的強弱順序似應排成劉、章、鄭。

另外同輩的兄弟朋友，對三氏治學乃至以後撰史也都有影響。知幾兄弟六人，俱進士及

❶《文史通義·家書六》，頁三六九。
❷《史通通釋·自敍》（上海：古籍出版社，一九七八），頁二八八。
❸《文史通義·家書六》，頁三六九。
❹《夾漈遺稿·獻皇帝書》，頁五一四—五一五。

第，文學知名，其兄弟受學時，確對知幾進學有益。鄭樵則有堂兄鄭厚與其在各方面互相切磋，十分相得。只有章氏既是獨子，又幼年多病，資質愚魯。長大成人之後，知幾在三十歲以後，還有徐堅、朱敬則、劉允濟、薛謙光、吳競、元行沖、裴懷古等道術相知、言議互許的朋友，互相砥礪，於學問人品乃至撰述史著都有助益。以此揆諸鄭章兩氏，似只能謂知幾得天獨厚。

在培植以後撰史的能力方面，知幾因有近二十年的時間留滯原職，未曾易動，故得以在這段期間「公私借書，恣情披閱」，「莫不鑽研穿鑿，盡其利害」❶，而得以完全充分的建立。鄭樵亦自云「三十年著書，十年搜訪圖書」❷；此時的學誠則仍在國子監受學，亦有官方圖書的方便。但論三人在訪書求書所費的工夫，恐要以鄭氏最賣力，他不止要遍覽三館四庫之書，且注意搜求散落民間的藏書；不止「搜盡東南遺書，搜盡古今圖籍，又盡上代之鼎彝與四海之銘碣」❸最後則是「盡見天下之書」。因而他費十年訪書，周遊四方，並求證實學，實非劉章兩氏可比，此點造就其學術氣象亦與劉章兩氏不盡相同。

而三人的基本性格亦頗有類同之處，知幾正直傲岸，不與俗同；鄭樵寧守山林，沖介自

❶《史通釋評．自敘》，頁三三四。

❷《夾漈遺稿．上宰相書》，頁五二一。

❸《夾漈遺稿．獻皇帝書》，頁五一四下。

懷，僻居一隅，幾同棄世；學誠則寧以「韜鋒而倖全」不願「露鍔而遭忌」，但內在則自視甚高，自比珠玉，表裏似不一致，有所衝突，然而卻都放棄與世俗同流，並退而自撰，成就「三書」的不朽名山之業。由上可以看出時代條件的制約，似乎對三氏的史學反而有益，而且也可看出三氏都能善於繼承前代史學成就，繼續發展前進❶。

次就內在條件加以比較，亦可分三方面敍論：

(一)從思想核心比較：

三氏史學思想的深層都向孔子的《春秋》與史遷的《史記》學習，劉知幾的「通識」最後目標在「上窮王道，下掞人倫，總括萬殊，殫其體統」；鄭樵的「會通」目標則在「貫通古今」「會理得道」；章學誠則謂「史以明道」「明道經世」。三氏都講究「通」，名稱上雖有小異，內容上則都認同於春秋一家之學與馬遷的「究天人之際，通古今之變」。通識的觀念，可說是核心的最內層。批判精神亦是三氏共同具有的特色，內容豐富，無以軒輊，只是因三氏所處時代環境不同，而各有所側重而已。劉氏著重在對歷史編纂法的批判及對史館制度的不滿；鄭氏反對災祥天文，以為是妖妄欺人欺天之學；對專事褒貶及當時流行之義理、辭章之學也都進行批判。章氏則反對當時之漢宋之爭，提倡經世濟用，並倡新史體與方

❶ 陳其泰，〈關於史學比較研究的思考〉，《史學史研究》一九八七：三，頁四。

志學以史明道。懷疑精神則屬劉氏最強，鄭章依序次之，劉氏最為有名者在提出〈疑惑〉兩文以五虛美十二未諭疑古，鄭氏以「按語」申其考信訂誤的見解，章氏貢獻則在提出〈闕訪傳〉，但對古事古書尤其三代而言，章氏有時尊美太過而致不能有疑，妨害歷史求真的史意。進步的觀念則是史書的靈魂，劉氏表現在遠略近詳的書法觀念、提倡足以反映時代需要的都邑、氏族、方物三新志及對機祥入史的批判上；鄭氏則申其說於二點：甲、人類的進化；乙、二十略的提出；章氏亦有遠略近詳的書法觀念及人類社會進化的觀點，蓋承受前面二氏而有。

㈡從編撰理論比較：

劉知幾在體例的理論上主張斷代史，鄭樵主通史，章學誠則申鄭揚馬，但不排斥班固的《漢書》，而對班固以下的斷代史則不以為然。其實學誠心目中的理想史裁是通史和本末體，他曾想結合兩者新創史體，可惜未成。

在歷史功用方面而言，三氏都重視直筆論，始可達到垂警訓戒，彰善癉惡的作用，是他們一致的共通點。但鄭氏與劉章兩氏不同點在他刻意注意實學，如宮室器用、金石圖譜、昆蟲草木、莫不引為經世致用之本。尤其因生逢國家民族之大變，其史論主張因而皆與生民休戚有關，此點又是劉章兩氏所未逮。學誠的特點，則在強調博古與通今，而最大貢獻則在倡「六經皆史」為經緯世宙之意，涵意至廣，為其千古名論。另則在纂撰方志，亦求其經世目的，為其他兩氏所無。至於劉氏因其史論最早，故著重在以史為殷鑒，闡揚教化，發揚道德，最後則求通古今明變化，故得為鄭章兩氏所承繼。

在評判史家高低的標準上，劉知幾提出才學識的三長論，章學誠則加上史德，但不以四長另稱。章氏之三長說乃在強調史識應以史德為重，並結合孔子之事、文、義及其義理、辭章、徵實之說，而賦予三長論新內涵，比劉氏之體系更宏大且精緻。

在史文論方面，三氏都主張文士不宜修史。劉氏理由在文士無銓綜之識，章氏以為一般文士無法達到史筆所貴的「陶鑄成文」。鄭樵則以為修史應兼備文才與史才，缺一則不可。鄭氏所論未及另兩氏深入。另則劉氏主史學應脫離文字而獨立，鄭章兩氏之時已無該項問題，至章氏則主張應注意「令史案牘」，因為其中包含經綸政治。至於歷史文筆應當如何？劉氏主直書實錄，章氏則主「史文屈曲而適如其事」恰如其分，章氏較有變化性，劉氏則較具嚴肅性。另章氏專篇講「文德」，則亦為其餘兩氏所無，乃其獨有特色。

(三)從編撰內容與技術比較：

劉氏總結唐前歷史，首度建立史料學理論體系，並以六家二體，科判得失，千古史局竟不能越之。在此之下，始於《史通》內外篇，申論編撰之方法，後來史家多奉為圭臬。鄭樵則以會通觀點改寫前史，重點在改表為譜、改書志為略，又另立載記，著成《通志》，雖未盡善，但在貫通古今，斟酌群言，自為經緯，亦足為一家之學。尤以〈二十略〉最為精華，其中條貫學術，發明義例，可深窺古人著述之心源；藝文校讎，圖譜金石，擴大史學研究範圍；天文地理昆虫草木，結合實踐強調實學，可濟書本知識之窮。章學誠則分別史學為兩大宗門「撰述／圓神／知來」及「記注／方智／藏往」，可謂其非常特識，並在鄭樵〈校讎略〉的基礎，寫成《校讎通義》，提出互著別裁之法，以達「辨章學術，考鏡源流」的目的。至於編修地方之史的方志，更是章氏之絕學，為其他兩氏所無。

由以上三個層次的比較，可使我們對「三書」的認識更加準確而且深刻。廣泛考察「三書」之間的聯繫、對立、繼承、發展等各項側面，都可因比較方法而凸顯三氏史學的異同優劣，以及在史學發展史上的地位。中國古代史學至劉知幾撰《史通》、鄭樵創《通志》、章學誠著《文史通義》，史學始有體系。三人中劉氏不僅對唐前史學進行全面總結的第一人，也是對史學新體系提出建設性意見的第一人，草創之功最大。過四百多年鄭樵出而在劉氏《史通》的一定程度影響下，上承司馬遷的通史家風，力矯班固以來斷代為史的流弊，發憤著述，亦深造自得，獨力完成《通志》二百卷，其內容所涉及範圍則最為廣博；更五百年後至清乾嘉年間，浙東學派集大成者章學誠應時而出，在考証、義理、詞章三派學風的衝擊之下，追溯古今學術的源流，探索文史著作理論，就二千年來我國學術思想體系、文史類例義法，作全面深入的探討，發凡起例，於史學有重大貢獻。他在劉知幾和鄭樵所建立的基礎上，批判吸收，抑揚抉擇，擴大了範圍，提高了認識，其所建立的文史理論層次可謂三氏之中最高的，超越了前人成就❶。

❶ 蘇淵雷，〈劉知幾、鄭樵、章學誠的史學成就及其異同（上）〉，《上海師範大學學報》一九七九：三，頁八〇。

不過三氏史論也並非完全沒有偏失，如劉知幾過份相信《左傳》及王劭的《齊志》，顯然有所偏袒。鄭樵不慊於班氏斷代，故以史遷《史記》與班固《漢書》相比，喻之為龍之於豬；對班書〈地理志〉亦輕詆為「謬舉」，皆賢者之蔽；章學誠在這些地方即不為之曲護，於《校讎通義．補鄭》則多直諒之言。然而學誠本人批評戴東原、汪容甫及袁子才也多不能平心靜氣。這些偏失都已見於第五章第二節。茲處只強調其史論有所偏向，也是三氏的共同點而已。另外，三氏著作雖多，但大都失佚不傳，也是共同處，且其著作當世亦都流傳不廣，須待百數十年後，始漸為人所知。這種現象，恐是三氏在泉下必須同為浩嘆的。至於透過比較法整理出來的研究成果，若能有助於史學界更深刻更正確理解「三書」的精意，則是本書的宏願之一，本書作者切盼在現有的基礎，對「三書」其他的面相（Phase）能有更多同好切入鑽研，取得成果，則應是學術界樂見之事，尤於三書體深用宏，若能取得與近代中外史學理論相接筍，則除宏揚固有史學之外，無疑也更具兼顧學術現實性的目的，則當是筆者三致意焉者，期待同好共勉共成。

參引書目

一、中文部分：以姓氏筆畫排列為序

（一）史料古籍

王充，標點本《論衡》，台北，文星書店集刊本，民國五十四年。
王忠林編譯，《新譯荀子讀本》，台北，三民書局，民國六十一年。
王欽若等，《冊府元龜》，台北，中華書局影明初刻本，民國五十六年。
王溥等，《唐會要》，台北，商務印書館，國學基本叢書，民國五十七年，台一版。
王鳴盛，《十七史商榷》，台北，大化書局，民國六十六年。
王應麟，《玉海》，台北，華文書局景印，民國五十三年。
——，《困學紀聞》，台北，商務印書館，民國七十二年。
永瑢等，《四庫全書總目》，台北，台灣藝文印書館，民國七十八年。
司馬遷，《史記》，台北，鼎文書局，民國七十五年，三版。
全祖望，《鮚埼亭集》，台灣商務印書館，民國五十七年。
朱彝尊，《曝書亭集》，台灣商務印書館，民國五十七年。
——，《經義考》，台灣商務印書館，民國七十二年。
李心傳，《建炎以來繫年要錄》，台灣商務印書館，景印文淵閣四庫全書本，民國七十二年。

李昉等，《文苑英華》，台北，華文書局，民國五十六年。

李慈銘，《越縵堂讀書記》，台北，世界書局，民國六十四年。

杜佑，《通典》，北京，中華書局，標點本，一九八八。

杭世駿，《諸史然疑》，台灣商務印書館，景印文淵閣四庫全書本，民國七十二年。

長孫無忌等，《隋書經籍志》，台灣藝文印書館，百部叢書，民國五十五年。

紀昀，《史通削繁》，台北，廣文書局，民國五十二年；台南，金川出版社，標點本，民國六十七年。

胡應麟，《少室山房筆叢》，台灣商務印書館，景印文淵閣四庫全書本，民國七十二年。

畢沅編著，《續資治通鑑》，北京，中華書局，一九五七至一九七九。

徐松，《登科記考》，北京，中華書局，一九八四。

徐堅，《初學記》，台北，新興書局景印，民國五十五年。

馬端臨，《文獻通考》，台北，新興書局景本，民國四十八年。

晁公武，《郡齋讀書志》，台北，商務印書館，民國五十七年，台一版。

崔述之，《考信錄》，台北，商務印書館，民國五十七年。

章宗源，《隋書經籍志考證》，《二十五史補編》，台北，開明書店，民國四十八年。

班固，《漢書》，台北，鼎文書局，民國七十年。

脫脫，《宋史》，台北，鼎文書局，民國六十八年。
莊季裕，《雞肋編》，台灣商務印書館，景印文淵閣四庫全書本，民國七十二年。
黃宗羲，《明儒學案》，台北，華世出版社，民國七十六年，台一版。
章學誠，《章氏遺書》，台北，漢聲出版社，民國六十二年；北京，文物出版社，一九八五。
————，《文史通義》新編本，台北，華世出版社，民國六十九年。
————，葉瑛校注，《文史通義校注》，北京，中華書局，一九八三。
陳邦瞻，《宋史紀事本末》，台北，三民書局，民國四十六年。
焦竑，《焦氏筆乘》，上海古籍出版社，一九八六。
董誥等，《欽定全唐文》，台北，啟文書局景清刊本，民國五十年。
趙翼，《廿二史劄記》，台北，世界書局，民國七十七年，十版。
劉知幾，浦起龍釋，《史通通釋》，上海，古籍出版社，一九七八。
————，呂思勉評，《史通釋評》，台北，華世出版社，民國七十年。
————張振珮箋注，《史通箋注》上下冊，貴州，人民出版社，一九八五。
————，趙呂甫注，《史通新校注》，四川，重慶出版社，一九九〇。
劉昫等，《舊唐書》，台北，鼎文書局，民國六十七年。
劉壎，《隱居通議》，台灣商務印書館，四庫全書本，民國七十二年重刊。

劉勰，黃叔琳注，《文心雕龍注》，台北，世界書局，民國六十一年。
歐陽修等，《新唐書》，台北，鼎文書局，民國六十八年。
鄭樵，《通志略》，台北，里仁書局，民國七十一年。
———，《通志》，台北，新興書局，民國五十四年。
———，《夾漈遺稿》，台北，商務印書館，景印文淵閣四庫全書本，民國七十二年，重刊。
———，《六經奧論》，台北，商務印書館，民國七十二年重刊本。
———，《爾雅注》，台北，商務印書館，民國七十二年重刊本。
———，王樹民點校，《通志二十略》，北京，中華書局，一九九五。
錢大昕，《廿二史考異》，台北，樂天出版社，民國六十年。
———，《十駕齋養新錄》，台北，世界書局，民國六十六年，再版。
———，《潛研堂文集》，台北，商務印書館，民國五十七年。
錢大昭，《漢書辨疑》，台北，商務印書館，民國二十五年。
盧文弨，《史通校正》，《群書拾補初篇》，台灣藝文印書館，百部叢書，民國五十五年。
戴震，《戴東原集》，台灣商務印書館，民國五十七年。
魏徵等，《隋書》，台北，鼎文書局，民國六十五年。
蘇軾，《東坡志林》，台北，商務印書館，民國五十四年。

顧炎武，《日知錄》，台北，明倫出版社，景印粹文堂本，民國四十七年。
龔自珍，《龔自珍全集》，台北，河洛圖書出版社，民國六十四年。

（二）近人專著

尹達主編，《中國史學發展史》，河南，中州古籍出版社，一九八五。
王爾敏，《史學方法》，台北，東華書局，民國六十六年。
甲凱，《史學通論》，台北，學生書局，民國七十四年。
白壽彝，《中國史學史》一，上海，人民出版社，一九八六。
田鳳台，《古籍重要目錄書析論》，台北，黎明文化事業公司，民國七十九年。
朱希祖，《中國史學通論》，台北，莊嚴出版社，民國六十六年。
全漢昇，《中國經濟史研究》，香港，新亞研究所，一九七六。
李弘祺編，《史學與史學方法論集》，台北，食貨月刊社，民國七十年。
——著，《讀史的樂趣》，台北，允晨出版社，民國八十年。
李宗侗，《中國史學史》，中華文化出版事業委員會出版，民國四十二年。
——，《史學概要》，台北，正中書局，民國五十七年。
李宗鄴，《中國歷史要籍介紹》，上海，古籍出版社，一九八二。
何炳松，《何炳松論文集》，北京，商務印書館，一九九〇。
呂思勉、何炳松，《歷史研究法兩種》，台北，華世出版社，民國六十三年。

呂思勉，《史通評》，台北，商務印書館，民國六十年，台二版。
——，《呂思勉讀史札記》下，上海，古籍出版社，一九八二。
余英時，《歷史與思想》，台北，聯經出版事業公司，民國六十五年。
——，《論戴震與章學誠》，台北，華世出版社，民國六十九年，台二版。
——，《史學與傳統》，台北，時報文化公司，民國七十一年。
余嘉錫，《目錄學發微》，台北，藝文印書館，民國六十三年重印。
——，《余嘉錫論學雜著》，台北，河洛出版社，民國六十五年。
——，《四庫提要辨證》，北京，中華書局，民國六十九年。
杜正勝編，《中國上古史論文選集》，台北，華世出版社，民國六十八年。
杜維運，《清代的史學與史家》，台大文史叢刊，民國五十一年。
——等編，《中國史學史論文選集》共三冊，台北，華世出版社，民國六十八年。
——，《史學方法論》，台北，華世出版社，民國六十八年。
——等編，《史學方法論文選集》，台北，華世出版社，民國六十八年。
——，《聽濤集》，台北，弘文館出版社，民國七十四年。
——，《中西古代史學比較》，台北，東大圖書公司，民國七十七年。
吳澤主編，《中國史學史論文集》一、二冊，上海，人民出版社，一九七九。
吳澤、楊翼驤主編，《中國歷史大辭典・史學史卷》，上海辭書出版社，一九八三。

吳天任，《章實齋的史學》，台灣商務印書館，民國六十八年。

——，《國史治要》，台灣商務印書館，民國七十九年。

吳懷祺，《鄭樵文集附年譜稿》，北京，書目文獻出版社，一九九二。

林時民，《劉知幾史通之研究》，台北，文史哲出版社，民國七十六年。

金靜庵，《中國史學史》，台北，鼎文書局，民國六十三年排印本。

施丁，《中國史學簡史》，河南，中州古籍出版社，一九八七。

洪業，《洪業論學集》，台北，明文書局，民國七十年。

范達人等，《比較史學》，長沙，湖南出版社，一九九一。

胡楚生，《清代學術史》，台北，學生書局，民國七十七年。

胡適著，姚名達訂補，《章實齋先生年譜》，台灣商務印書館，民國六十二年，台二版。

柯靈烏原著，黃宣範譯，《歷史的理念》，台北，聯經出版事業公司，民國七十年。

柴德賡，《史學叢考》，北京，中華書局，一九八二。

倉修良，《方志學通論》，山東，齊魯書社，一九九〇。

——，《章學誠評傳》，廣西教育出版社，一九九六。

黃玉石，《鄭樵傳》，北京，中國青年出版社，一九八九。

陳光崇，《中國史學史論叢》，遼寧，人民出版社，一九八四。

許冠三，《劉知幾的實錄史學》，香港，中文大學出版社，一九八三。

許凌雲，《讀史入門》，北京出版社，一九八九年修訂本。

————，《劉知幾評傳》，南京大學出版社，一九九四。

喬衍琯，《文史通義：史筆與文心》，台北，時報出版公司，中國歷代經典寶庫本，民國七十六年。

梁啟超，《中國歷史研究法附補編》，台灣中華書局，民國六十二年，台十版。

————，《中國近三百年學術史》，台北，華正書局，民國六十三年，台一版。

————，《清代學術概論》，台灣中華書局，民國七十八年。

黃雲眉編，《清邵二雲先生晉涵年譜》，台灣商務印書館，民國七十一年。

黃雲眉，《史學雜稿訂存》，山東，齊魯書社，一九八〇。

————，《中國史志論叢》，浙江，人民出版社，一九八六。

張三夕，《批判史學的批判—劉知幾及其史通研究》，台北，文津出版社，民國八十一年。

張孟倫，《中國史學史》，甘肅，人民出版社，上冊，一九八三；下冊，一九八六。

張舜徽，《中國古代史籍校讀法》，台北，地平線出版社，民國六十一年。

————，《史學三書平議》，北京，中華書局，一九八三。

————，《中國文獻學》，台北，木鐸出版社，民國七十二年。

————，《中國歷史文獻研究》，武昌，華中師範大學出版社，一九八六。

章太炎，《國學略說》，台北，復文圖書出版社，民國七十三年。

程千帆，《史通箋記》，北京，中華書局，一九八〇。
傅振倫，《劉知幾年譜》，台灣商務印書館，民國五十六年；北京，中華書局，一九六三。
——，《唐劉子玄先生知幾年譜》，台灣商務印書館，新編中國名人年譜集成第十七輯，民國七十一年。
楊伯峻，《經書淺談》，台北，國文天地雜誌社，民國七十八年。
楊燕起等編，《中國歷史文獻學》，北京，書目文獻社，一九八九。
榮孟源，《史料與歷史學》，北京，人民出版社，一九八七。
劉節，《中國史學史稿》，河南，中州書畫社，一九八二。
鄭奮鵬，《鄭樵的校讎目錄學》，台北，學海出版社，民國七十二年。
錢穆，《中國近三百年學術史》，上海，商務印書館，一九四八，三版。
——，《兩漢經學今古文平議》，香港，新亞研究所，一九五八。
——，《中國史學名著》①②，台北，三民書局，民國六十二年。
瞿林東，《唐代史學論稿》，北京師範大學出版社，一九八九。
闞勛吾主編，《中國古代史學家傳記選注》，長沙，岳麓書社，一九八四。
羅思美，《章實齋文學理論研究》，台北，學生書局，民國六十五年。
羅孟禎編著，《古典文獻學》，重慶出版社，一九八九。
饒宗頤，《中國史學上之正統論》，台北，宗青圖書公司，民國六十八年。

顧立三，《左傳與國語之比較研究》，台北，文史哲出版社，民國七十二年。

（三）論文期刊

㈠學位論文

王明妮，《史通修史觀述評》，輔仁大學中文所碩士論文，未刊，民國七十一年。

白安理，《西方漢學家研究文史通義的商兌》，台灣大學中文所博士論文，未刊，民國七十二年。

宋家復，《章學誠的歷史構想與比較研究》，台灣大學歷史所碩士論文，未刊，民國八十一年。

呂敏慧，《章學誠方志學研究》，台灣大學中文所碩士論文，未刊，民國八十四年。

林釗誠，《清章實齋六經皆史說研究》，高雄師範大學國文所碩士論文，未刊，民國七十三年。

施人豪，《鄭樵文字說之商榷》，政治大學中文所碩士論文，未刊，民國六十三年。

洪金進，《章實齋之方志學說》，高雄師範大學國文所碩士論文，未刊，民國六十八年。

崔京玉，《鄭樵通志之研究》，台灣大學歷史所碩士論文，未刊，民國七十六年。

彭雅玲，《史通的歷史敍述理論》，政治大學中文所碩士論文，民國七十九年，已刊。

楊志遠，《章實齋史學思想之研究》，東海大學史研所碩士論文，未刊，民國八十一年。

鄭吉雄，《義理、經史與經世—清代浙東學者的學術思想》，台灣大學中文所碩士論文，未刊，民國七十九年。
鄭喜夫，《鄭樵《通志·氏族略》研究》，中興大學歷史所碩士論文，未刊，民國八十四年。

㈡一般論文

王克明，〈章學誠先生的學術思想概述〉，《致理學報》第二期，民國七十一年。
王春南，〈劉知幾政治傾向及其對《史通》的影響〉，《江蘇史論考》，江蘇古籍出版社，一九八九。
王長奇，〈章學誠史義論探微〉，《吉林師範大學學報（哲社版）》一九九〇：二。
王重民，〈論章學誠的目錄學〉，《光明日報》一九六三年七月十七日。
王建輝，〈史學史與史學理論〉，《歷史教學》一九九〇：四。
王義良，〈章實齋的文德論〉，《中華文化復興月刊》十六：五，民國七十五年。
王樹民，〈從通志略看鄭樵的學術成就〉，《江淮論壇》一九八八：三。
王樹槐，〈研究歷史應否運用道德的裁判〉，《思與言》四：五，民國五十六年。
牛致功，〈劉知幾的修史主張〉，《唐史論叢》第四輯，西安，三秦出版社，一九八八。
——，〈劉知幾的治史態度和史學思想〉，《隋唐人物述評》，陝西師範大學出版社，一九八九。

甲凱，〈劉知幾與章學誠〉，《東方雜誌》復刊八：三，民國六十三年。
——，〈史法與史意〉，《輔大人文學報》第六期，民國六十六年。
——，〈歷史評論與歷史精神〉，《中華文化復興月刊》十一：七，民國六十七年。
白壽彝，〈劉知幾的史學〉，《北京師範大學學報》一九五九：五。
——，〈鄭樵對劉知幾史學的發展〉，《廈門大學學報：社科版》一九六三：四。
皮錫瑞，〈史通惑經篇書後〉，《師伏堂駢文》後編卷二。
代繼華，〈中國古代史學家對歷史變化的認識〉，《重慶師院學報哲社版》一九九七：一。
李泉，〈史學便是史料學淵源得失論—傅斯年史學思想論稿之一〉，《聊城師院學報：哲社版》一九九一：三。
李少雍，〈唐初史傳文學的成就〉，《文學遺產》一九八九：四。
——，〈劉知幾與古文運動〉，《文學評論》一九九〇：一。
李弘祺，〈近代西洋史之發展〉，《思與言》十五：四、五，民國六十六年十一月、六十七年一月。
李昭恂，〈鄭樵對文獻學的貢獻〉，《文獻》第七期，一九八一。
——，〈試論鄭樵的會通思想〉，《史學集刊》二十二期，一九八六。
李秋沅，〈史通的求實精神〉，《史學史研究》一九八八：二。
李紀祥，〈五十年來台灣地區《史通》研究之回顧〉，《五十年來台灣的歷史學研究之回顧研討會》論文稿，民國八十四年。

宗廷虎，〈劉知幾的修辭觀〉，《揚州師院學報》一九八八：二。

阮芝生，〈試論司馬遷所說的「通古今之變」〉，《沈剛伯先生八秩榮慶論文集》，民國六十五年。

余英時，〈章學誠文史校讎考論〉，《中央研究院歷史語言研究所集刊》第六十四本，第一分，民國八十二年三月。

何敦鏵，〈鄭樵史學思想及其對史學的貢獻〉，《史學月刊》一九八七：三。

祁龍威，〈乾嘉史學初探〉，《中國史學史論集》，上海，人民出版社，一九七九。

杜維運，〈比較史學的困境〉，《第三屆史學史國際研討會論文集》，台中，國立中興大學歷史系，民國八十年。

但燾，〈解惑篇〉，《國史館館刊》一：二，民國五十八年影印初版。

吳天任，〈劉知幾與鄭樵史學之探討〉，《東方雜誌》復刊二二：九，民國七十八年。

吳文治，〈劉知幾史通的史傳文學理論〉，《江漢論壇》一九八二：二。

吳懷祺，〈鄭樵與景韋兄投宇文樞密書校補〉，《史學史研究》一九八二：一。

────，〈通志的史學批評〉，《史學史研究》一九八八：四。

────，〈鄭樵的史學思想〉，《史學史研究》一九八三：二。

────，〈史學思想與史學史研究〉，《史學史研究》一九八六：二。

——，〈鄭樵在歷史編纂學上的成就〉，《史學史研究》一九八一：四。

——，〈略談鄭樵的政治態度〉，《福建論壇（文史哲版）》一九八四：三。

——，〈章學誠的易學與史學〉，《史學史研究》一九九七：三。

孟慶順，〈歷史比較方法的功能〉，《史學史研究》，一九八六：三。

周一良，〈魏收之史學〉，《燕京學報》第十八期，民國二十四年。

周品瑛，〈劉知幾年譜〉，《東方雜誌》三一：一九，民國二十三年。

周啟榮等，〈學術經世：章學誠之文史論與經世思想〉，《近世中國經世思想研討會論文集》，台北，中央研究院近史所，民國七十四年。

——，〈史學經世：試論章學誠《文史通義》獨缺〈春秋教〉的問題〉，《國立台灣師範大學歷史學報》第十八期，民國七十九年。

周朝民，〈傅斯年的「史學便是史料學」觀點評析〉，《中國文化月刊》一五三期。

金毓黻，〈論史通之淵源及其流別〉，《制言》五四，民國二十八年。

邱添生，〈劉知幾的史通與史學〉，《國立台灣師範大學歷史學報》第九期，民國七十年。

施丁，〈說通〉，《史學史研究》一九八九：二。

——，〈章學誠的史學思想〉，《史學史研究》一九八一：三。

——，〈中國史學經世思想的傳統〉，《史學史研究》一九九一：四。

侯外廬，〈論劉知幾的學術思想〉，《歷史研究》一九六一：二。

———，〈章學誠的思想〉，《中國思想通史》第五卷，北京，人民出版社，一九五九。

胡成，〈論「義理」在當今史學中的意義及評估原則〉，《中國史研究》一九九二：二。

胡逢祥，〈史學的經世作用和科學性〉，《探索與爭鳴》一九九二：二。

胡楚生，〈章學誠與邵晉涵之交誼及論學〉，《文史學報》（中學大學）第十五期，民國七十四年。

洪業，〈史通點煩篇臆補〉，《燕京大學史學年報》二：二，民國二十四年。

———，〈「韋弦」「愼所好」兩賦非劉知幾所作辨〉，《中央研究院史語所集刊》第二十八本，下冊，民國四十六年。

洪煥春，〈南宋方志學家的主要成就和方志學的形成〉，《史學史研究》一九八六：四。

范達人，〈當代比較史學論綱〉，《史學理論》一九八九：二。

姜勝利，〈劉、章史識論及其相互關係〉，《史學史研究》一九八三：三。

姚軍毅，〈歷史決定論革命變革的樞機〉，《江西社會科學》一九九二：一。

高明士，〈唐代學制之淵源及其演變〉，《國立台灣大學歷史學系學報》第四期，民國六十六年。

孫欽善，〈劉知幾在古文獻學上的成就〉，《文獻》一九八八：四。

———，〈章學誠的古文獻學思想和成就〉，《北京大學學報（哲社版）》一九八九：五。

徐復觀，〈論史記〉，《大陸雜誌》五五：五、六，民國六十六年。

夏敬觀，〈讀劉知幾史通書後一—十二〉，《國史館館刊》一：一—四，一九四七、十二；一九四八、三；一九四八、八；一九四八、十一。
宮廷章，〈劉知幾史通之文學概論〉，《師大月刊》第二期，民國二十二年。
倉修良，〈鄭樵和通志〉，《杭州大學學報》，一九八〇：四。
——，〈章學誠與浙東史學〉，《中國史研究》一九八一：一。
——，〈史德史識辨〉，《中華文史論叢》一九七九年第三輯。
黃仁宇，〈從三言看晚明商人〉，《放寬歷史的視界》，台北，允晨出版社，民國七十七年。
黃兆強，〈同時代人論述章學誠及相關問題之編年研究〉，《東吳文史學報》第九期，民國八十年。
——，〈六十五年來之章學誠研究〉，《東吳文史學報》第六期，民國七十七年。
張灝，〈宋明以來儒家經世思想試釋〉，《近世中國經世思想研討會論文集》，台北，中央研究院近史所，民國七十三年。
張三夕，〈取精用宏鉤深致遠〉，《史學史研究》一九八七：一。
張文建，〈論傳統史學方法〉，《中國史研究》一九九二：二。
張玉法，〈淺論比較歷史〉，《歷史學新領域》，台北，聯經出版事業公司，民國六十七年。

張其昀，〈劉知幾與章實齋之史學〉，《學衡》第五期，民國十一年。
張哲郎，〈道德判斷與歷史研究〉，《中西史學史研討會論文集》，台中，中興大學歷史系，民國七十五年。
張振珮，〈劉知幾史學理論初探〉，《貴州文史叢刊》一九八六：三。
張廣智，〈關於深化西方史學研究的斷想〉，《社會科學》一九九二：三。
張榮芳，〈唐代史學史研究的回顧與檢討〉，《東海學報》三二卷，民國八十年。
張艷國等，〈論歷史評價與道德評價〉，《東岳論叢》一九九二：三。
陳其泰，〈《文史通義》傳統史學後期的理論探索〉，《史學史研究》一九八八：三。
——，〈關於史學比較研究的思考〉，《史學史研究》一九八七：三。
陳秉才，〈論劉知幾的史學思想〉，《中國史研究》一九七九：四
陳寅恪，〈天師道與濱海地域之關係〉，《中央研究院史語所集刊》三本四分，民國二十二年。
陳漢章，〈史通補釋〉，《史學雜誌》第一、二卷。
符定波，〈《史通》與《論衡》比較研究〉，《中國歷史文獻研究（一）》，武昌，華中師範大學出版社，一九八六。
許倬雲，〈說史德〉，《求古編》，台北，聯經出版事業公司，民國七十一年。
許凌雲，〈劉知幾的史料學思想〉，《史學史研究》一九九〇：二。

———，〈劉知幾關於史漢體例的評論〉，《史學史研究》一九八五：四。
———等，〈《文史通義》的著述宗旨〉，《史學史研究》一九九〇：四。
———，〈朱敬則的史學思想〉，《史學史研究》一九八七：四。
盛俊，〈鄭樵傳〉，《新民叢報》二卷第四二、四三號合訂本，一九〇三。
婁曾泉，〈鄭樵〉，《中國史學家評傳》中冊，河南，中州，古籍出版社，一九八五。
———，〈跋鄭樵的四篇佚文〉，《史學史研究》一九八一：一。
莊萬壽，〈史通著錄版本源流考〉，《中國學術年刊》九，民國七十六年。
———，〈劉知幾的實錄言語觀〉，《第二屆唐代文化研討會論文集》，民國八十四年。
温公頤，〈劉知幾的論證邏輯〉，《中國中古邏輯史》，上海，人民出版社，一九八九。
傅振倫，〈劉知幾之生平〉，《學文雜誌》一：四，民國二十年。
———，〈中國史籍分類之沿革及其得失〉，《圖書館學季刊》四：三、四。
———，〈整理中國史籍之必要及其方法〉，《學文雜誌》一：一，民國二十年。
———，〈鄭漁仲之史學〉，《中法大學月刊》五：五，民國二十三年。
———，〈章學誠在史學上的貢獻〉，《史學月刊》一九六四：九。
傅斯年，〈歷史語言研究所工作之旨趣〉，《中研院史語所集刊》第一本第一分，民國十七年。
彭雅玲，〈史通的歷史語言觀及其限制〉，《第二屆唐代文化研討會論文集》，民國八十四年。

年。

曾貽芬，〈鄭樵在文獻學方面的成就〉，《史學史研究》一九九三：一。

曾慶豹，〈章學誠「道」的歷史哲學初探〉，《哲學與文化》一六：一二，民國七十八年。

曾慶鑒，〈略論劉知幾的史學成就〉，《史學史研究》一九八一：二。

逯耀東，〈從隋書經籍志史部的形成論魏晉史學轉變的歷程〉，《食貨月刊》十：四。

——，〈經史分途與史學評論的萌芽〉，《大陸雜誌》七一：六，民國七十四年。

——，〈史通疑古、惑經篇形成的背景〉，《當代》第一期，民國七十六年。

楊明照，〈史通通釋補〉，《燕京大學文學年報》第六期，民國二十九年。

楊海軍，〈傅斯年與史料學派〉，《聊城師院學報：哲社版》一九九一：四。

楊緒敏，〈從劉知幾的詩賦看其處世思想及為人〉，《徐州師範學院學報：哲社版》一九九〇：四。

——，〈論《史通》的流傳及其對後世史學理論的影響〉，同右則學報一九九二：一。

——，〈《史通》與《文心雕龍》的比較研究〉，《黃淮學刊：社科版》一九八九：四。

楊翼驤，〈劉知幾與史通〉，《歷史教學》一九六三：七、八。

喬治忠，〈章學誠方志學理論的形成和發展〉，《史學史研究》一九八六：三。

——，〈《史通》編撰問題辯正〉，《中國歷史文獻研究（一）》，武昌，華中師範大學出版社，一九八六。

董淮平，〈章學誠與柯林武德史學思想比較散論〉，《四川大學學報（哲社版）》一九九二：一。

路新生，〈章學誠思想體系中的消極面〉，《華東師範大學學報：哲社版》一九九二：五。

雷家驥，〈唐前期國史官修體制的演變〉，《東吳文史學報》第七期，民國七十八年。

——，〈從劉知幾「明鏡說」析論傳統史學理念的一個模式〉，《東吳文史學報》九，民國八十年。

廈門大學鄭樵研究小組，〈鄭樵史學初探〉，《中國史學史論集》，一九七九。

趙英，〈《史通》新論〉，《內蒙古大學學報：哲社版》一九九二：二。

趙俊，〈劉知幾對史學批評的反思〉，《遼寧大學學報》一九九一：四。

——，〈《史通》方法論〉，《華東師範大學學報》一九八八：三。

——，〈《史通》中所見之史學批評範疇〉，《江漢論壇》一九九二：八。

翦伯贊，〈論劉知幾的史學〉，《中山文化季刊》二：二，一九四五。

蔣祖怡，〈劉知幾史通與劉勰文心雕龍〉，《文心雕龍論叢》，上海，古籍出版社，一九八五。

蔣家驊，〈略論魏晉至唐初史學的共同特點〉，《中國歷史文獻研究》，一九八八。

劉漢屏，〈章學誠〉，《中國史學家評傳》中冊，中州，古籍出版社，一九八五。

——，〈章學誠是清中葉啟蒙思想家的前驅〉，《史學月刊》一九八四：一。

鄭志明，〈史通在中國文學上的價值〉，《孔孟月刊》二三：二，民國七十四年。
錢亞新，〈論鄭樵的博學多聞和創新精神〉，《南京大學學報》一九八七：三。
閻沁恒，〈劉知幾的疑古惑經說與歷史的求真〉，《中央研究院國際漢學會議論文集》，民國七十年。
盧南喬，〈劉知幾的史學思想和他對于傳統正統史學的鬥爭〉，《文史哲》一九六一：一。
蔡國相，〈史通所體相的文論思想〉《錦州師院學報》一九九〇：二。
臧世俊，〈鄭樵的實學思想和批判創新精神〉，《河北學刊》一九九二：三。
繆全吉，〈章學誠議立志（乘）科的經世思想探索〉，《近世中國經世思想研討會論文集》，台北，中央研究院近史所，民國七十四年。
謝貴安，〈司馬遷與鄭樵的比較研究〉，《華中師範大學學報：哲社版》一九九〇：四。
瞿林東，〈史法與史意〉，《文史知識》一九九一：四。
——，〈讀史通札記〉，《史學史研究》一九八二：二。
——：〈試論漢唐史學中的家學傳統〉，《遼寧大學學報》一九八一：二。
羅常培，〈史通增釋序〉，《圖書季刊》新五：四。
——，〈通志七音略研究〉，《中央研究院》史語所集刊第五本第四分，民國二十四年。
蘇淵雷，〈劉知幾、鄭樵、章學誠的史學成就及其異同〉，《上海師範大學學報》一九七九：四、一九八〇：二。

蘇慶彬，〈章實齋史學溯源〉，《新亞學報》八：二，一九六八。
顧志華，〈鄭樵校讎略在歷史文獻學上的價值〉，《華中師院學報》一九八四：一。
顧頡剛，〈鄭樵傳〉《國學季刊》一：二，民國十二年。
——，〈鄭樵著述考〉，《國學季刊》一：一及一：二，民國十二年。
龔鵬程，〈史通析微〉，《幼獅學誌》二〇：四，民國七十八年。
——，〈文史之儒：章實齋〉，《淡江大學中文學報》創刊號，民國八十一年。

二、日文部分

三田村泰助，〈章學誠の「史學」の立場〉，《東洋史研究》十二：一，一九五二。
大濱皓，《中國、歷史、運命—史記と史通》，東京，勁草書房，一九七五。
內山俊彥，〈劉知幾の史學思想〉，《日本中國學報》第二十三集，十九七一。
內藤戊申，〈鄭樵の史論に就て〉，《東洋史研究》二：一。
——，〈劉知幾の史論に就て〉，《東洋史研究》二：二。
內藤湖南，《支那史學史》東京，弘文堂，一九四九。
井貫軍二，〈劉知幾の史才三長に就い〇〉，《史學研究》十一：三、四。
井邊一家，〈章學誠の方志學〉，《史淵》五，一九三二。
田中萃一郎，〈劉知幾の歷史研究法〉，《田中萃一郎史學論文集》，東京，三田史學會，一九三二。
江口尚純，〈「六經奧論」疑義〉，《中國古典研究》第三十六號，一九九一。
西脇常記，〈劉知幾—史評者の立場—〉，《人文》第×××集，京都大學教養部，一九八四。
——譯註，《史通內篇》，東海大學出版會，一九八九。
貝塚茂樹，〈中國史學理論の特質—劉知幾の史通を中心として〉，《貝塚茂樹著作集》第七卷《中國の史學》，東京，中央公論社，一九七七。

岩井忠彥，〈中國の史學と時間の觀念—史通の場合〉，《歷史教育》第十七卷第七號。
——，〈「史通」の思想的立場について〉，《兵庫縣社會科學研究會誌》第十六號，一九六九。
岡崎文夫，〈章學誠の史學大要〉，《史學研究》第二卷，一九三一。
——，〈章學誠—其人と其學〉，《東洋史研究》八：一，一九四三。
島田虔次，〈歷史的理性批判—「六經皆史」の說〉，《哲學IV—歷史の哲學》，岩波書店，岩波講座第十八分冊。
河田悌一，〈清代學術の一側面—朱筠、邵晉涵、洪亮吉そして章學誠—〉，《東方學》第五十七輯。
——，〈乾嘉の士大夫と考證學〉，《東洋史研究》四二：四。
室賀信夫，〈章學誠とその方志學〉，《地理論叢》七，東京，古今書院。
高田淳，〈章學誠の史學思想について〉，《東洋學報》四七：一，一九六四。
高橋武雄，〈中國における普遍史論の一展開〉，《史學研究》一一，一九五二。
宮崎市定，〈章學誠の文章論〉，《宮崎市定全集》第十四冊，東京，岩波書店。
鈴木啟造，〈《史通》の勸善懲惡論〉，《歷史における民眾と文化—酒井忠夫先生古稀祝賀記念論集》，東京，國書刊行會，一九八二。
福島正，〈『史通』疑古篇論考〉，《中國思想史研究—湯淺幸孫教授退官記念論集》第四號，京都大學，一九八一。

榎一雄，〈史通の成立について〉，《國學院雑誌》七七：三，一九七六。又收於《人文》第三十集，京都大學，一九八四。

稲葉一郎，〈史通淺説—唐代史官の史學理論〉，《東洋史研究》二二：二。

———，〈中唐における新儒學運動の一考察—劉知幾經書批判と啖助、趙匡、陸淳の春秋學〉，《中國中世史研究》，日本，東海大學出版會，一九七〇。

———，〈『史通』の成立—その文獻學的考察〉，《關西學院創立百周年文學部記念論文集》，平成元年。

豬飼敬所，《史通通釋補正》，日本，皇都書房，一九二七。

藤井清，〈鄭樵の史學思想〉，《史學研究》第六集，一九五一。

三、西文部分

一.Books:

1.W.G. Beasley & E.G. Pulleyblank. eds., *Historians of China and Japan*(London: Oxford University Press ,1961)

2.P.T. Ho,*The Ladder of Success in Imperial China-Aspects of Social Mobility1368-1911*,N. Y: Columbia U. P, 1962. 台北，宗青圖書出版公司景印，1978.

3.D.S. Nivison,*The Life and Thought of Chang Hsueh-Ch'eng (1738-1801)*，台北，虹橋書局翻印本，1973.

二.Articles:

1.William Hung," A Bibliographical Controversy at the T'ang Court A.D. 719" in *Harvard Journal of Asiatic Studies (1957)*,pp. 74-134.

2.——,"The T'ang Bureau of Historiography before 708" in *HJAS* 23(1960-1961),pp. 93-107.

3.——,"A T'ang Historiographer's Letter of Resignation" in *HJAS* vol 29 Nol(1969),pp.5-52.

4.P. Demieville, "Chang Hsueh-Ch'eng and his Historiography" in W.G. Beasley &E.G. Pulleyblank, eds., *Historians of China and Japan.* pp. 167-185.

附錄：三書作者學行編年簡表

歲數／人物	劉知幾（661-721）	鄭樵（1104-1162）	章學誠（1738-1801）
一	唐高宗龍朔元年（661）生	北宋徽宗崇寧三年（1104）三月三十甲申生	清乾隆三年（1738）生友任別生於興化，師朱筠十歲，戴震十六歲。
一一	唐高宗咸亨二年（671）父藏器授以《春秋左氏傳》，期年講誦都畢。		
一二	唐高宗咸亨三年（672）讀《左傳》畢，繼觀餘部。許敬宗卒。		
一三	唐高宗咸亨四年（673）上詔劉仁軌等改修許敬宗等所記國史，知幾續讀諸史。		
一四			乾隆十六年（1751）與俞氏婚，四子書尚未卒業。
一六		徽宗宣和元年（1119）父國器由太學回，病死蘇州，樵盛夏徒步護喪還鄉，後居越王山下，開始草堂求學，專心讀書，生活極爲清苦。	乾隆十八年（1753）知識漸通，好泛覽，性情已近史學。

一七	唐高宗儀鳳二年（677） 自十二歲後，治讀《史》《漢》《三國志》，以迄《唐朝實錄》，旁治古今沿革、曆數。至是觀覽略遍，然求仕進，未暇專心向史。		乾隆十九年（1754） 秋冬間購得《韓文考異》，雖未盡解，愛好不忍釋手。
二〇	唐高宗永隆元年（680） 舉進士。授獲嘉縣主簿（正九品下），由是公私借書，恣情披閱，除正史外，兼及雜記小說，辨其異同，盡其利害。至聖曆二年（699），始至京都任右補闕及定王府倉曹。		乾隆二十二年（1757） 購得吳注《庾開府集》，受其父教示，此後觀書，遂能別出意見，不爲訓詁牢籠，雖時有鹵莽之弊，而古人大體乃實有所窺。氏曾自言：二十歲以前，性絕騃滯，二十一、二後駸駸向長，縱覽群書，而史部之書乍接於目，便似夙所攻習然者。
二三	唐高宗弘道元年（683） 職官同前，是年十二月高宗崩	欽宗靖康元年（1126） 樵〈樂府四怨〉成，唯殘缺不全。樵始游名山大川，搜奇訪古，遇藏書家必借讀。	乾隆二十五年（1760） 始出遊，後至北京應順天鄉試，未中。

二四	唐中宗嗣空元年（684）武后廢中宗，立豫王旦爲皇帝，居於別殿，是爲睿宗。武后臨朝稱制。知幾獲嘉主簿如故。	欽宗靖康二年（1127）春，靖康之難。北宋亡。與堂兄鄭厚寫〈投宇文樞密書〉〈投江給事書〉。	乾隆二十六年（1761）氏曾自言：廿三四時所筆記者今雖亡矣，然論諸史於紀表志傳之外，更當立圖，列傳於儒林文苑之外，更當立史官傳。
二五			乾隆二十七年（1762）北上應順天鄉試。冬，始肄業於國子監，祭酒以下不先生齒，同舍諸生視之如無物。
二七		南宋高宗建炎四年（1130）此年前後，鄭樵主治禮樂之學	乾隆二十九年（1764）作〈修志十議〉，開後來志業之先路。
二八			乾隆三十年（1765）始見劉知幾《史通》，朱筠提拔後進，爲之宣揚，京師漸有知名者。
三一	唐睿宗垂拱三年（691）知幾上疏沙汰尸祿謬官并上疏陳刺史非三年以上不可調官。知幾年過而立，獲交徐堅等諸益友。		乾隆三十三年（1768）父逝，貧不能奔喪。應鄉試，中副榜。

三二	三四	三五	三六	三九
武后長壽元年（692）武后大殺唐宗室，專任威刑，以禁異議，故來俊臣輩希旨濫刑，窮極凶酷，知幾友徐堅、朱敬則上疏，勸以寬和，武后善之而不改。		武后證聖元年（695）是年詔九品以上陳得失，獲嘉縣主簿劉知幾上表陳四事又作〈思慎賦〉（一說三八歲作）。		
高宗紹興五年（1135）堂兄鄭厚舉禮部，奏賦第一，踏入仕途，而鄭樵仍篤守本志，放野山林。此時專治文字學，著有〈象類書〉〈續汗簡〉等。		高宗紹興八年（1138）〈寄方禮部書〉以陳其欲撰通史之志，盼得朝廷詔命成其營營之業。		高宗紹興十二年（1142）著力於圖譜、校讎學之討論。去歲則攻天文地理、蟲魚草木之學，並撰成多種著作。
	乾隆三十六年（1771）識邵晉涵，與論史學，契合隱微，盛推其從祖邵廷采所著《思復堂文集》。	乾隆三十七年（1772）始作《文史通義》。	乾隆三十八年（1773）編《和州志》，翌年成。與戴震論史事，多不合。	乾隆四十一年（1776）困居北京，援例授國子監典籍。

四〇	武后久視元年（700）定王府倉曹（正七品上）知幾豫修《三教珠英》。		乾隆四十二年（1777）主講定武書院，修《永清縣志》，秋入京應順天鄉試，中式。戴震於是年卒。
四一	武后長安元年（701）《三教珠英》并目千三百一十三卷成，知幾是年爲著作佐郎。		乾隆四十三年（1778）成進士，自以爲與時俗不合，不願仕祿故仍貧困如故。
四二	武后長安二年（702）知幾以著作佐郎兼修國史，尋遷太史，撰起居注。知幾及劉允濟嘗論史官之職責與尊嚴，文可見《唐會要》卷六三。		乾隆四十四年（1779）遇危疾。是年七月《永清縣志》成，並著《校讎通義》四卷，秋後，館座師梁國治家課其子讀。
四三	武后長安三年（703）是年知幾等合修《唐史》八十卷成。張昌宗誣魏元忠反，引鳳閣舍人張說，賂以美官，使證元忠反狀。左史知幾因誠以無污青史。知幾答禮部尚書鄭惟忠書，謂史才須有才學識三長。時人以爲知言。其友朱敬則上〈請擇史官表〉。		乾隆四十五年（1780）仍館梁國治家，冬辭，歲事殊窘。

四四	武后長安四年（704）撰《劉氏家史》《譜考》成。當年擢爲鳳閣舍人。修史如故。	高宗紹興十七年（1147）作〈上宰相書〉予秦檜，述願有三：一、盼著作傳世，二、願任整理圖籍，金石鼎彝之職；三、修纂通史。	乾隆四十六年（1781）遊河南歸，中途遇盜，平生撰者不存一篇。《校讎通義》亦失，幸前三卷有朋友抄存之，第四卷不可復得。自此後，有撰述必留副草。其師朱筠是年卒，年五三，實齋轉授清漳書院。
四五	唐中宗神龍元年（705）正月武后傳位於中宗，十一月武后崩。韋后用事，知幾以本官兼修國史，又除著作郎、太子中允、率更令，知幾與徐堅、吳兢等奉命重修《則天實錄》，編爲卅卷。並開始著《史通》，備論史策之體。	高宗紹興十八年（1148）春，徒步二千里至臨安，獻書予皇帝，凡四十二種著作，並上〈獻皇帝書〉，直陳獻書動機與志願。	乾隆四十七年（1782）氏主講永平敬勝書院。作〈朱先生墓誌銘〉。
四六	唐中宗神龍二年（706）五月奏上《則天實錄》廿卷，《文集》百廿卷，十月中宗由東都洛陽至西京，知幾仍留洛陽，私自著述。	高宗紹興十九年（1149）所獻之書，詔藏秘府。後復歸草堂，勵學授徒，從之者二百餘人。	乾隆四十八年（1783）春，臥病京寓，頗危急，邵晉涵載至其家，延醫治之，病中常與邵氏論學。愈後，仍主講敬勝書院。

四七	唐中宗景龍元年（707）知幾留洛陽，知幾友吳兢爲宗楚客誣奏相王及太平公主與太子重俊謀事而上疏切諫。	高宗紹興二十年（1150）上宰相書後開始修撰《通志》，至紹興卅一年（1161）完成，凡十二年。	乾隆四十九年（1784）應保定蓮池書院之聘，是年有《甲辰存錄》。
四八	唐中宗景龍二年（708）知幾奉驛召至西京，領史事，時宰相監修國史，知幾嫉非直筆，上書蕭至忠，請罷史任，至忠不許。		乾隆五十年（1785）仍主講蓮池書院。作〈與周筤谷書〉〈刻太上感應篇〉及〈書後〉。
四九	唐中宗景龍三年（709）知幾遷秘書少監（從四品上）修史如故。是年其友朱敬則卒，年七五；元行沖撰《魏典》卅卷成。	高宗紹興二十三年（1152）前此三年，樵守母喪，不就薦舉。	乾隆五十一年（1786）仍在蓮池書院。
五〇	唐睿宗景雲元年（710）韋后弒中宗，臨朝稱制，臨淄王隆基定亂，睿宗即位，太平公主用事。知幾作《史通．序》，書成，凡廿卷。		乾隆五十二年（1787）辭蓮池書院講席，門人史餘村第進士。仲冬，因周震榮之紹介，見畢沅，受厚待。

五一	唐睿宗景雲二年（711）知幾累遷太子左庶子，兼崇文館學士，仍依前修國史，加銀青光祿大夫。時皇太子將釋奠國學，有司草儀注，令從臣乘馬著衣冠。知幾上〈衣冠乘馬議〉。皇太子從之，定爲常式。		乾隆五十三年（1788）主講歸德府文正書院，編《史籍考》，並作〈論修史籍考要略〉、〈與洪稚存書〉〈徐尚之古文跋〉〈報孫淵如書〉等，後文云：「盈天地間，凡涉著作之林，皆是史學」。
五二	唐玄宗先天元年（712）睿宗傳位太子隆基。知幾如前修史，與柳沖等撰《姓族系錄》。	高宗紹興二十五年（1155）續弦游氏生子翁歸。	乾隆五十四年（1789）續著《文史通義》。
五三	唐玄宗開元元年（713）玄宗誅太平公主之黨，賜太平公主死於家。姚崇爲相。知幾修史如故，《姓族系錄》成，凡二百卷。		乾隆五十五年（1790）二月，《亳州志》書成，氏甚得意之，惜佚，《文史通義》中僅存少數殘稿。
五四	唐玄宗開元二年（714）知幾遷左散騎常侍（正三品下）修史如故。續增刪《史通》。	高宗紹興二十七年（1157）工部侍郎兼侍講王綸、侍講賀允中舉荐鄭樵，應召。	乾隆五十六年（1791）仍在武昌爲畢沅編《史籍考》，並續撰《文史通義》，如〈史德〉〈讀史通〉等等，皆成於是年。

五五	唐玄宗開元三年（715）知幾修史如故，其友吳兢拜諫議大夫，依前修史。	高宗紹興二十八年（1158）二月得召對，鄭樵奏言著作通史。二月乙巳，授爲右迪功郎、禮兵部架閣。給筆札歸抄《通志》。	乾隆五十七年（1792）仍編上揭書，作〈與邵二雲論修宋史書〉等重要文章。惜其中所言〈圓通〉篇未成，《宋史》亦未成書。
五六	唐玄宗開元四年（716）知幾吳兢等撰《睿宗實錄》廿卷、《則天實錄》卅卷、《中宗實錄》二卷成，知幾受封居巢縣子。		乾隆五十八年（1793）仍編上揭書，由亳州歸本鄉會稽，後又出游揚州、桐城、安慶等地。
五七	唐玄宗開元五年（717）修史如故。	高宗紹興三十年（1160）鄭厚知潭州湘鄉，卒官，年六一。	乾隆五十九年（1794）《湖北通志》脫稿。
五八		高宗紹興三十一年（1161）樵攜《通志》至臨安授樞密院編修。	乾隆六十年（1795）作〈瀚雲山房〉〈乙卯藏書目記〉〈跋甲乙賸稿〉〈與阮學使（元）論求遺書〉等。游揚州。
五九	唐玄宗開元七年（719）知幾上諫：《孝經》鄭氏學，非鄭玄注。《易》無子夏傳，並黜老子河上公註，推王弼注爲優。	高宗紹興三十二年（1162）三月初七壬午，卒。《宋史．本傳》（卷四三六）：「高宗幸建康，命以《通志》進，會病卒，年五九」，子翁歸八歲，無力刊刻其生平著作，漸有散佚。	嘉慶元年（1796）收揚州時所作文統名曰《邗中草》，並有〈與汪輝祖書〉〈史姓韻編〉〈二十四史同姓名錄〉〈古文公式〉等，都有重要言論。

六〇			嘉慶二年（1797）投曾燠，厚遇章氏，有〈贈章實齋國博〉詩，寫其貌醜。
六一	唐玄宗開元九年（721）十一月友元行沖上《群書四錄》，凡四八一六九卷。知幾因長子貺事，貶授安州都督府別駕（正四品），不久即卒於安州。後數年，玄宗敕河南府就家寫《史通》以進，讀而善之，追贈牧郡太守，尋又贈工部尚書，謚曰文。		嘉慶三年（1798）補修《史籍考》，惜此書亦未傳，並有〈立言有本〉〈述學駁文〉〈上辛楣宮詹書〉〈上石君先生書〉〈論文辨僞〉諸多篇章。
六二			嘉慶四年（1799）乾隆崩，嘉慶親政，和珅賜死，氏於是年有論時政六文。
六三			嘉慶五年（1800）病瞽，猶事論著，是年作〈邵與桐別傳〉〈浙東學術〉等文。
六四			嘉慶六年（1801）夏，爲汪輝祖作〈豫室誌〉，卒于十一月。

資料來源：周品瑛，〈劉知幾年譜〉、傅振倫，《劉知幾年譜》、張振珮，〈劉知幾學行編年簡表〉、《宋史‧鄭樵傳》、顧頡剛，〈鄭樵傳〉、吳懷祺，《鄭樵年譜稿》、胡適著、姚名達訂補，《章實齋先生年譜》。表中大都僅擇與史事有關者，餘皆不納。

國家圖書館出版品預行編目資料

史學三書新詮：以史學理論爲中心的比較研究
／林時民著. --初版. --臺北市：
臺灣學生，民86；
面； 公分,
參考書目：面

ISBN 957-15-0841-1 (精裝)
ISBN 957-15-0842-X (平裝)

1.中國 - 史學

601　　86010215

史學三書新詮
——以史學理論為中心的比較研究

著作者：林時民
出版者：臺灣學生書局
發行人：孫善治
發行所：臺灣學生書局
臺北市和平東路一段一九八號
郵政劃撥帳號〇〇〇二四六六八號
電話：三六三四一五六
傳眞：三六三六三三四

本書局登記證字號：行政院新聞局局版北市業字第玖捌壹號

印刷所：宏輝彩色印刷公司
地址：中和市永和路三六三巷四二號
電話：二二六八八五三

定價　精裝新臺幣四七〇元
　　　平裝新臺幣四〇〇元

西元一九九七年九月初版

63007

ISBN 957-15-0841-1（精裝）
ISBN 957-15-0842-X（平裝）

史 學 叢 刊

①李鴻章傳　李守孔著
②民國初期的復辟派　胡平生著
③史學通論　甲凱著
④清世宗與賦役制度的改革　莊吉發著
⑤北宋茶之生產與經營　朱重聖著
⑥泉州與我國中古的海上交通　李東華著
⑦明代軍戶世襲制度　于志嘉著
⑧唐代京兆尹研究　張榮芳著
⑨清代學術史研究　胡楚生著
⑩歐戰時期的美國對華政策　王綱領著
⑪清乾嘉時代之史學與史家　杜維運著
⑫宋代佛教社會經濟史論集　黃敏枝著
⑬民國時期的寧夏省（一九二九～一九四九）　胡平生著
⑭漢代的流民問題　羅彤華著
⑮中古史學觀念史　雷家驥著
⑯嵇康研究及年譜　莊萬壽著
⑰民初直魯豫盜匪之研究(一九一二～一九二八)　吳蕙芳著
⑱明代的儒學教官　吳智和著
⑲明清政治社會史論　陳文石著
⑳元代的士人與政治　王明蓀著
㉑清史拾遺　莊吉發著

㉒六朝的城市與社會	劉淑芬 著
㉓明代東北史綱	楊暘 著
㉔唐繼堯與西南政局	楊維眞 著
㉕廿二史箚記研究	黃兆强 著
㉖廿四史俠客資料匯編	龔鵬程、林保淳 編
㉗王安石洗冤錄	孫光浩 著
㉘從函電史料觀汪精衛檔案中的史事與人物新探(一)	陳木杉 著
㉙海峽兩岸編寫臺灣史的反思與整合	陳木杉 著
㉚太平洋島嶼各邦建國史	小林泉 著 劉萬來 譯
㉛史學三書新詮一以史學理論爲中心的比較研究	林時民 著